시험장에서
반드시(必)
통하는(通)

실/전/모/의/고/사

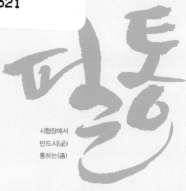

PREFACE

높은 청년실업률과 낮은 취업률이 사회적 문제로 반복적으로 지적되는 가운데 몇 년째 꾸준히 이어지는 공무원 시험의 인기는 2019년에도 변함없었습니다.

특히 2013년부터는 9급 공무원 시험과목이 새로 개편되면서 상당한 변화가 이루어지고 있다는 분석이 나오고 있습니다. 기존의 9급 공무원 시험은 공통과목인 국어, 영어, 한국사, 그리고 선택과목으로 행정법총론 및 행정학개론, 교육학개론, 관세법개론, 세법개론, 회계학, 회계원리 등의 과목 중 2과목을 선택하여 응시했지만, 2013년부터는 고교 졸업자의 공무원 진출 기회 확대를 위해 선택과목으로 사회, 수학, 과학 등 3과목이 새롭게 편성되었고, 직렬별 필수과목에 속해있던 행정학개론이 선택과목으로 분류가 되었습니다. 또한 시험의 난도는 이전보다 쉽게 출제될 것이라는 예상이 대부분인 가운데, 합격선이 점차 올라가고 있는 상황인 만큼 합격을 위한 철저한 준비가 더욱 필요하게 되었습니다.

영어는 9급 공개경쟁채용에 응시하는 수험생 모두가 치러야 하는 필수과목으로 합격 여부를 결정하는 중요한 과목입니다. 특히 외국어라는 특성으로 인하여 많은 수험생들이 부담을 가지는 과목이며, 해를 거듭할수록 그 난도가 높아지는 경향이 있어 이에 대한 철저한 준비를 필요로 합니다.

본서는 9급 공무원 영어시험의 출제경향을 파악하여 실제 시험과 유사한 모의고사를 구성하여 학습내용을 최종 점검할 수 있도록 하였습니다.

신념을 가지고 도전하는 사람은 반드시 그 꿈을 이룰 수 있습니다. 서원각 필통(必通) 시리즈와 함께 공무원시험 합격이라는 꿈을 이룰 수 있기를 바랍니다.

STRUCTURE

 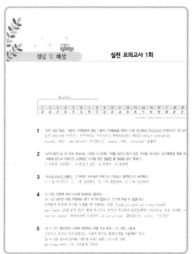 

실전모의고사 15회 + 최근기출문제분석

1_ 최근 시행된 9급 국가직, 지방직 기출 문제를 내용별·유형별 분석하고, 가장 출제 빈도가 높은 것을 뽑아 이를 변형하여 새로운 문제를 만들었다. 나온 문제는 또 나오기 때문이다.
2_ 한 회의 문제를 구성하는 데 있어 기출문제의 구성과 최대한 유사하게 만들었다.
3_ 최근 시행된 기출문제를 상세한 해설과 함께 수록하여 실제 시험의 출제경향 파악 및 난도를 한눈에 파악할 수 있도록 하였다.

정확하고 상세한 해설을 실었다.

1_ 우선 출제 의도와 문제의 핵심을 정확하게 짚어주는 해설을 하였다. 그리고 기본서를 다시 공부할 필요가 없도록 이와 관련된 개념, 원리, 확장된 내용까지 상세하게 해설하였다.
2_ 오답에 대해서도 꼼꼼히 설명하였다. 오답도 언제든지 정답이 될 수 있기 때문이다. 그리고 오답을 통해 그와 관련된 내용을 정리할 수 있기 때문이다.

CONTENTS

실전 모의고사

영어

9급 공무원 시험대비
실전 모의고사

실전 모의고사 1회

정답 및 해설 P.146

※ 밑줄 친 부분에 들어갈 가장 적절한 것은? 【1~2】

1 Career consultants often advise their clients to reflect _____ on the approaches they take to a job search.

① recently

② periodically

③ nearly

④ obviously

2 The year-long drought in New Mexico has caused much concern, as it shows no signs of letting up. The farming communities, who rely on the summer rains for their crops rather than irrigation, have not had an _____ supply of water in months.

① enthralling

② obscure

③ insufficient

④ adequate

3 밑줄 친 부분의 의미와 가장 가까운 것은?

> Being at odds with the manager, the employee found the atmosphere in the office to be tense and unpleasant.

① in defiance of

② in control of

③ in discord with

④ in cahoots with

4 다음 빈칸에 들어갈 말로 가장 적절한 것은?

> A : I wonder if I could invite you over for dinner this weekend?
> B : I wish I could, but I'll be out of town this weekend. Could you give me a _____ ?

① chance　　　　　　　　　② notice
③ rain check　　　　　　　　④ date

5 다음 빈칸에 들어갈 말로 알맞은 것을 순서대로 나열한 것은?

> ⓐ A : Don't forget to call me when he _____ back.
> 　 B : Okay, I will.
> ⓑ A : Nice to meet you, too. I'd like to get _____ with you.
> 　 B : Me, too.

① get, up　　　　　　　　　② gets, along
③ will get, well　　　　　　　④ will have gotten, beyond

6 다음 중 어법상 어색한 것은?

① We were born in the era of technology.
② But life wasn't always the way we know it.
③ Thorough most of human history, indoor toilets, indoor running water, and electrical service was unknown.
④ To get water, people went to a well or river and carried the water home in buckets.

7 다음 보기 중 밑줄 친 부분의 의미와 가장 가까운 것은?

> Our deepest fear at the moment is that a nuclear war would leave the earth <u>barren</u>.

① bullied   ② brutalized

③ broken into   ④ lifeless

8 다음 대화의 빈칸에 들어갈 말로 가장 적절한 것은?

> A : Andrew, will you do me a favor?
> B : Sure, what is it?
> A : Can you drive Jane and me to the hospital on Monday?
> B : I think so. I'll mark it on my calendar so I don't forget.
> A : It's really kind of you. But I'm sorry to bother you.
> B : Don't worry about that.
> A : Thanks. I haven't forgotten your helping me several times.
> B : _____.

① What are friends for?

② That's why we're here.

③ A drowning man will catch at a straw.

④ You look only on one side of the shield.

9 밑줄 친 부분 중 어법상 옳지 않은 것은?

> Good posture is important for many reasons, but ①<u>the most</u> important is ②<u>what</u> it will reduce back pain. When you are sitting at your desk, don't slouch or hunch over. You should always remember ③<u>to keep</u> your body in good form ④<u>to prevent</u> back problems later on in life.

10 다음 우리말을 영어로 가장 잘 옮긴 것은?

> 그 다큐멘터리는 통찰력이 있고 사람들이 입양을 둘러싼 문제들을 이해하는 데 도움이 될 것이다.

① The documentary is insightful and will help people understands the issues surrounding adoption.

② The documentary will help insightful people to understand the issues surrounding adoption.

③ The documentary is insightful and will help people understand the issues surrounding adoption.

④ The documentary will help insightful people understood the issues surrounding adoption.

11 다음 글에서 밑줄 친 scofflaw가 의미하는 것은?

> In 1917, the United States decided to ban, or prohibit, the production, sale and use of alcohol. The ban became law when the Eighteenth Amendment to the Constitution was passed. The law was commonly called Prohibition. Not everyone was pleased with Prohibition. People who made, sold or drank alcohol protested. They felt the new law violated their civil rights. These people began a quiet rebellion. If they could not get alcohol legally, they would get it illegally. A wealthy man in the state of Massachusetts — a non-drinker — offered a prize for the best word to describe a person who laughed at the new law. He would give the winner 200 dollars. The man received 25,000 proposals. He chose the word <u>scofflaw</u>. The winning word was announced at a public ceremony.

① 술을 제조하는 사람
② 시민 권리 보호법
③ 음주 금지법
④ 새 법을 우습게 여기는 사람

12 다음 빈칸에 들어갈 말로 가장 적절한 것은?

As a result the harvest from the sea remains small as long as man continues to gather fish from the waters with the same old methods. Indeed, from year to year his catch is likely to decrease for two reasons: pollution and overfishing. Today, unfortunately, man pours into the waters of the world millions of tons of sewage, garbage, industrial waste, poisons, and heated water. Such pollution is killing marine life at a frightening rate. _____ overfishing reduces the number of fish and whales.

① However
② Nevertheless
③ In addition
④ By the way

13 다음 글의 요지로 가장 적절한 것은?

Zoo officials frequently complain that people seem to be unable to read signs. They insist on feeding the animals even when signs to the contrary are conspicuously posted. Such people, however, are not deliberately trying to be contrary. They are merely trying to be kind. But if they really have the best interests of the animals at heart, they will refrain from feeding them. By feeding an animal the wrong kind of food, they can literally kill it with kindness.

① 멸종되어 가는 동물들을 보호해야 한다.
② 동물원 안에서는 음식을 먹어서는 안 된다.
③ 지나치게 사나운 동물들은 경계를 해야 한다.
④ 동물들에게 무조건 먹이를 주어서는 안 된다.

14 다음 빈칸에 들어갈 말로 가장 적절한 것은?

There is another aspect of my country that makes it unique in the Americas, and that is our bilingual and bicultural make up. (Canada has two official languages, English and French, and in its largest province a majority of the inhabitants speak the latter almost exclusively.) It gives us a picturesque quality, of course, and that is certainly a tourist asset: Visitors are intrigued by the _____ of Quebec city, with its twisting street and its French style cooking. But there is also a disturbing regional tension. Quebec has become a nation within a nation, and the separatist movement is powerful there. French Canada's resistance to English Canada's culture and economic pressure can be seen as similar to English Canada's resistance to the same kind of pressure from the United States. This helps to explain why many English-speaking Canadians who call themselves nationalists are strong supporters of special rights for the province of Quebec.

① foreignness

② vastness

③ grandeur

④ conservatism

15 다음 글의 내용으로 보아, 밑줄 친 (a)~(d) 중에서 나머지 넷과 가리키는 바가 다른 하나는?

I didn't know how well my mother could keep a trust until I was going through her things after she died. I discovered something I had long forgotten. One night, I recalled the events of the day and how badly I had behaved toward my mother. Quietly I slipped out of bed and picked up a pencil and paper from the dresser, then tiptoed into the kitchen. I quickly wrote (a)<u>a short letter</u> asking my mother to forgive me for being so naughty. I didn't want my brothers and sisters to read (b)<u>my "sorry" note</u>, so I added a postscript: "Please don't let anyone else see this." Then I put the letter under my mother's pillow.

The next morning I found a return note for (c)<u>the message</u> under my pillow. My mother wrote that she loved me and forgave me. This became my way of apologizing whenever I talked back or disobeyed. My mother always left a return note, but she never spoke about our under-the-pillow messages in front of the family. Not even when we were grown.

When my mother passed away, I had to go through her personal belongings. In her desk was a bundle of notes tied with a faded ribbon. On top was (d)<u>a message</u>, which read, "In the event of my death, please destroy these." I turned over the packet and glanced at the handwriting on the bottom. To my surprise I recognized my childish writing, "P.S. : Please don't let anyone else see this. Love, Eddie."

① (a) ② (b)

③ (c) ④ (d)

16 다음 글의 제목으로 가장 적절한 것은?

The pioneers of ethical travel have been those small specialist tour operators, often founded by one person with a passion for a place and desire to share that knowledge and experience with others. Often they were practising responsible tourism before the term had been thought of. Now, however, there is a coherent vocabulary to express the philosophy behind ethical tourism, a clearer set of objectives to work towards and a greater will to make it happen. Look on the websites of many specialist your operators and you will see a clear mission statement — the vision and responsibility of the company — and also the responsibilities of the traveller. The prize−winning Rainbow Tours, for example, which works in Africa, states: 'We aim to turn the rhetoric of "ecotourism" into reality through our code of practice.' That cope of practice emphasizes the local: working with local partners, encouraging development in marginalised economic communities, and promoting less well−known destinations.

① Top tips for Safe Travel ② Pros and Cons of Ethical Travel

③ Who Benefits from Tourism Most? ④ Ethical Tourism Begins to Take Root

17 다음 빈 칸에 가장 적절한 것은?

Children who are old enough to understand the idea of schedules and chores can understand the needs of your home business. Explain to your children that you do your work at home so that you can be near them when they need you. But also be sure they understand that you must do your work so that you will have the money necessary to keep your house, feed the family, and provide them with money for entertainment. Once your children understand the necessity of your work, then outline a work schedule and explain it to them. Then make sure they understand that between hours x and y, you will be doing work, and then tell them to _____.

① save time and energy ② find a part−time job

③ get over bad habits ④ respect your schedule

18 밑줄 친 combine에 관한 설명 중, 다음 글의 내용과 일치하지 않는 것은?

The <u>combine</u> relieved farmers of much of the burden of harvest. It enabled farmers to rescue crops which otherwise might have been lost. The combine was first developed for use in countries where the climate was suitable for grain production. It was said that the climate in such countries as the British Isles was totally unsuitable for its use. However, this was not true. Combines work in quite damp conditions. The use of a combine resulted in a big reduction in the time and labor required to harvest a given crop because only one or, at the most, two men were needed to operate the machine. Other labor required to transport the grain to storage was not excessive.

① 수확량의 손실을 경감시켰다.
② 영국에서는 사용에 적합하지 않다고 여겨졌다.
③ 기후가 습한 나라에서도 사용할 수 있다.
④ 수확한 곡물의 수송 부담을 가중시켰다.

19 밑줄 친 (a), (b), (c) 중 어법에 맞는 표현으로 가장 적절한 것은?

Anxieties often seem (a)<u>magnifying / magnified</u> in the still of the night. Dealing with them can help you sleep. Just writing down worries, deadlines or to-dos before hitting the pillow can make them (b) <u>feel / to feel</u> more manageable. Do whatever helps you relax. Try simple yoga exercises, like the forward bend: Standing with your legs hip-width apart, bend at your waist, letting your arms and head dangle while releasing the tension in your neck and shoulders. Or while lying on your back, (c) <u>doing / do</u> progressive muscle relaxation, tensing and then releasing body parts, beginning with your feet and progressing toward your forehead.

① magnifying — feel — doing
② magnified — feel — do
③ magnifying — to feel — doing
④ magnified — to feel — doing

20 주어진 문장 다음에 이어질 글의 순서로 가장 적절한 것은?

Tales from the past generally associate heroism with physical strength and raw courage in the face of danger.

(a) Many people think that cancer-survivor and seven-time Tour de France winner Lance Armstrong and stem-cell researcher Hwang Woo-suk are contemporary heroes.

(b) These two people did not engage in bloody battles, but they have overcome obstacles, and done something significant to the world, capturing the imagination of human beings.

(c) Recently, however, new definitions of heroism and new kinds of heroes have emerged.

① (a) — (c) — (b)　　　　　② (b) — (a) — (c)

③ (b) — (c) — (a)　　　　　④ (c) — (a) — (b)

실전 모의고사 2회

정답 및 해설 P.150

※ 밑줄 친 부분에 들어갈 가장 적절한 것을 고르시오. 【1~2】

1 To _____ one's license for the next five years, a professional accountant should complete advanced training of no less than 40 hours per year at the institute of Professional Accountants.

① persist
② endure
③ enlarge
④ prolong

2 Nowadays, consumers purchase new smartphones and laptops knowing that they will be out of date in a year or two because the computer chips used to create them will be replaces by even faster and smaller ones. As technology advances at an accelerated rate, it is _____ that older electronic devices will become obsolete while upgrades products will continue to appear on the market.

① tedious
② unforseen
③ startling
④ inevitable

※ 밑줄 친 부분과 의미가 가장 가까운 것은? 【3~5】

3 Citizens are asked to <u>abide by</u> the new law prohibiting smoking in certain public areas.

① proscribe
② obey
③ abdicate
④ amend

4 The Statue of Liberty was a gift from France to the United States. It <u>denotes</u> the friendship between the countries as well as freedom from oppression. It was erected in the harbor of New York and was a welcoming signs to immigrants that arrived by boat.

① belittles
② signifies
③ commends
④ incinerates

5 A : How come you don't like cities?

B : They're too crowded for me. <u>I feel like a fish out of water there.</u>

① I feel awkward and out of place.

② There are so many things to do.

③ They remind me of the beach.

④ I can't afford an apartment there.

6 다음 빈칸에 들어갈 말을 순서대로 나열한 것은?

A lot of trees _____ down and some kinds of trees _____.

① had cut, were disappeared　　② was cut, disappear

③ were cut, were disappeared　　④ were cut, disappeared

7 우리말을 영어로 가장 잘못 옮긴 것은?

① 만약 당신이 원한다면, 당신은 그 책을 나에게 빌려가도 됩니다.

→ If you want, you can borrow the bool from me.

② 관중은 공연자들이 거리에서 춤추는 것을 보았다.

→ The crow watched the performers dance in the street.

③ 파리에서 찍혔기 때문에, 이 사진은 내가 가장 좋아하는 것이다.

→ Taking in Paris, this photo is my favorite.

④ 나는 그가 우리에게 말한 것보다 더 많은 것을 알고 있다고 생각을 하지 않을 수 없다.

→ I can't help thinking he knows more than he has told us.

8 밑줄 친 부분 중 어법상 옳지 않은 것은?

Allergies ①<u>believe to</u> be caused by both environmental and genetic factors. Regardless of their causes, allergies ②<u>affect many people</u> across the world. ③<u>It</u> is estimated that 20 percent of people ④<u>have</u> some type of allergy symptom.

9 밑줄 친 (a), (b), (c)의 어법에 맞는 표현을 골라 짝지은 것으로 가장 적절한 것은?

Most children stop to notice the sounds around them and (a)investigate / investigating how they can make sounds with any object. While some are very sensitive to noise and cover their ears during joyful banging and pounding, other children robustly create noise whenever possible. Making loud sounds is a powerful experience, helping children feel big in their small bodies. Children make sounds in their play more often than they use words. They eagerly imitate the roar of an engine or the sweet mew of a kitten. (b)Observed / Observing how they use sounds can teach adults so much about what children understand and feel. We can take advantage of their interest and alert sense of hearing by intentionally providing installations (c)that / what create interesting sounds.

① investigate — Observing — that
② investigate — Observed — what
③ investigating — Observing — what
④ investigating — Observed — that

10 다음 글의 제목으로 가장 적절한 것은?

Flood waters are dangerous. The force of a few inches of water can toss you to the ground. While camping, just keep your radio turned on and tuned to a weather station. Tons of water miles away can reach and swallow you in a few minutes. If there's a flood, just get out of the car. Cars can be easily swept away in just two feet of water. If you have limited time, take only family medicines, blankets and a battery-powered radio with you. Don't wait until the last minute to leave, hoping to save your possessions. Save your life instead.

① How to Set Up Camping Tents
② What to Do in Case of Flood
③ How to Locate Campsites
④ Items We Need in Emergencies

11 다음 글을 읽고, 빈 칸에 가장 적절한 것을 고르시오.

While speed remains something new to mankind, it is bound to be in fashion. But for my part, I like crawling. When the roads were still empty of speeding machinery, the day seemed twice as long, as one passed over the miles so slowly. One did not see much of the world in a day, but the eye could linger on what one saw. If the inventors could have known what they were about to destroy with their inventions, surely they would have hesitated before yielding to their genius. _____ is almost the same thing as not to have traveled at all.

① To travel without a road map

② To travel without a companion

③ To drive along the road slowly

④ To pass through a landscape swiftly

12 빈칸 (a)와 (b)에 들어갈 말로 가장 적절한 것끼리 짝지은 것은?

Pen designers must be aware of hundreds of requirements. Make the pen too thin, and it will not be strong enough to stand up to the hard use of schoolchildren. Make the middle section too thick, and it can neither be grasped properly by the fingers nor controlled with enough precision. (a)_____, people with arthritic hands may need a thick body because they can't close their fingers entirely. And what of those who use the pen as a measuring device or as a mechanical instrument to poke, stab, and twist? (b)_____, the instructions for the clock in my automobile say to set it by pressing the recessed button with the tip of a ball-point pen.

	(a)	(b)
①	However	For example
②	However	Nevertheless
③	In conclusion	For example
④	In conclusion	Nevertheless

13 Sea Cloud호에 관한 다음 글의 내용과 일치하는 것은?

> The Sea Cloud is a legendary ship. Built in 1932 at a time when the greatest attention was paid to detail and fine craftsmanship, the Sea Cloud is decorated with original oil paintings, antique furniture, and rich wood paneling. The cabins are beautifully decorated, some with fireplaces, and each with a private marble bathroom. Breakfast and lunch are buffet style and there is a sit-down meal served for dinner. A journey aboard the Sea Cloud, which carries only 64 passengers, is an intimate experience on one of the most elegant vessels on the sea.

① 전설 속에 나오는 무역선이다.
② 현대식 가구로 장식되어 있다.
③ 객실마다 욕실을 갖추고 있다.
④ 64명의 승무원이 근무한다.

14 밑줄 친 She에 관한 설명 중, 글의 내용과 일치하지 않는 것은?

> She was born in England in 1821, and emigrated to New York City. One day she decided that she wanted to become a doctor. That was almost impossible for a woman in the middle of the nineteenth century. After writing many letters seeking admission to medical schools, she was finally accepted by a medical school in Philadelphia. After graduating from the medical school in 1849, she wanted to become a surgeon. Unfortunately a serious eye infection forced her to abandon the idea. She found it difficult to start her own practice because she was a woman. In 1857 she and her sister, also a doctor, along with another female doctor, managed to open a new hospital, the first for women and children. Besides being the first female doctor and founding her own hospital, she also established the first medical school for women.

① 영국에서 태어나서 미국으로 이주했다.
② 필라델피아에 있는 의과대학에 입학했다.
③ 여성이라는 이유로 외과의사가 될 수 없었다.
④ 의과대학을 졸업하고 8년 후에 병원을 개원했다.

15 다음 글을 읽고 밑줄 친 posed와 같은 의미로 쓰인 것을 고르면?

Cleanliness is next to godliness, we are taught, but is it possible to become so clean that it's not good for us? That's the question <u>posed</u> by Dr. Levy. All that washing with new antibacterial soaps may be damaging our immune systems, he says. He contends that it is killing helpful germs and encouraging the growth of super bacteria. Dr. Levy longs for the old days when children built strong immune systems by getting dirty. He wants us to use the cleaners our parents trusted: plain soap and water. Dr. Levy says he has seen no evidence to show that antibacterials benefit health.

"Our passion for protecting ourselves from every germ, every dog hair, and every piece of dust might be a waste of time," Dr. Levy warns. We are fast becoming a society with immune systems so fragile that even the unpleasantness and misfortunes of daily life knock us out. We know now, more than ever, that trying to protect ourselves from every germ isn't possible.

① The problem <u>posed</u> in the math test was hard to solve.

② He was broke, but he <u>posed</u> as a rich man.

③ The six foreign ministers <u>posed</u> for photographs.

④ The policy <u>posed</u> a threat to jobs in the coal industry.

16 글의 흐름으로 보아, 주어진 문장이 들어가기에 가장 적절한 곳은?

For example, a person living in Japan will use the Japanese language to communicate with other Japanese.

Like animals, people also use different languages. (①) Each culture has its own words and symbols that are used by people within that culture to communicate with others in the same culture. (②) Unlike animals though, some cultures use more than one language. (③) People within these cultures are said to be either bilingual or multilingual. One such place is Canada. (④) It is very likely that a person living in Canada may speak both French and English. Likewise, a person living in Switzerland may speak Italian, German and French.

17 다음 글의 주제로 가장 적절한 것은?

Overall good health is composed of five unique spheres of wellness: the physical, the mental, the family and social, the spiritual, and the material. Picture the Olympic symbol with five interlocking rings. Like the Olympic rings, the five spheres of wellness overlap and interact. Most of us have experienced the way the spheres affect another. To live a happy life, you must have good health in all five spheres. Knowing which areas need improvement and which are already healthy is the key to increasing your happiness.

① the importance of balance for a happy life
② the relationship between mind and body
③ psychological benefits of social activities
④ the responsibility of taking care of one's family

18 다음 글에서 밑줄 친 EPA가 의미하는 것은?

The EPA report concluded that average global temperatures could start to rise within a few decades — some say the rise has already begun — and reach levels nine degrees Fahrenheit higher than today's temperatures by the end of the next century. This, the scientists said, could destroy global weather patterns, change annual amounts of rainfall, swell or dry up rivers, and raise the level of the seas. Farming, building, and the political stability of nations could be disrupted.

① 건축 협회
② 국립 의사 양성소
③ 산아 제한 협회
④ 환경 보호국

19 빈칸에 들어갈 말로 가장 적절한 것은?

While heading home from the stadium after a practice one day, I caught one of my players, Waldo, sitting alone in the locker room. When I asked him why he was still around when his teammates had already left, he said that he was just trying to rest his sore muscles before going home. However, I knew what was going on because I saw a used syringe and a bottle of performance-enhancing drugs lying under the bench. I was furious, not only because he was violating team regulations, but also because he was lying to me.

→ According to the above paragraph, the writer considers Waldo's behavior _____.

① confusing   ② admirable

③ offensive   ④ faithful

20 다음 글의 요지로 가장 적절한 것은?

Frequent repetition of positive experiences can change your self-concept in a dramatic and positive manner. One major difference between people with a low level of self-respect and those with a high level is the type of memories they choose to recall. People with a low level usually think over negative experiences while people with a high level spend their time recalling and enjoying positive memories. Set aside five to ten minutes a day to recall positive things and success you have achieved. As you recall each positive experience, compliment yourself on your success. Continue with this exercise until it is easy to recall success and you feel good about your self-compliments.

① Don't blame others for their faults.

② Self-respect is a matter of no importance.

③ Life is a mixture of good and bad memories.

④ Try to recall positive things and feel good about yourself.

실전 모의고사 3회

정답 및 해설 P.154

1 다음 대화의 빈칸에 들어갈 말로 가장 적절한 것은?

> A : I really admire your determination.
> B : Thank you. I'm _____.

① flattered   ② endeared

③ deserved   ④ entertained

2 다음 빈칸에 들어갈 말로 가장 적절한 것은?

> I am trying to finalize _____ will be needing shuttle service in order to ensure sufficient transportation.

① which   ② where

③ why   ④ who

※ 빈칸에 들어갈 말로 가장 적절한 것은? 【3~4】

3 Getting coffee stains out of carpet is not that difficult if you know how to do it. One of the biggest mistakes you can make, though, is to rub the stain too _____. Instead, you should take a towel and gently blot the stain with warm soapy water.

① effortlessly   ② vigorously

③ fatally   ④ clumsily

4 There is a very high demand for people with ability to _____ efficiently with little or no supervision.

① familiarize   ② face

③ function   ④ handle

5 다음 빈칸에 들어갈 말을 순서대로 나열한 것은?

> This morning I had difficulty _____ someone _____ that car _____.

① finding — who get — to wash

② to find — that got — washing

③ finding — who could get — washed

④ in finding — got — to wash

6 밑줄 친 부분과 의미가 가장 가까운 것은?

> His philanthropic exploits were little more than <u>pretext</u> to bolster his public image nd draw attention away from the scandals within his organization.

① fortitude   ② hatred

③ excuse   ④ vigilance

7 밑줄 친 부분에 들어갈 표현으로 가장 적절한 것은?

> A : You did great in the marathon yesterday, Justin!
> B : Thanks, Amy. I can't believe I was able to finish it!
> A : It must have been tough. How do you feel today?
> B : _____, especially my leg.
> A : I'm not surprised. I'd be aching all over.
> B : I plan on resting for the next few days.

① Can't complain.

② You would feel under the weather.

③ I feel a bit sore.

④ I'd like to run one next year, too.

8 다음 우리말을 영어로 가장 잘 옮긴 것은?

> 비행기를 떠날 때 당신의 짐을 챙겨가는 것을 잊지 마세요.

① Remember not to take your luggage with you when leaving the plane.
② Don't forget to take your luggage with you when you leave the plane.
③ Remember not taking your luggage with you when leaving the plane.
④ Don't forget taking your luggage with you when you leave the plane.

9 밑줄 친 부분 중 어법상 옳지 않은 것은?

> Emily hated ①that her birthday was on Christmas ②because although it was easy ③ by people to remember, it was difficult to have a birthday party when everyone ④was spending the day with their families.

10 다음 빈칸에 순서대로 들어갈 말로 가장 적절한 것은?

> The War of 1812 saw the birth of an American icon: "Uncle Sam." He appears to have _____ in 1813 in Troy, New York, but nothing more than that is known. The inspiration for Uncle Sam is sometimes traced to Samuel Wilson, and army inspector in Troy, but it seems more probable that the name was merely _____ from the initials U. S. The top-hatted, striped-trousered figure we associate with the names was popularized in the 1860s in the cartoon of Thomas Nast and later _____ by the famous I WANT YOU recruiting posters of the artist James Montgomery Flagg.

① arisen — delved — replaced
② arisen — derived — reinforced
③ risen — derived — replaced
④ risen — delved — reinforced

11 다음 글이 주는 교훈을 속담으로 가장 잘 나타낸 것은?

I have a small machine shop. For a long time business was really slow. We once went weeks without any new orders. It was difficult for us especially since some of the other shops in our area were really busy. But then one day we got a small order. Then the following week we got another. Business started to pick up. We started to get orders every week. Recently I got an offer to do a really big job, and I took it without considering how much work it would be. But I wish I hadn't accepted it because now we have too much to do.

① Don't bite off more than you can chew.
② Too many cooks spoil the broth.
③ A leopard cannot change its spots.
④ A bad workman argues with his tools.

12 다음 글의 제목으로 가장 적절한 것은?

It is natural that people will always want to have holidays. And holiday areas will always want to have tourists around. Consequently, this has resulted in a rapid rise in tourism over the last thirty years. More and more people are taking holidays. Most people are now better off than in the past and have more money available for holidays. People also have more leisure time and the length of their annual holidays has increased. In addition, places have become more accessible as transportation improvements have made travel faster, easier, and cheaper.

① How to Take a Holiday
② How to Travel on Holiday
③ Why Tourism Is Increasing
④ Why People Have More Money

13 다음 빈칸에 들어갈 말로 가장 적절한 것은?

Modern computers touch the life of every citizen in varied and often unexpected ways. Not only do computers prepare our utility bills, credit-card bills and bank statements but also they control our traffic, assist us in making travel and theater reservations, watch the weather for us and help to diagnose our bodily ills. _____, most of us still have little direct contact with computers. Most computers still require a medium between the ultimate user and the computer, someone who is familiar with the way the computer works and with the special language that is needed to address it.

① Owing to this

② In spite of this

③ According to this

④ In addition to this

14 다음 글의 주제로 가장 적절한 것은?

Although chemically grown foods might seem much cheaper than organic foods, food prices do not reflect hidden costs. These included more than $100 billion in federal subsidies in 2004 alone. Pesticide regulation and testing leads to higher costs. The environmental damage is another big hidden cost. Food prices don't count waste disposal and cleanup. The prices don't include the wells poisoned by farm chemicals. They don't count the fact that we're losing marine life because of nitrogen runoff from overusing fertilizers. Eating an unhealthy diet adds a host of additional costs including many deaths.

① the production cost of organic foods

② subsidies to promote nonchemical farming

③ merits and demerits of chemical fertilizers

④ honest cost-counting of chemically grown foods

15 다음 글에 설명된 아동의 행동 특성으로 가장 적절한 것은?

A group of researchers observed kindergarteners playing with crayons. The kids seemed to enjoy it with great concentration and apparent pleasure for internal reasons. Next, the researchers promised some of the children "Good Player Awards" for their drawing efforts with the crayons. For one week, these children knew they would get a "prize" at the end of the week for their drawing behavior. For the remaining children, no such promises were made. There was a significant change in the crayon use among the kids promised external rewards. Surprisingly, they spent much less time playing with crayons than before. By contrast, the other children maintained their normal frequency and duration of use.

① 그림을 통하여 심리를 드러내기도 한다.
② 글보다는 그림을 좋아하는 경향이 있다.
③ 어른들의 말을 그대로 믿는 경향이 있다.
④ 보상을 약속 받으면 의욕이 약화될 수 있다.

16 다음 글의 내용을 한 문장으로 요약하고자 한다. 빈칸 (a)와 (b)에 가장 적절한 것끼리 짝지은 것은?

Insect and human societies have a lot in common in that individual members of the community work together. Termite workers coordinate their efforts to build nests. Similarly, in human societies engineers, town planners and construction workers unite to build cities. The nests of social insects are as complex as a man-made city. In some insect nests special accommodation is provided for the young and for food storage. Many nests also have devices for regulating the temperature. So insect nests are as functional as human houses. Therefore, many analogies have been made between social insects and human societies. It must not be forgotten, however, that insect social behaviour is determined by innate instinctive mechanisms. Insects show no capacity for learning or for developing a social tradition based on learning.

→ Insects are (a)_____ to humans in working together, but different from humans in their (b)_____ abilities.

	(a)	(b)
①	same	building
②	similar	learning
③	sociable	regulating
④	common	analyzing

※ 다음 글을 읽고 물음에 답하시오. 【17~18】

Talk of intelligent life on other planets was once the stuff of science fiction or idle speculation. Recently, however, many astronomers have promoted the view that civilizations may be scattered among the stars like grains of sand. The idea has inspired countless novels, movies, and television shows, but has also led to a long and serious scientific search, using huge dish antennas that scan the sky for faint radio signals coming from intelligent aliens.

Now, however, Peter Ward and Donald Brownlee claim that <u>the conventional wisdom</u> is wrong. In their book, they say the search for alien life is likely to fail. Drawing on astronomy, geology, and paleontology, they argue that humans might indeed be alone in the cosmos. They say that science is showing the Earth's composition and stability to be extraordinarily (a)_____. Almost everywhere else, the radiation levels are so high and the right chemical elements are so scarce that life cannot evolve into advanced communities.

Dr. Ward, a famous paleontologist specializing in mass extinction, says: "We have finally said out loud what we have thought for so long. Life, at least complex life, is (b)_____ in the universe." His colleague Dr. Brownlee comments: "People say the sun is a typical star, but that's not true. Almost all other environments in the universe are terrible for life. It's only in the Garden-of-Eden like Earth that it can exist."

17 위 글의 밑줄 친 the conventional wisdom의 내용으로 가장 적절한 것은?

① 우주는 계속 팽창하고 있다.

② 지구가 가장 살기 좋은 행성이다.

③ 외계인은 공상과학의 산물이다.

④ 다른 별에도 생명체가 있을지 모른다.

18 위 글의 빈칸 (a), (b)에 공통으로 들어갈 단어로 가장 적절한 것은?

① rare   ② unstable

③ familiar   ④ temporary

19 글의 흐름으로 보아, 주어진 문장이 들어가기에 가장 적절한 곳은?

In contrast, an injunctive norm is a social expectation about what people should do in a particular situation.

Norms can be descriptive or injunctive. (①) A descriptive norm is simply what most people do in a given situation, with no necessary implication of right or wrong. (②) For example, the majority of Mexican Americans living in New Mexico eat more spicy food than do the majority of Swedish Americans living in North Dakota. (③) There would be nothing immoral about a Swede who ate spicy foods, or a Chicano who preferred bland mashed potatoes to salsa. (④) Throwing litter in a trash receptacle rather than out the car window is considered right and proper, regardless of how many other people do or don't behave that way. Both descriptive and injunctive norms influence people's inclinations to act unselfishly in social dilemmas.

20 주어진 글 다음에 이어질 순서로 가장 적절한 것은?

The exact sequence of mistakes by which the Titanic came to collide with an iceberg has never been fully explained. It is known that during the 12 hours preceding the disaster, messages were sent from other ships that large icebergs lay in the Titanic's path.

(A) However, this was enough to buckle the hull and disconnect rivets below the waterline, creating leaks into five of the ship's hull compartments. Although lifeboats were deployed, there were not enough to hold everyone.

(B) However, these messages may not have reached the ship's bridge. When the collision occurred, the iceberg did not hit the Titanic head-on, but brushed the right side of the ship.

(C) Furthermore, some were launched before they were full. As a result, about 1,500 people were still on the ship when it sank. Most are thought to have died of hypothermia in the ice-cold waters.

① (A) – (C) – (B)　　　　　　② (B) – (A) – (C)

③ (B) – (C) – (A)　　　　　　④ (C) – (A) – (B)

실전 모의고사 4회

정답 및 해설 P.158

1 어법상 밑줄 친 곳에 가장 적절한 것은?

> The diners were furious because the restaurant staff took more than half an hour to bring _____.

① them their meals   ② their meals them

③ them to their meals   ④ to them their meals

2 우리말을 영어로 잘못 옮긴 것은?

① 그는 라디오 아나운서로 9년 동안 일해 왔다.

  → He has worked as a radio announcer for nine years.

② 그는 지난 목요일에 학회를 준비했던 사람이다.

  → He was the one who organized the conference last Thursday.

③ 출발하기 전 비행기가 한 시간 동안 지연되었다.

  → The flight has been delayed for an hour before it departed.

④ 청소년 흡연 문제는 현대 사회에 여전히 널리 퍼져 있다.

  → The problem of adolescent smoking remains prevalent in modern society.

※ 밑줄 친 부분에 들어갈 표현으로 가장 적절한 것은? 【3~4】

3 Sometimes, we get asked to events that we can't or don't want to go. In such circumstances, it is important to know how to politely _____ the invitation. Tell the person inviting you as soon as possible that you are unable to attend, and be sure to thank them for asking.

① turn over   ② turn around

③ turn in   ④ turn down

4 Prosecutors for the case said that they would not _____ the location of their key informant.

① retaliate　　　　　　　② litigate

③ disclose　　　　　　　④ deviate

5 밑줄 친 부분 중 어법 상 옳지 않은 것은?

> The newest exhibit at the Fuller Museum ①created by several local artists and features interactive art pieces. Unlike works that are already completed, the interactive pieces change ②constantly due to audience participation. The artist encourage patrons ③to move and adjust the individual parts according to ④what they think looks best.

※ 밑줄 친 부분과 문맥상 의미가 가장 가까운 것을 고르시오. 【6～7】

6 Researchers based in Antartica had quite a scare yesterday. As they were surveying the region, they inadvertently began to walk across a small frozen lake. The <u>brittle</u> ice began to crack beneath their feet due to the weight of their equipment.

① emblematic　　　　　② tensile

③ solid　　　　　　　　④ fragile

7 There are very few characters in fiction who live <u>mundane</u> lives, or else people would have no desire to read about them.

① captivating　　　　　② ordinary

③ intricate　　　　　　④ vicarious

8 다음 우리말을 영어로 가장 잘 옮긴 것은?

여행객들은 종종 정글을 열대의 낙원이라고 생각하지만, 실제로는 위험하다.

① Tourists often think of tropical paradises as jungles, yet they are dangerous in reality.
② Tourists often think of jungles as tropical paradises, but they are dangerous in reality.
③ Tourists think often of jungles as tropical paradises, yet they are dangerous in reality.
④ Tourists think often of tropical paradises as jungles, but they are dangerous in reality.

9 두 사람의 대화 중 가장 어색한 것은?

① A : It's about time you got there. What took you so long?
　 B : Traffic was bumper to bumper.
② A : Would it be possible to get a seat toward the front of the plane?
　 B : I'll do what I can, sir.
③ A : I'm busy tonight. Do you mind if I take a rain check for dinner?
　 B : I'll pick up the tab.
④ A : When can I expect my package to arrive?
　 B : We guarantee delivery by 10 a.m.

10 밑줄 친 부분에 들어갈 가장 적절한 것은?

A : I heard that new fantasy movie has a really convoluted plot.
B : It does. I saw it last night and it was too confusing for me to follow.
A : Could you tell me the storyline _____? I want to know what it's generally about.
B : Basically, it's about angels and demons.

① in a muddle
② at first sight
③ at times
④ in a nutshell

11 Kakapo에 관한 다음 글의 내용과 일치하지 않는 것은?

Kakapo is the world's rarest and strangest parrot. It's the only flightless parrot as well as being the heaviest in the world, weighing up to 3.5 kilograms. The birds live in New Zealand, which had virtually no mammals living there for millions of years. The Kakapo did not learn the defense mechanisms to combat or escape mammalian predators. This made the parrot very vulnerable when new animals started showing up. The arrival of Polynesian people thousands of years ago, of Europeans in the 1800's, and ultimately the pets and livestock they brought with them resulted in the massive decline of Kakapo populations from hundreds of thousands to a mere handful of birds.

① 날지 못하는 앵무새이다.
② 뉴질랜드에서 살고 있다.
③ 포유류 포식자들을 잘 피한다.
④ 수백만 년 동안 포유류의 공격을 받지 않았다.

12 다음 글의 주제로 가장 적절한 것은?

Cattle are born with the ability to convert grasses that we humans cannot digest into flesh that we can digest. They can do this because, unlike humans who possess only one stomach, they are ruminants. They possess a second stomach called a rumen — a roughly forty-five-gallon tank in which resident bacteria convert cellulose into protein and fats. In today's feedyards, however, cows fed corn and other grains are eating food that humans can eat, and they are quite inefficiently converting it into meat. Since it takes anywhere from seven to sixteen pounds of grain to make one pound of beef, we actually get far less food out than we put in. It's a protein factory in reverse. And we do this on a massive scale, while nearly a billion people on our planet do not have enough to eat.

① dangers of eating feedyard beef
② moral concerns with cattle farming
③ the ability of cattle to convert grass into nutrients
④ inherent unreasonableness of feedyard operation

13 다음 글의 빈칸에 들어갈 말로 가장 적절한 것은?

During the hundreds of millions of years that plants have been living on our planet, they have become amazingly self-sufficient. In addition to establishing a useful relationship with the sun, plants have learned _____. When plants die, they seem to just fall on the ground and rot, getting eaten by many bugs and worms. However, researchers were shocked to discover that dead plants get consumed only by particular bacteria and fungi. Plants know how to attract to their own rotting only those microorganisms and earthworms that will produce beneficial minerals for the soil where the plants' siblings will grow. One way plants attract particular microorganisms into their soil is by concentrating more sugars in their roots. Thus roots such as carrots and potatoes are always much sweeter than the rest of the plant. Apparently, the quality of the soil is critically important, not only as a source of water and minerals for plants but for their very survival.

① to extend their lifespan ② to grow their own soil
③ to consume microorganisms ④ to survive attacks of bacteria

14 다음 글의 목적으로 가장 적절한 것은?

I am writing to you as a longtime customer who is now close to desperation. Several months ago, I purchased the new Andromeda XL. The car was stylish, and it handled well. I loved it. Then, on September 20, while I was driving back to Los Angeles, the car stopped responding to the gas pedal. I tried to make my way to the right. Then I saw two big trucks bearing down on me. The drivers barely missed me, and somehow I managed to make it onto the shoulder alive. From there the frightening experience only got worse thanks to your customer service. They were rude, unhelpful, and they refused to compensate me for my expenses. I'm now seriously thinking of making a little film about your company and posting it on YouTube. I guarantee you won't be happy with it.

① 차량 점검 서비스를 신청하려고
② 도로 상태에 대한 개선을 요구하려고
③ 위험 운전에 대한 주의를 촉구하려고
④ 제품과 서비스에 대한 불만을 표하려고

15 다음 글의 요지로 가장 적절한 것은?

People really trust the information given to them by statistics. They believe that numbers don't lie and so if a poll says that 65 percent of the people support a new policy, then they accept it blindly without really considering the source. But numbers can be misleading. When you read articles that are supported by statistics, you need to think about a few things. What questions were asked and how were those questions phrased? Who was doing the research and why was the research done? Also, it's good to ask yourself if the same numbers could be used to support a different conclusion. A healthy skepticism is always useful for any informed person.

* skepticism 회의(론), 의심

① 통계자료의 출처를 명확히 밝혀야 한다.
② 통계자료를 근거로 오류를 지적해야 한다.
③ 통계자료를 해석하는 데에 있어서 건전한 회의적 관점이 필요하다.
④ 하나의 통계수치는 다양한 결론을 낳을 수 있다.

16 다음 글에 드러난 필자의 심경 변화로 가장 적절한 것은?

The weather was perfect and our entire family was together for a first-time family vacation. It's been a long time since we saw smiles in each other's faces. I was especially pleased to see my mother's smile. After setting up the beach chairs, my grandfather sat down and started to slowly roll up his pants again. I stared at his attempt to roll them up, but his left hand was useless because the disease had already taken its effect on him. Knowing that he wouldn't ask for help, my mother quickly got out of her chair and began to help him roll them up. She also untied his shoes and removed them so that he could feel the sand between his toes. He just smiled gently at her. When my mother turned away, I noticed there were tears in her eyes. At that moment, I was suddenly choked up with unknown sorrow.

① happy → sad
② upset → thankful
③ worried → relieved
④ nervous → satisfied

17 다음 빈칸에 들어갈 말로 가장 적절한 것은?

Health is the outcome of a process that involves patients and health professionals working together; mutual trust and confidence contribute greatly to the effectiveness of that process. However desirable it might be in other markets, considering special characteristics of health and medical care, an arm's length, adversarial relationship between buyer and seller should not be the goal of health care policy. It is one thing for a healthy individual to choose among competing health plans, and another to expect a sick patient to shop among competing physicians and hospitals. Not only is cooperation between patient and physician often essential in the production of health, but cooperation among physicians is also valuable. Thus, the "perfect" competition that economists set as the ideal market structure for producing and distributing most goods and services _____.

① benefits both patients and physicians

② helps to expand the health care industry

③ is far from ideal for health and medical care

④ effectively enhances the quality of health care

18 글의 흐름으로 보아, 주어진 문장이 들어가기에 가장 적절한 곳은?

The major problems with solar energy are its irregular and diffuse nature.

The sun is often mentioned as the ultimate answer to the world's energy problems. (①) It provides a continuous supply of energy that far exceeds the world's demands. (②) In fact, the amount of energy received from the sun each day is 600 times greater than the amount of energy produced each day by all other energy sources combined. (③) It is available only during the day when it is sunny, and it is spread out over the entire Earth, falling on many places like the oceans where it is difficult to collect. (④) All systems that use solar energy must use supplementary sources of energy when sunlight is not available. Because of differences in the availability of sunlight, some parts of the world are more suited to the use of solar energy than others.

19 다음 글의 빈칸 (A), (B)에 들어갈 말로 가장 적절한 것은?

Many people get upset by inequality. However, equality does not exist anywhere. When you reward people the same way regardless of their efforts and achievements, the more talented and the hard-working lose the incentive to perform. This is equality of outcome. It's a bad idea, proven by the fall of communism. The equality we seek should be the equality of opportunity. _____(A)_____, it was not only unjust but also inefficient for a black student in apartheid South Africa not to be able to go to better, 'white' universities, even if he was a better student. People should be given equal opportunities. _____(B)_____, it is equally unjust and inefficient to introduce affirmative action and begin to admit students of lower quality simply because they are black or from a deprived background.

	(A)	(B)
①	For example	However
②	For example	Moreover
③	Similarly	However
④	Similarly	Moreover

20 주어진 글 다음에 이어질 글의 순서로 가장 적절한 것은?

Today it is recognized that all astrology is superstition, but the New Babylonians' search for correspondences between heavenly events and earthly ones was scientific in terms of their time.

(A) Moreover, dedicated to this belief, the New Babylonians observed celestial phenomena more closely than any other ancient peoples before them, and recorded their observations so meticulously that they later could be used and supplemented by astronomers of other civilizations.

(B) In other words, for humans to believe that they can measure and interpret their universe and thereby learn how to benefit from it is more scientific than cowering in ceaseless fear of inexplicable mysteries.

(C) Most notably, starting in 747 B.C.E., Chaldean court astronomers kept "diaries" on a monthly basis in which they recorded all planetary movements and eclipses, together with reports of earthly affairs such as price changes, shifting river levels, storms, and temperatures.

① (A) – (C) – (B)　　　　　② (B) – (A) – (C)

③ (B) – (C) – (A)　　　　　④ (C) – (A) – (B)

1 밑줄 친 부분 중 어법상 옳지 않은 것은?

> The CEO as well as the rest of the board members ①have been invited to the charity event ②set to take place next Saturday. Unlike past years, this year's profits will ③ be given to only charity rather than ④being divided among several different ones.

2 우리말을 영어로 잘못 옮긴 것은?

① 역경의 조짐만 보여도 포기하는 사람들은 실패하는 경향이 있다.

　→ Those who give up at the first hint of adversity tend to fail.

② 나는 치아를 검진 받을 시간이 없다.

　→ I don't have time to get my tooth to check.

③ 만일 내가 비를 예상했더라면 나는 우산을 가지고 왔을 텐데.

　→ If I had anticipated the rain, I would have brought my umbrella with me.

④ 그는 믿을 수 있는 조언자로 여겨진다.

　→ He is considered a trustworthy advisor.

3 다음 문장 중 어법상 옳지 않은 것은?

① By next week, I will have moved into my new house.

② I don't see how can they ignore these negative results.

③ Many people saw the fireworks exploding.

④ We will have time for dinner before the play, as long as we arrive early.

4 어법상 밑줄 친 곳에 가장 적절한 것은?

> After months of ＿＿＿＿＿＿ and sleepless nights, the project is finally complete.

① had work
② hard working
③ hardly work
④ hardly working

5 밑줄 친 부분에 들어갈 표현으로 가장 적절한 것은?

> A : Excuse me, I missed my flight and I need to get to New York today!
> B : Let's see.... I'm sorry, all of our flights to New York are booked full. You'll have to fly standby.
> A : Do you think I'll be able to get on a plane?
> B : ＿＿＿＿＿＿＿＿＿＿＿＿＿＿＿, but you never know. You may get lucky.
> A : All right. I guess I'll just have to wait.

① I'll take a chance.
② Don't put on airs.
③ It was a close call.
④ It's a long shot.

※ 밑줄 친 부분에 들어갈 가장 적절한 것을 고르시오. 【6~7】

6 Parents think that the ＿＿＿＿＿ violence in movies should be eliminated, fearing that seeing so much of it will ＿＿＿＿＿＿ in children the notion that fighting is merely a form of entertainment.

① callous － suffice
② bashful － despoil
③ gratuitous － instill
④ insuperable － appraise

7 Online banking customers can ＿＿＿＿＿ the security of their accounts by changing their passwords often.

① replicate
② shun
③ specify
④ enhance

※ 밑줄 친 표현과 가장 가까운 것은? 【8~9】

8 She wanted to ride the roller coaster but <u>got cold feet</u> at the last minute and backed out.

① felt confused

② appeared tired

③ lost courage

④ gathered strength

9 It is necessary for those in the medical profession to <u>keep abreast</u> of the latest discoveries in biology and technology in order to treat patients more effectively.

① keep hold of

② keep up with

③ keep out of

④ keep down

10 다음 우리말을 영어로 가장 잘 옮긴 것은?

혹시라도 폭풍우가 현재 속도로 계속 동쪽으로 향한다면, 그 마을은 위험에 직면할 수 있다.

① If the storm should continue east at its current speed, the town faces danger.

② If the storm were to continue east at its current speed, the town could face with danger.

③ If the storm were to continue east at its current speed, the town can face to danger.

④ If the storm should continue east at its current speed, the town could face danger.

11 다음 글의 제목으로 가장 적절한 것은?

Difference in degree of interest—in—the—problem creates the fundamental division of all mankind: between those who believe in getting things done, on the one hand, and those who believe in doing things right, on the other. Most of the complex problems we've got in this country today are the result of thoughtless, "can—do" men attempting to solve once-simple problems in careless ways that left a mess, left nasty half—solved problems, like wounded lions, in all our streets. Simple solutions and easy ways seem very seductive, but when you go to repair something for the third or fourth time, you realize it would have been truly easier to have done the job carefully in the first place. "The right way is the hard way" sounds like one of life's cruel truths, but a reasonable man wouldn't have it otherwise. For the hard way to be the wrong way too would be completely unfair; it's bad enough the way it is.

① Easy Ways to Get Things Done

② Aiming High: Be the Best You Can Be

③ Breaking Bad Habits: Easier Said than Done

④ Do It Right the First Time; Save Yourself Trouble

12 다음 글의 분위기로 가장 적절한 것은?

Vladislav and his family suffered a great deal that winter. As outsiders in that small communist village, they were looked down upon by their neighbors. The mud hut they occupied was small, ten feet by ten feet. The hut was dirty and extremely cold. And worse, especially for the children, there were whole days with no food at all. Out on the vast snow—covered plain, the wolves were starving, too. They howled restlessly in the distance. They moved across the plain in a search for food, which brought them to the edge of the village, to the threshold of Vladislav's mud hut. They grew bolder, moving closer until they were just outside; their howls echoed through the hut as the family huddled inside. The hungriest wolves scratched at the door.

① frightening and miserable   ② peaceful and calm

③ solemn and sacred   ④ adventurous and thrilling

13 다음 글의 주제로 가장 적절한 것은?

Garrett Hardin, who called attention to the damage that innocent actions by individuals can inflict on the environment, held that all forms of commonly managed property would necessarily be degraded over time. But we have found, on the contrary, that under appropriate conditions many people do organize effectively to protect natural environments. Some institutions, such as in Switzerland, have recorded histories of persistence over centuries. Others, such as in Nepal, have been successful at maintaining forests even in conditions of extreme conflict and armed violence. Developing shared norms and rules that are considered reasonable and fair is crucial for achieving effective management of common property. Local groups in different environments and cultures have developed an unbelievable variety of ways to do this using their considerable indigenous knowledge.

① the necessity for improving living conditions

② the success of common property management

③ the prevention of cultural conflict and tension

④ the evolution of the human-nature relationship

14 다음 빈칸에 들어갈 말로 가장 적절한 것은?

Mastering the technologies of iron and steel, of glass and concrete, engineers in the late eighteenth century inspired awe with their bridges, railway stations, or docks). More novel than their abilities was the fact that they completed these projects without asking themselves _____. Charged with erecting a bridge, they tried to design the lightest frame that could stretch over the widest span. When they built a railway station, they aimed for a hall that would allow steam to disperse safely, let in a large amount of natural light and accommodate a constant crowd of travelers. They demanded that steamships carry cargoes of impatient passengers punctually across heavy seas. But they did not appear to give much thought to whether there should be a Corinthian or a Doric set of capitals gracing the upper galleries of a ship, whether a Chinese dragon might look pleasing at the end of a locomotive or whether suburban gas works would be done up in a Tuscan or Islamic style.

① what their projects would cost

② what style would be best to adopt

③ if their reputations would be enhanced

④ how the projects would fit into their surroundings

15 다음 글의 내용을 한 문장으로 요약하고자 한다. 빈칸 (A)와 (B)에 들어갈 말로 가장 적절한 것은?

In 1845 Edgar Allan Poe published The Raven. One year later, Poe published the critical essay The Philosophy of Composition, which described the process by which this poem emerged. We might have expected Poe, as a poet in the Romantic age, to describe the flash of inspiration by which the entire poem appeared at once. As Poe put it, "Most writers — poets in especial — prefer having it understood that they compose by a species of fine frenzy — an ecstatic intuition." Yet Poe always prided himself on his analytic powers. As a result, Poe chose to present the origination of The Raven in a contrary light. "It is my design to render it manifest that no one point in its composition is referable either to accident or intuition — that the work proceeded, step by step, to its completion with the precision and rigid consequence of a mathematical problem." He emphasized that logic dictated every choice, from the poem's length and themes down to single words and images.

In his essay The Philosophy of Composition, Poe dismissed the notion of artistic ___(A)___, and argued that writing is ___(B)___, not spontaneous, with the composition of his own poem The Raven as an example.

	(A)	(B)
①	style	artificial
②	value	artificial
③	purity	experimental
④	intuition	analytical

16 다음 글의 빈칸에 들어갈 말로 가장 적절한 것은?

A small business owner could never afford to offer his employees healthcare benefits. It was not typically a problem because most of the employees accessed healthcare through their working spouses. However, tragedy struck one year when two of his most productive employees were stricken with life-threatening illnesses. One had a heart attack, and the other had lung cancer. They each, obviously, had to miss work. With productivity gone and the business hurting, he chose to give the employees the only portion of their salary he could afford. The business operated at a loss that year, but when the two individuals overcame their life-threatening illnesses, he found that their new-found loyalty reaped a new set of rewards as they told their stories of a business owner who _____.

① acts without thinking carefully

② cares about much more than a profit

③ wants to benefit from the healthcare law

④ knows exactly when to spend money for advertising

17 다음 글의 빈칸 (A), (B)에 들어갈 말로 가장 적절한 것은?

As big businesses, TV networks are tied to other powerful business organizations through interlocking boards of directors. For example, the board that runs CBS includes members of the boards of IBM, AT&T, and so forth. (A) , the networks are tied to the government. Former top officials hold board positions in major media, and well-known journalists alternate between working for the White House, the State Department or other government agencies and reporting on those agencies. On the surface, the media and the government, the media and big business, may appear to be adversaries.   (B) , they are more like tennis players who, after battling for a championship, go out for dinner together. The collaboration between the media and the government is most obvious during coverage of U.S. military actions. TV news anchors regularly use the pronouns "we" and "us," as if they were part of the invading force, not detached, objective reporters.

	(A)	(B)
①	In other words	Therefore
②	In other words	In fact
③	In the same way	As a result
④	In the same way	In fact

18 다음 글에서 필자가 주장하는 바로 가장 적절한 것은?

Often the usual response to a costly or embarrassing error, regardless of whether it is an organization or an individual making the mistake, is to attempt to blame someone or some external factors to divert attention from the source of the problem. By taking such an approach, we create two bigger problems for ourselves. First, as the research suggest, this strategy is likely to be ineffective because it does nothing to prove to skeptics that we have any control over the problem or that we have the ability to fix the problem. Second, even if we do manage to distract attention from our mistake in the short term, the spotlight — or more accurately, the bull's-eye—will eventually find its way back to us in the long term, potentially highlighting not only our mistake but also our deceptive impulses.

① 오류의 원인과 책임 소재를 철저하게 분석하라.
② 실수를 솔직히 인정하고 책임지는 태도를 보여라.
③ 결과에 지나치게 집착하기 보다는 과정을 중시하라.
④ 효과적인 문제해결을 위해 관련 분야를 모두 고려하라.

19 글의 흐름으로 보아, 주어진 문장이 들어가기에 가장 적절한 곳은?

> Nonhuman infant primates take a shorter time to produce adult-like calls, but never progress beyond the use of a fairly limited vocabulary or surpass the single-call level.

One reason why humans take much longer than other species to produce their species-specific "calls" is that at birth the vocal tract of the human infant is disproportionately short compared to the rest of the articulatory system. (①) The oral cavity is broader, the larynx is higher, and the tongue is more forward than later in development. This significantly limits the infant's ability to vocalize. (②) It is only at around six months that the vocal tract will become more adult-like and allow the baby to begin babbling language-like sounds. (③) So in humans, the physical capacity to produce language is not present at birth. (④) Human infants, in contrast, show sophisticated sensitivity to language structure prior to production and quickly surpass their primate cousins at every level once production begins.

20 다음 글의 빈칸에 들어갈 말로 가장 적절한 것은?

Some researchers believe that _____ determines whether work is good or bad for teens. J. Schulenberg and J. G. Bachman found that teens suffered when they worked only for the money, for long periods of time, at boring jobs that were unconnected to future work. A study conducted by H. W. Marsh indicated that when teens were working to save money for college, their grades improved, even when the teens had boring jobs. When teens worked to buy extras such as cars and CD players for themselves, their grades went down, regardless of the job. During the Depression era, similar studies showed the beneficial value of any kind of work for young people who contributed to the support of their families at a time of crisis. The young people gained self-confidence and a sense of efficacy from helping to care for their families.

① the social meaning of work

② the relationship with coworkers

③ the skill gained from work-based learning

④ the level of stress experienced at work

실전 모의고사 6회

정답 및 해설 P.167

※ 빈칸에 들어갈 가장 적절한 것을 고르시오. 【1~2】

1 Africanized honey bees turn into _____ attackers if they feel their hive is being threatened. The bees have been known to chase people for more than a mile. Even jumping into water doesn't help, as the bees will simply wait until you come up for air.

① fallacious   ② sporadic

③ tenacious   ④ complaint

2 In 1796, a vaccine for smallpox was finally discovered, but it would take another 150 years to _____ the disease completely.

① discomfit   ② eradicate

③ herald   ④ designate

※ 밑줄 친 부분과 가장 가까운 것은? 【3~4】

3 Of all my high school teachers, I remember my literature teacher most fondly. He was <u>as hard as nails</u> when it came to grading, but he wanted us to care about the reading material. Now I can appreciate the great books I read because of him.

① extremely tough   ② particularly heavy

③ highly conservative   ④ perfectly normal

4 It is imprudent for young people to <u>set store by</u> their appearances because everyone's looks eventually fade as they age.

① regard highly   ② rely upon

③ take no notice of   ④ forget about

5 다음 우리말을 영어로 가장 잘 옮긴 것은?

> 모든 층에 소화기가 놓이는 것은 필수적이다.

① It is necessary that a fire extinguisher has placed on every floor.

② It is necessary that a fire extinguisher placed on every floor.

③ It is necessary that a fire extinguisher is placed on every floor.

④ It is necessary that a fire extinguisher be placed on every floor.

6 다음 대화 내용 중 어색한 것은?

① A : The line is busy. Would you like to hold?

　B : I'll put you through.

② A : The monitor just went out. I don't know how to fix it.

　B : You'd better call maintenance.

③ A : Care to join us for lunch?

　B : Sure, that would be great.

④ A : You look like you're lost in thought. What's weighing on your mind?

　B : Oh, nothing. I just tend to space out from time to time.

7 밑줄 친 부분 중 어법상 옳지 않은 것은?

> The reasons why we yawn ①are still unknown to science. While scientists can't explain it, they do know that it is often ②triggered by other yawners. This behavior, ③called infectious yawning, ④has also witnessed in dogs and chimps by researchers.

8 우리말을 영어로 잘못 옮긴 것은?

① 혹시라도 도움이 더 필요하다면 전화만 주세요.

→ Should you need more help, just give me a call.

② 나는 다음 주 화요일에 브라질을 향해 출발하고 있을 것이다.

→ I will be departing for Brazil next Tuesday.

③ 그녀는 연설을 하기 전에 몇 시간 동안 연습했다.

→ She has practiced for hours before she gave her speech.

④ 많은 고전우화의 기원은 고대 사회로 거슬러 올라갈 수 있다.

→ The origins of many classic fables can be traced back to ancient societies.

9 밑줄 친 부분에 들어갈 표현으로 가장 적절한 것은?

> A : Hey, do you remember me? We went to high school together.
> B : Why, yes! You're Kevin Williams, right? _____.
> A : I know. It's such a coincidence. Do you live around here?
> B : Yes, just down the street.

① Way to go!

② That makes two of us.

③ You've got a point there.

④ Fancy meeting you here!

10 다음 각각의 빈칸에 가장 알맞은 것은?

> The factory workers must take proper _____ and always wear safety gear since they deal with _____ material.

① incidents – resilient

② defense – aspiring

③ precautions – hazardous

④ equipments – conducive

11 (A), (B), (C)의 문맥에 맞는 낱말로 가장 적절한 것은?

Although many important Greek scientists such as Galen and Ptolemy lived in the Roman Empire, the Romans themselves (A) [contributed / distributed] comparatively little to science. They adopted the mathematics of the Greeks and applied it very successfully to engineering and architecture. The fruits of this (B) [applicant / application] are seen today in many Roman remains, especially in some of their very wonderful aqueducts for carrying water to their towns. But their engineers and scientists were always servants and very often slaves, and no honor or recognition was given to them. It is no wonder, therefore, that science did not (C) [advance / decline] during the Roman Empire.

	(A)	(B)	(C)

① contributed − applicant − advance

② contributed − application − advance

③ contributed − application − decline

④ distributed − applicant − decline

12 다음 글의 밑줄 친 부분 중, 어법상 틀린 것은?

What time of the day is best for exercise? A person can exercise at almost any time of the day except about two hours ①following a large meal, or the noon and early afternoon hours on hot and humid days. Many people enjoy exercising early in the morning because it gives them a good boost ②to start the day. If you have a difficult time sticking to an exercise program, early morning exercise is best because the chances of some other activity or conflict interfering with your exercise time ③is minimal. Some people prefer the lunch hour for weight−control reasons. By exercising at noon, they do not eat as big a lunch, ④which helps keep down daily caloric intake. Highly stressed people seem to like the evening hours because of the relaxing effects of exercise.

13 다음 글에서 필자가 주장하는 바로 가장 적절한 것은?

A few decades ago, people in wheelchairs, as well as many on crutches and with strollers, couldn't use pay telephones or revolving doors or buy articles of their choice in a supermarket, where many shelves were placed too high or too low to be reached with ease. Stairways needed to be replaced by ramps. In recent years, this picture has changed greatly. Pay telephones have been placed in lower positions, many ramps have been built to accommodate those in wheelchairs, and other important control areas such as light switches and elevator controls have also been lowered. But much else needs to be done. For example, most ramps were simply added to comply with laws governing the handicapped. Both the materials selected for these ramps and their angle of incline frequently lead to their icing up or becoming slippery during the winter.

① 파손된 공공 시설물 수리를 신속하게 해야 한다.
② 장애인에게 더 많은 취업 기회를 제공해야 한다.
③ 장애인을 위한 시설물이 더 많이 개선되어야 한다.
④ 공공 시설물에 대한 안전 검사를 더 자주 해야 한다.

14 다음 글의 제목으로 가장 적절한 것은?

Consider an eight-year-old girl who is given a hammer and nail to hang a picture on the wall. She has never used a hammer, but from observing others do this she realizes that a hammer is an object to be held, that it is swung by the handle to hit the nail, and that it is usually swung a number of times. Recognizing each of these things, she fits her behavior into this schema she already has (assimilation). But the hammer is heavy, so she holds it near the top. She swings too hard and the nail bends, so she adjusts the pressure of her strikes. These adjustments reflect her ability to slightly alter her conception of the world (accommodation). Just as both assimilation and accommodation are required in this example, so are they required in many of the child's thinking challenges.

① Educating Children Using Tools
② Ways to Develop Children's Independence
③ Environmental Effects on Children's Cognition
④ How Children Use and Adjust Their Knowledge

15 다음 빈칸에 들어갈 말로 가장 적절한 것은?

"I am what I am and that's all what I am," the cartoon character Popeye used to say. In the information age, _____ — whether it concerns your intentions, the information you provide, or even your admiration — has become a valuable and much-sought-after attribute. People respond with trust when they know you're dealing straight with them. At a conference, when I run into someone I've been dying to meet, I don't hide my enthusiasm. "It's a pleasure to finally meet you. I've admired your work from afar for quite some time and been thinking how beneficial it might be if we could meet one another." Always keep in mind that you should be transparent when you're looking to establish a deeper, more meaningful connection.

① humility   ② openness

③ fairness   ④ carefulness

16 다음 빈칸에 들어갈 말로 가장 적절한 것은?

My direct experience of African nkisi nkondi fetish statues from Loango, in the Kongo region, which are bristling with nails, is that they look quite fierce—like a horror-movie monster. This first perception is modified when I learn 'external facts': that the nails were driven in over time by people to register agreements or seal dispute resolutions. The participants were asking for support for their agreement (with an expectation of punishment if it is violated). Such fetish sculptures were considered so powerful that they were sometimes kept outside of the village. Although I may directly perceive that the sculptures embody frightening power, I do not _____ without understanding additional facts about why and how they were made. Original users would find it very odd for a small group of them to be exhibited together in the African Art section of a museum.

① recognize their economic value

② understand their social meaning

③ think of art as a means to possess

④ distinguish between art and religion

17 다음 글의 내용을 한 문장으로 요약하고자 한다. 빈칸 (A)와 (B)에 들어갈 말로 가장 적절한 것은?

Humor can wipe out perceptions of media violence. When humor is present, most viewers regard the violence as absent, even if all other factors are present. This allows viewers to experience some of the highest rates of graphically violent acts while feeling that they are watching no violence. For example, viewers did not rate cartoons as particularly violent although in fact the cartoons did present very high rates of shootings and bombings. They probably think that there is no harm because the cartoon characters are not really hurt, and there is no violence when there is no harm. There may be no harm to characters, but there is more serious harm to viewers than when humor is absent. When violence is linked to humor, people tend to trivialize violence. This is particularly troubling because the more trivial forms of violence are more likely to be imitated.

→ Media violence portrayed in a humorous way is particularly _____(A)_____ because people are more likely to consider it _____(B)_____.

	(A)	(B)
①	harmful	acceptable
②	harmful	insulting
③	attractive	innocent
④	attractive	imaginative

18 다음 글의 빈칸 (A), (B)에 들어갈 말로 가장 적절한 것은?

In offering help to their partners, women are inclined to express sympathy and share examples of their own similar experiences in an effort to convey the message, "I understand you; you're not alone." _____(A)_____, men are more likely to help by problem-solving or offering suggestions. Both are caring responses! But often neither effort goes over very well. Women are apt to hear men's problem-solving efforts as unsympathetic. What women want is a sympathetic ear; what they hear is an impatient, "Why don't you just fix it this way?" — often with the shaming message that they are incompetent. _____(B)_____, men are truly puzzled by their partners' lack of appreciation for their problem-solving efforts. Moreover, the rejection of their well-meaning offer of help is hurtful and, in many cases, shaming.

	(A)	(B)
①	For example	In turn
②	For example	Above all
③	In contrast	Instead
④	In contrast	In turn

19 주어진 글 다음에 이어질 글의 순서로 가장 적절한 것은?

Even between equally talkative cultures, there are differences in conversational style. In American society, we tend to believe that, even in casual conversation, only one person should speak at a time.

(A) In the late 1980s, the U.S. president's wife, Nancy Reagan, complained to the press about Raisa Gorbachev, wife of the Soviet president: "From the moment we met, she talked and talked — so much that I could barely get a word in."

(B) Yet in many other countries, it is normal for a listener to chime in when someone is talking in order to show enthusiastic participation or involvement with others. Such logic seems to elude many in the United States.

(C) Probably unaware of the "one speaker at a time" ethic, Mrs. Gorbachev might have been wondering why her U.S. counterpart never said anything — and made her do all the conversational work.

① (A) – (C) – (B)　　　　　　② (B) – (A) – (C)

③ (B) – (C) – (A)　　　　　　④ (C) – (A) – (B)

20 다음 글에서 전체 흐름과 관계 없는 문장은?

According to the World Health Organization, a quarter of modern medicines are made from plants first used in traditional medicine. ①Remedies developed from wild plants are used in the treatment of malaria, diabetes, cardiac illness, HIV/AIDS, cancer, pain, and respiratory ailments. ②The Pacific yew, which was once burned by western logging operations, was recently found to contain in its bark a substance called paclitaxol, which can help shrink cancerous tumors. ③The removal of trees during logging has in some instances resulted in the scarcity or outright extinction of many important plant and animal species. ④Some plants long recognized as having medicinal value have only recently been analyzed in a modern laboratory. Willow bark, for instance, was used for centuries to relieve pain, but only in modern times was it discovered to contain salicylic acid, the active ingredient in aspirin.

※ 밑줄 친 부분과 가장 의미가 가까운 것은? 【1~3】

1 Republicans voted for the candidate <u>with half a heart</u> as he was not the ideal contender they had envisioned.

① eagerly   ② impartially

③ reluctantly   ④ heartily

2 As all the members of the drama club happened to be here, we decided to have an <u>impromptu</u> run-through of the entire play before we left.

① intentional   ② apparent

③ unwitting   ④ unplanned

3 The company employees dreaded the <u>mandatory</u> assemblies that occurred every quarter, during which they were obliged to sit still for hours and listen to countless speeches.

① compulsory   ② optional

③ administrative   ④ beguiling

4 밑줄 친 부분에 들어갈 말로 가장 적절한 것은?

> There are a number of factors that determine the value of a _____. For example, because gold is a rare substance for which there is a _____ worldwide demand, it is much more expensive than other minerals such as tin or silver.

① commodity − significant   ② venture − futile

③ design − precarious   ④ product − detrimental

5 밑줄 친 부분 중 어법상 옳지 않은 것은?

Because it is ①so difficult to change laws, many of them still ②exist even though they ③have been made hundreds of years ago and ④are no longer enforced today.

6 (A), (B)에 들어갈 표현으로 바르게 짝지어진 것은?

_____(A)_____ time allow, internationally acclaimed pianist Robert Hayden will interrupt his concert tour to speak at a ceremony honoring the great composer, Pierre Jacobs, who is set to retire. Hayden, a musical prodigy, began learning from the eminent composer when he was only three years old. He has stated numerous times that had is not been for his mentor, he would never _____(B)_____ into the pianist he is today.

① When − have grown   ② Should − have grown

③ Should − had grown   ④ When − had grown

7 다음 우리말을 영어로 가장 잘 옮긴 것은?

나의 여동생은 의기소침해져서, 울지 않을 수 없었다.

① My younger sister became depressed and could not feel like crying.

② My little sister became depressed and could not help crying.

③ My little sister became depressing and could not help crying.

④ My younger sister became depressing and could not feel like crying.

8 다음 문장 중 어법상 옳지 않은 것은?

① In many ancient civilization women were considered the property of men.

② I pay my electricity and gas bills every month.

③ She demanded that she receives a refund for the broken vacuum cleaner.

④ Every sandwich comes with a free drink.

9 다음 대화 내용 중 가장 어색한 것은?

① A : Is this Supreme Travel Agency?

  B : Sorry. You've got the wrong number.

② A : It's so hot in here! Do you mind if I turn on the air?

  B : By all means, go ahead.

③ A : What do you think about catching a movie tonight?

  B : I'm all for it.

④ A : I'd like to return this hairdryer. It's broken.

  B : I can't complain.

10 대화의 흐름으로 보아 밑줄 친 부분에 들어갈 가장 적절한 것은?

A : How do you think you did on the test?
B : Unfortunately, I don't think I aced it.
A : Well, it was a pretty hard exam.
B : I know, but I studied a lot for it! I can't believe I did so poorly.
A : _____ and don't let it get you down. I'm sure you'll do better next time.
B : I hope so.

① Take it or leave it.

② Drop me a line some time.

③ Get it off your chest.

④ Snap out of it.

11 (A), (B), (C)의 문맥에 맞는 낱말로 가장 적절한 것은?

A major obstacle to discovery is not ignorance but (A)[indifference / knowledge]. Because Aristotle was so comprehensive, logical, and brilliant, his writings became the ultimate standard of truth for 2,000 years. A major portion of Galileo's works was devoted to disproving Aristotle so that the reader would be able to grasp his arguments. The difficulty was that a single authority (Aristotle) was held in such high regard that (B)[alternative / established] views could not get a hearing. In more recent times the work of Freud has had a similar effect. Freud's system of analysis assumed certain mental constructs a priori, so it was very difficult to revise or improve his theories. The result was that a fairly good number of psychoanalysts remained Freudians though many psychologists began to (C)[defeat / ignore] Freud altogether to make progress in their work.

	(A)	(B)	(C)
①	indifference	alternative	ignore
②	indifference	established	defeat
③	knowledge	alternative	defeat
④	knowledge	alternative	ignore

12 다음 글의 제목으로 가장 적절한 것은?

We are not yet advanced enough to be able to measure the bliss in every one of the billions of cells in your body that comes from even small amounts of exercise. However, you can feel the benefits if you pay attention. With every little movement that you do attentively, you will feel the joy in your body, the feeling of all of the water molecules moving around, the bliss of experiencing a mindful being in a miraculous body. A nice stretch here, a little bend there, a glass of water now and then during the day, a short shake in between tasks — everything adds up so that you feel lighter and more flexible. Your blood will flow more easily, and you will feel the warmth arriving in your fingertips and toes. Done regularly, these little movements will build up strength and health.

① Increase Flexibility and Speed
② How to Exercise More Efficiently
③ A Little Exercise Brings Big Benefits
④ Water Molecules Play a Role in Our Bodies

13 다음 글의 주제로 가장 적절한 것은?

The rationale for taking up great growth is that firms need to "run with the ball" if they ever get that rare opportunity to suddenly double or triple sales. But there are times when a slower, more controlled growth is sensible. Risks lie on both sides as businesses reach for these opportunities. When a market begins to boom and a firm is unable to keep up with demand without greatly increasing capacity and resources, it faces a dilemma: Stay conservative in fear that the opportunity will be shortened, but thereby give up some of the growing market to competitors; or expand vigorously to take full advantage of the opportunity, but risk being overextended and vulnerable should the potential suddenly fade. Regardless of the commitment to a vision of great growth, a firm must develop an organization and systems and controls to handle it.

① arguments for and against company extension
② the types of dilemmas in company extension
③ the growth and the manageability of companies
④ the need for company downsizing in competitive markets

14 다음 글에 드러난 Lucky의 심경으로 가장 적절한 것은?

Today's science class was special for Lucky. Ms. McBeam read a thin book to the fifth grade about Charles Darwin, the scientist Lucky most admired. The totally amazing thing about Charles Darwin was how much he and Lucky were alike. For instance, in the book there was a part where Charles Darwin found two interesting beetles. To capture them, all he had was his hands, so he caught one in each hand. Then he found a third interesting beetle, so he popped it into his mouth! That was exactly something Lucky would do. Then Ms. McBeam showed pictures of polar bears in the snow and explained that Charles Darwin figured out that animals survive by adapting to their environment. At that exact moment, Lucky realized, finally and surprisingly, why her hair and eyes and skin were all sandy-colored! Charles Darwin had a very good point. She, Lucky, was perfectly adapted to her environment, the northern Mojave Desert.

① afraid   ② determined
③ excited   ④ gloomy

15 다음 글의 요지로 가장 적절한 것은?

In a study, students were separated into two groups. In the first group, students were asked to solve math problems with the teacher's help. In the second group, students were asked to solve the same problems by helping one another, instead of getting help from the teacher. With the teacher's help, students in the first group were able to find the correct answers. Students in the second group did not solve the problems correctly. But they did come up with a lot of good ideas. The students were then tested on what they had learned. The group without any help from a teacher scored much higher than the group who had help. Struggling to find the answers helped students understand the process, not just the solution. The advice for kids is to put a lot of effort into learning something new rather than going to your teacher for help.

① 학생들이 문제풀이 과정에 집중할 수 있게 도와주어야 한다.

② 스스로 문제를 해결하려고 애쓸 때 더 큰 학습 효과를 얻을 수 있다.

③ 문제의 유형에 따라 교사의 지도 방식을 다양화할 필요가 있다.

④ 새로운 정보를 습득할 때 교사의 적절한 도움이 학습 효율을 높인다.

16 주어진 글 다음에 이어질 글의 순서로 가장 적절한 것은?

Life circumstances that bring about a mismatch between your biological clock and your sleep cycle affect how you feel and act.

(A) Jet lag occurs because the internal circadian rhythm is out of phase with the normal temporal environment. For example, your body says it's 2 a.m. —and thus is at a low point on many physiological measures—when local time requires you to act as if it is noon.

(B) People also experience disruptions when they engage in long-distance air travel. When people fly across time zones, they may experience jet lag, a condition whose symptoms include fatigue, irresistible sleepiness, and subsequent unusual sleep-wake schedules.

(C) For example, individuals who work night shifts often experience both physical and cognitive difficulties because their circadian rhythms are disrupted. Even after long periods on the night shift, most people are unable to adjust their circadian rhythms to overcome these negative effects.

① (A) − (C) − (B)　　　　② (B) − (A) − (C)
③ (B) − (C) − (A)　　　　④ (C) − (B) − (A)

17 글의 흐름으로 보아, 주어진 문장이 들어가기에 가장 적절한 곳은?

One problem is that the power of these signs diminishes with use: The more stop signs, the more likely drivers are to violate them.

Traffic-calming devices have been shown to slow speeds and reduce the volume of through traffic. (①) But as with any medicine, the right drug—and the right dosage—must be administered. (②) Many people think that stop signs are a good way to calm speeds in neighborhoods. (③) One problem is that the power of these signs diminishes with use: The more stop signs, the more likely drivers are to violate them.] Studies have also shown that stop signs do little if anything to reduce speed—drivers simply go faster at the midblock location to make up time. (④) This issue plagues speed humps too, which is why engineers advise placing them no more than three hundred feet apart, so drivers do not have time to speed. As with any drug, there are side effects: Slowing and accelerating for humps increases noise and emissions, while studies have suggested that speed humps on one block can lead to higher speeds or more traffic on another.

18 다음 글의 내용을 한 문장으로 요약하고자 한다. 빈칸 (A)와 (B)에 들어갈 말로 가장 적절한 것은?

The elements of the palace gardens, their fountains, water channels and pools, and the raised and sunken flower beds, exhibited in miniature the collection and distribution of water essential for the development of the land for agriculture. The gardens were simultaneously an abstract representation of the landscape over which they looked, and an important element in the recreation of that landscape. The garden exploited the techniques of agriculture, plant species, water, soil and climate, and in its turn contributed to the development of agriculture, both as a kind of nursery for exotic plants and new species to be cultivated, and as a testing ground for new techniques and the acquisition of botanical knowledge. It was a diagram of the productive landscape, and a laboratory for its further development. It was a political statement of the control of land and nature, and at the same time a setting for a luxurious and sensuous courtly life.

→ Not only was the palace garden a(n) ___(A)___ version of the landscape, but it also served as a ___(B)___ site for the development of agriculture.

	(A)	(B)
①	original	construction
②	original	testing
③	updated	demonstration
④	miniature	testing

19 다음 글의 목적으로 가장 적절한 것은?

'The Boston Herald' has always taken pride in its ability to keep in touch with and respond to the needs of the community we serve. That remains our mission today. Recently, however, members of the Latino community have taken offense at some language used in a Nov. 30 column by Don Feder on Puerto Rican statehood. To those who took offense at his words I offer my personal apology. They were not the words I would have chosen. We should have been more sensitive to the feelings of the Latino community. We recognize that we live in a rapidly changing community, and we hope to reflect in our editorial pages and in our coverage of the news the richness of ethnic and racial diversity.

① 신문 구독을 중단하려고
② 독자들의 투고를 권유하려고
③ 기자에게 사직을 통보하려고
④ 칼럼에 대해 독자에게 사과하려고

20 다음 빈칸에 들어갈 말로 가장 적절한 것을 고르시오.

Your eyesight is affected by your attention. Are you curious about the world or are you more interested in reading books and going about your own business? If you want to regain your eyesight, it is important that you _____. You need consistently to direct your attention further and further out in the world. The ancient Greeks thought that nearsightedness was caused by a weak spirit, which did not have the energy to go out very far. Similarly, the Nepalese people have believed that those with problems seeing distance should stare at the moon to help exercise and train their eyes to see far away. Several generations ago, nearsightedness was nearly unheard of among Alaskans, because they were continually looking out to the horizon for information about the weather. Two generations later, and with the advent of TV and computers, 30 percent of Inuit kids are nearsighted.

① have regular eye examinations
② wear glasses as soon as possible
③ try eye exercises before reading books
④ pay attention to what is in the distance

실전 모의고사 8회

정답 및 해설 P.177

1 밑줄 친 부분에 들어갈 말로 가장 적절한 것은?

> John : I scored two tickets to the championship game on Saturday!
>
> Amy : I can't believe it! it's been sold out for months.
>
> John : You'll come with me, right?
>
> Amy : I wish I could, but my brother wants me to babysit his kids.
>
> John : Can't you say no?
>
> Amy : I already said I would, and I can't _____ now.

① go back my word　　　　　② do him a good turn

③ keep a straight face　　　　④ fly off the handle

2 우리말을 영어로 잘못 옮긴 것은?

① 오늘 3시까지 파일이 필요한 사람은 바로 Dan이야.

　→ It is Dan that needs the files by three o'clock today.

② 나는 올해 이렇게 큰 보너스를 받은 걸 믿을 수가 없다.

　→ I can't believe that I received such a huge bonus this year.

③ 과학자들은 화성에 한때 물이 있었다는 결론을 이끌어 냈다.

　→ Scientists have drawn the conclusion that Mars once had water.

④ 직원들은 질병으로 인해 직무를 수행하지 못할 경우 병가를 사용할 권리를 부여 받는다.

　→ Employees are entitled to use sick leave if an illness will prevent them from performing their duties.

※ 밑줄 친 부분에 들어갈 가장 적절한 것을 고르시오. 【3~4】

3 Analysts predict that the company's new lightweight bicycle will _____ the market.

① run short of ② keep clear of

③ take hold of ④ make use of

4 It was suddenly revealed that the gas station employee was _____ cash from the resister when no one was looking at, so he fired immediately by the manager.

① stultifying ② bolstering

③ pledging ④ pilfering

5 다음 우리말을 영어로 가장 잘 옮긴 것은?

> 인도주의 운동에 대한 그녀의 공헌으로 그녀는 매우 영향력 있고 영감을 주는 인물로 여겨진다.

① She considered a highly influential and inspirational figure for her humanitarian contributions.

② She is considered a highly influential and inspirational figure for her contributions to humanitarian causes.

③ Contributions to humanitarian causes are considered highly influential and inspirational for her.

④ Contributions to humanitarian causes considered highly influential and inspirational for her.

※ 다음 밑줄 친 부분과 의미가 가장 가까운 것을 고르시오. 【6~8】

6 Scientists believe that it may one day be possible to <u>harness</u> the energy of stars, which could provide the planet with an endless amount of fuel.

① devastate ② utilize

③ incur ④ dissolve

7 Goats' unique hooves allow them to be <u>nimble</u> climbers that are able to quickly and effortlessly travel along the slippery and precarious terrain of mountainsides.

① agile
② steadfast
③ incessant
④ fractious

8 Some people need to be reminded that life offers no guarantees, so they should not be surprised when things don't fall in their favor. In fact, a fair amount of disappointment is to be expected. Thus, when an outcome isn't to their advantage, the best advice they can be given is to <u>take it on the chin</u> and move on.

① conceal
② revenge
③ endure
④ confide

9 다음 문장 중 어법상 옳지 않은 것은?

① He voted for candidate whose policies he liked best.
② The tourists turned toward the sculpture by which the guide was pointing.
③ All patients must wait until the time when the doctor is ready to see them.
④ The person who just bought his tickets accidentally left his wallet on the counter.

10 다음 문장 중 어법상 옳은 것은?

① The author admitted to copy someone else's work.
② The weather forecaster stated that it might to rain nationwide tomorrow.
③ Had I known you had company, I will not have stopped by.
④ We will have completed the program by this time next year.

11 다음 글의 밑줄 친 부분 중, 어법상 틀린 것은?

I once saw a young girl who ① had spent months in hospital with paralyzed legs. As a last resort, her parents called in a psychologist, and the next day she was walking. She told me a story about her drawing that gave a lead to the secret problem. She felt ② guilty because she was growing too big-boned to be able to become a professional ballet dancer. Her family had invested so much in her ballet lessons, and ③ was expected a brilliant future for her. The psychologist helped her to see her many other talents she could develop, and that she needed no excuses for stopping serious ballet. She got out of bed and walked. The paralysis had been real, but its solution was not medical. It was the recognition of the unconscious conflict ④ that cured her.

12 다음 글의 목적으로 가장 적절한 것은?

As a hard-working and loyal employee of the ABC Company for the past seven years, I, Madeline Knox, wish to offer a rebuttal to the Satisfactory rating I received on my most recent quarterly performance evaluation, and I wish to appeal the rating. When I worked in District #3 for the company prior to my reassignment to District #2 six months ago, my managerial and customer service skills were always rated Excellent. They have not changed. I can only guess that a lack of the proper amount of time needed to observe my skills and abilities was probably the main factor in my receiving a lower evaluation than I deserve from my current supervisor and store manager. I certainly am not criticizing my store manager or anyone else personally. I simply want to set the record straight so that my loyal and faithful service to the company can continue.

① 업무평가 등급을 변경해 줄 것을 요청하려고
② 새로운 업무 배치에 대해 항의하려고
③ 업무 환경 개선 방법에 대해 조언하려고
④ 본인이 새 업무에 적임자임을 피력하려고

13 다음 글의 주제로 가장 적절한 것은?

It is known that the sum of evaporation and transpiration of water through the leaves of plants will increase with temperature, so that in hot environments, rising temperatures will make rainwater less available for human use and crop production before it evaporates. Rising temperatures will also accelerate the melting of glaciers and snow in the high mountains. Hundreds of millions of people downstream of mountains depend on snowmelt and glacier melt for their water in the spring and summer, and climate change will greatly threaten these vast areas of Asia and the Americas. For some decades, the communities will be threatened by flooding caused by rapid glacier melting, but after that the risk will switch abruptly to water scarcity when the glaciers disappear altogether. Snowmelt will come earlier in the spring and not be available during the dry summer months when crops require water to grow.

① ways to prevent global warming

② the effects of glaciers on the environment

③ factors influencing the Earth's greenhouse effect

④ changes in water availability due to rising temperatures

14 다음 빈칸에 들어갈 말로 가장 적절한 것을 고르시오.

The techniques of brainwashing first attracted research attention during the Korean War, when Chinese communists sought to change the views of captured American soldiers. At first they tried exposing the prisoners to all-day sessions of propaganda and indoctrination, telling them how great communism was and how bad American capitalism was. This did not work very well. Then the Chinese realized that the problem was not in what happened during the day. Rather, the problem was that every night the prisoners were sent back to the wards with other American prisoners, where each man's American identity revived. The Chinese found that brainwashing became much more successful and effective if _____. That way, the American identity and values were not strengthened by social contacts with other Americans, and the prisoners were easy to influence.

① they treated prisoners with more compassion

② prisoners were informed of their duties and rights

③ they kept the prisoners separate from each other

④ prisoners had more time to think about their country

15 다음 글에서 필자가 주장하는 바로 가장 적절한 것은?

When I moved into my office, the carpet was thin, ugly, and dark. For a few hundred dollars, I bought a beautiful new carpet that really looks nice and feels good to walk on. If I'm in the same office for even five years, that amounts to a few cents per day. It's really nice to walk in and feel good about where you are going to spend your day. Make it bright, cheery and friendly. If you aren't able to do it yourself, perhaps you can ask someone to help you—a spouse, a friend, a coworker, even a child! You might be surprised at how easy it is. Try a few pictures, a brighter rug, inspirational books, freshly cut flowers, goldfish, etc. Even if you work in your car or drive a truck, there are little things you can do to make your environment a nicer place.

① 사무실의 소모품을 아껴 쓰도록 노력하라.
② 작업 공간을 밝고 유쾌한 곳으로 개선하라.
③ 효율성을 높이기 위해 작업 공간을 재배치하라.
④ 직장 동료와 친밀한 관계를 맺기 위해 노력하라.

16 다음 글의 제목으로 가장 적절한 것은?

We live in a world of visual stimuli, and television news with its ever present background visuals has transformed the ways we see political leaders. Roger Masters introduced the term visual quotes to describe the video clips or photographs that serve as background to television stories about political leaders. When viewers "watch" a TV newscast about a political leader, their attention is drawn more to the visual images than to what is being said. Many news watchers assume that brief video segments are merely background to the real story, but in truth they occupy the foreground in people's consciousness and memory. In earlier times, citizens learned their political news through exposure to pamphlets and newspapers. Information previously arrived by words; now it comes via pixels.

① Is This Image Real or Fake?
② Public Image Versus Private Self
③ Accuracy: The Power of News Stories
④ Visual Images Outweigh the Verbal Content

17 Dani족에 관한 설명으로 다음 글의 내용과 일치하지 않는 것은?

The outside world may not have known of the Baliem Valley, but people have settled there and cultivated gardens for at least 7,000 years. At present, the patrilineal Dani number some 60,000, and display the highest levels of cultural intensification and political integration of any group in the New Guinea highlands. For their food staple, the Dani rely on root crops such as the sweet potato, introduced about 300 years ago, and the indigenous taro, which women cultivate in gardens on the valley floor and mountainsides. Women also raise pigs, which men strategically exchange to promote their status, and to strengthen their political alliances. People identify themselves by membership in a totemic clan. In the past, clans grouped into multi-layered political units, and large-scale pre-contact warfare dominated political activities. Even after peace was achieved in the 1970s, clan groups still align to form large political alliances. Leadership is achieved through prowess in politics and exchange relations.

① 1970년대 이후 씨족 집단끼리의 정치적 동맹은 사라졌다.
② 여자들이 골짜기 바닥과 산비탈에 타로 작물을 재배한다.
③ 남자들은 지위와 정치적 동맹을 위해 돼지를 교환한다.
④ 한 토템 부족의 일원으로서 자신의 신원을 밝힌다.

18 다음 글의 빈칸 (A), (B)에 들어갈 말로 가장 적절한 것은?

When making decisions, people almost always assume that more information is better. Modern corporations are especially dependent on this idea and spend a fortune trying to create "analytic workspaces" that "maximize the informational potential of their decision-makers." These conventional practices are based on the assumptions that executives perform better when they have access to more facts and figures and that bad decisions are a result of ___(A)___. But it's important to know the limitations of this approach, which are rooted in the limitations of the brain. The prefrontal cortex can handle only so much information at any one time, so when a person gives it too many facts and then asks it to make a decision based on the facts that seem important, that person is asking for ___(B)___.

	(A)	(B)
①	competition	cooperation
②	competition	change
③	poverty	feedback
④	ignorance	trouble

19 주어진 글 다음에 이어질 글의 순서로 가장 적절한 것은?

During World War I, the English commander, Lieutenant General Jan Smuts, moved against the much smaller German army in German East Africa, led by Colonel Paul von Lettow—Vorbeck.

(A) Smuts was hoping for a quick win. But von Lettow—Vorbeck refused to engage him and retreated south. Smuts marched in pursuit. Smuts thought he had von Lettow —Vorbeck cornered, only to find that the German officer had moved on just hours earlier.

(B) By the end of the war, von Lettow—Vorbeck had managed to lead his enemy on a four—year cat—and—mouse chase that had completely tied up valuable English forces and yielded them nothing in return.

(C) As if a drawn by a magnet, Smuts kept following von Lettow—Vorbeck across rivers, mountains, and forests. Their supply lines extended over hundreds of miles, and his soldiers were now vulnerable to hunger and disease, all without ever fighting a real battle.

① (A) — (C) — (B)　　　　　② (B) — (A) — (C)

③ (B) — (C) — (A)　　　　　④ (C) — (A) — (B)

20 다음 글의 빈칸 (A), (B)에 들어갈 말로 가장 적절한 것은?

Don't get so obsessed with a particular type of activity that you ignore other aspects of your fitness. Many long—distance runners, __(A)__, have a relatively skinny upper body although their midsection and legs are usually in great shape. Even with respect to lower body functioning, running does much more for the muscles in the front than in the back of your legs. In contrast, cycling or skiing requires a different type of leg muscle conditioning while swimming has a less positive impact on your lower body unless you concentrate on kicking movements. Playing a lot of tennis or racquetball may be fine for aerobic conditioning but can lead to an imbalance in strength, especially on one side of your upper body. __(B)__, some weight—lifters pay too little attention to their aerobic conditioning, having trouble jogging even short distances.

	(A)	(B)
①	thus	In addition
②	for example	Therefore
③	for example	On the other hand
④	nonetheless	Similarly

실전 모의고사 9회

정답 및 해설 P.182

1 우리말을 영어로 잘못 옮긴 것은?

① 두 명 이상의 사람들이 동시에 떠날 수는 없다.

  → No more than two people can be gone at the same time.

② 그 그림은 5천만 달러 이상의 입찰 가격을 받을 것으로 예상되었다.

  → The painting was expected to receive bids of more than $50million.

③ 몇몇 연구 기지들이 남극에 세워졌다.

  → Several research stations have been established in Antartica.

④ 그 팝스타는 많은 관광객들을 끌어오는 데 기여했다.

  → The pop star contributed to bring in many tourists.

2 다음 문장 중 어법상 옳은 것은?

① The friend to who the book was dedicated was never mentioned by name.

② I don't know where is the bus stop.

③ Should the baby cry, give her a bottle of warm milk.

④ John's new song is wonderful, but I've forgotten his title.

3 밑줄 친 부분에 공통으로 들어갈 가장 적절한 것을 고르시오.

> • Maturity is needed to deal _____ the consequences of one's actions.
> • Having left my wallet at home, I had to make do _____ what little cash I had in my pocket.
> • TV shows change in line _____ what's trending in popular culture.

① around   ② toward

③ through   ④ with

※ 밑줄 친 부분과 의미가 가장 가까운 것은? 【4~6】

4 We had to rush to a copy store every time our old fax machine was <u>on the blink</u>.

① broken down   ② occupied

③ limited   ④ stored away

5 She was so impressed with herr friend's sculpture that she told him it was <u>beyond description</u>.

① ambiguous   ② extraordinary

③ disappointing   ④ attentive

6 His meticulous personality causes him to <u>ponder</u> all possible outcomes of any decision he has to make.

① contemplate   ② intensify

③ mutter   ④ refute

7 밑줄 친 부분 중 어법 상 옳지 않은 것은?

> The golden rectangle ①<u>was considering</u> attractive by numerous painters and architects, and was used in the design of many great artworks and structures. However, no one has been able to explain ②<u>why</u> the proportions of the golden rectangle ③<u>are</u> ④ <u>pleasing</u> to the human eye.

8 밑줄 친 부분에 들어갈 표현으로 가장 적절한 것은?

> A : I want a new laptop. My friend just got one that I really like.
> B : But yours is only a few months old! It's practically brand new.
> A : _____. Everybody knows that.
> B : Yes, but people should also appreciate what they have.

① Don't judge a book by its cover.
② The grass is always greener on the other side of the fence.
③ All good things must come to an end.
④ Honesty is the best policy.

9 다음 세 문장의 밑줄 친 곳에 들어갈 표현이 순서대로 짝지어진 것은?

> • Our coach made us _____ until 6p.m.
> • He finally got his son _____ a bicycle without training wheels.
> • He had the structure _____ for areas of decay.

① to practice — to ride — check
② to practice — ride — checked
③ practice — ride — check
④ practice — to ride — checked

10 다음 빈칸에 가장 알맞은 것은?

> Making a new type of perfume is a long journey, and our researchers spend a _____ amount of time in the lab to try and find the perfect _____ of ingredients.

① disgraceful — variation   ② negligible — number
③ considerable — blend   ④ sophisticated — trade

11 다음 글의 제목으로 가장 적절한 것은?

Intakes of certain food constituents such as fat, cholesterol, sugar, and salt should be limited for health's sake. A major guideline for healthy people is to keep fat intake below 35 percent of total calories. Some people take this to mean that they must never indulge in a delicious beefsteak or hot-fudge sundae, but they are misinformed: moderation, not total abstinence, is the key. A steady diet of steak and ice cream might be harmful, but once a week as part of an otherwise moderate diet plan, these foods may have little impact; as once-a-month treats, these foods would have practically no effect at all. Moderation also means that limits are necessary, even for desirable food constituents. For example, a certain amount of fiber in foods contributes to the health of the digestive system, but too much fiber leads to nutrient losses.

① Moderation: The Key to Your Diet
② Consider the Environment Before Eating
③ Food Diary: An Indicator of Your Success
④ Slow Food: An Alternative to Healthy Food

12 다음 글의 밑줄 친 부분 중, 어법상 틀린 것은?

Big government is bad for the economy. The welfare state has emerged because of the desire to make the rich pay for the costs of adjustments that are constantly demanded by market forces. When the rich ①are taxed to pay for unemployment insurance, healthcare, and other welfare measures for the poor, this not only makes the poor lazy and ②deprive the rich of an incentive to create wealth, but it also makes the economy less dynamic. With the protection of the welfare state, people do not feel the need to adjust to new market realities, thereby ③delaying the changes in their professions and working patterns that are needed for dynamic economic adjustments. We don't even have to invoke the failures of the communist economies. Just look at the lack of dynamism in Europe with its inflated welfare state, ④compared to the vitality of the U.S.

13 다음 글의 목적으로 가장 적절한 것은?

Our gorgeously designed programme goes straight into the hands of every one of our visitors as they enter the site, and stays with them throughout the festival as they plan their day out. We'd really like to encourage local businesses to promote their products with our Edinburgh Mela programme and reach out to our large and diverse audience. It's a great chance to appeal directly to Edinburgh's most committed, diverse audience, within the context of a beautiful piece of print. If you visit our website, you can see what last year's programme looked like −2014's will be even prettier and run over eight pages. Our rates are extremely reasonable, too. Interested? Have a look at information about our audience and artwork, and then drop Press & Marketing Assistant Laura Dorothy an email : pressassistant@edinburgh-mela.co.uk.

① 축제의 공연을 소개하려고
② 축제 행사 일정 변경을 알리려고
③ 축제 안내지 디자인을 공모하려고
④ 축제 안내지를 통한 광고를 홍보하려고

14 다음 글에서 필자가 주장하는 바로 가장 적절한 것은?

When a client seeks information regarding the direction he or she should take (what choice to make, what approach to use, etc.), there is ever present a strong temptation on the counselor's part to tell him or her what to do, particularly if the counselor feels that she or he knows the best answer to the client's problems. This should generally be avoided, however, as the client will gain strength if allowed to make his or her own judgments. Certainly, one of the most important goals of counseling is to enable clients to make better decisions, and part of this process may require that the counselor become an active agent in the decision−making process. But to answer a client's decision−oriented question with a specific, closed−ended answer diminishes significantly the possibility that the client will grow enough to make decisions.

① 상담자는 내담자가 보이는 저항과 반발을 수용해야 한다.
② 상담자는 내담자가 스스로 의사결정을 하도록 도와야 한다.
③ 상담자는 내담자의 이야기를 공감하는 능력을 갖추어야 한다.
④ 상담자는 내담자의 발달단계에 대한 전문지식이 있어야 한다.

15 아파치족과 스페인 정착민의 관계에 관한 다음 글의 내용과 일치하지 않는 것은?

Early Apache contacts with non-Indians were friendly. The Spanish explorer Francisco Vasquez de Coronado called Apache people he encountered in 1540 the Querechos. Yet by the late 1500s, Apache bands were sweeping southward in raids on Spanish settlements. During the 1600s, the Spanish established a line of forts across northern Mexico to try to protect their settlements from Apache attacks. The Apache continued their raids, disappearing into the wilderness before the soldiers could rally an effective defense. The Spanish tried to convert the Apache to Christianity and move them into missions, but with little success. However, the Apache did not mount an organized rebellion as the Pueblo Indians did in their successful revolt of 1680. Instead, the Apache preferred to raid the Spanish settlers for plunder, especially horses and cattle. The Apache kept up their raids against the Spanish throughout the 1700s and into the 1800s.

① 1500년대 후반에 아파치족이 남하하여 스페인 정착지를 습격했다.
② 스페인 정착민은 정착지를 지키기 위해 북부 멕시코에 요새를 구축했다.
③ 스페인 정착민은 아파치 부족민을 기독교로 개종시키려 했으나 실패했다.
④ 아파치족은 1680년에 조직적인 반란을 일으키는 데 성공했다.

16 다음 글의 내용을 한 문장으로 요약하고자 한다. 빈칸 (A)와 (B)에 들어갈 말로 가장 적절한 것은?

In an experiment, researchers presented eight college students with thirteen sets of three anagrams. In eight of the thirteen trials, participants solved their anagrams working alone in separated private spaces. In the other five trials, they were instructed to stand up, walk to the front of the room, and try to solve the anagrams on a large blackboard in plain view of the other participants. In these public trials, performing well on the anagrams was more important, since the participants would reap some social rewards in the form of the admiration of their peers or be humiliated if they failed in front of everyone. Would they solve more anagrams in public, when their performance mattered more or in private, when there was no social motivation to do well? As you've probably guessed, the participants solved about twice as many anagrams in private as in public.

→ The anagram experiment suggests that when the participants have to demonstrate their ___(A)___ in front of other people, they tend to perform ___(B)___.

(A)	(B)
① leadership	more accurately
② leadership	less successfully
③ competence	less successfully
④ competence	more accurately

17 다음 글의 빈칸 (A), (B)에 들어갈 말로 가장 적절한 것은?

People associate the expression "I am sorry" with apologies, often with confusing results. If I say "I am sorry to hear that your aunt is ill," I am not apologizing. I call this the compassionate "I am sorry." This statement is not an apology, since it does not contain acceptance of responsibility for causing it. ___(A)___, if I lose an item that someone loaned me, I may say, "I am so sorry for losing the item." This use of "sorry" is part of an apology because I am accepting responsibility for it. ___(B)___, if I bump into someone out of my carelessness and knock the person's grocery bags to the ground, my saying "I am sorry," together with my attempt to pick up the bundles, is an apology.

(A)	(B)
① That is to say	Therefore
② That is to say	For example
③ On the other hand	Therefore
④ On the other hand	Similarly

18 다음 글의 내용을 한 문장으로 요약하고자 한다. 빈칸 (A)와 (B)에 들어갈 말로 가장 적절한 것은?

Sensory adaptation is extremely useful. It allows us to "get used to" the train whistle during the night and learn to sleep through it. It allows the people who live near a paper mill to get used to the odor that makes visitors to their town wrinkle their noses. This kind of habituation allows us to notice what is different in case we need to react to some change — and then to ignore it so that we can turn our attention elsewhere. But it has a drawback. We can miss any change that occurs slowly because we are habituating to it without even realizing it. This means that the same sensory habituation that enables us to sleep through the train whistles can cause us to miss noticing smoke if it has been seeping very slowly into the room, which can cause serious damage.

→ Sensory adaptation enables us to get used to familiar things so that we can use our ___(A)___ effectively, but it may also hinder us from ___(B)___ slow changes.

	(A)	(B)
①	habit	noticing
②	habit	accepting
③	attention	creating
④	attention	noticing

19 다음 글의 빈칸에 들어갈 말로 가장 적절한 것은?

As individuals, we can choose which activities to take part in. We can explore our environment in any way we choose, and at our own pace. Some will wish to take risks in adventure, to set new challenges and to compete. Others will wish to explore the self, go on an inner journey, exploring thought processes, and reactions to the world around them. Personal development requires a level of independence that such activity promotes. However, even in exploring wilderness areas, we tend to travel and enjoy activities _____. The family group is the first, and natural, group in which we enjoy leisure. The extended family (or other group) may provide some additional leisure and recreation opportunities, in a way which allows free rein.

① in off-peak times

② for the higher cause

③ in the company of others

④ for the love of it

20 Ptolemy의 세계지도에 관한 다음 글의 내용과 일치하지 않는 것은?

One of the most important world maps available to Europeans at the end of the fifteenth century was that of Ptolemy, an astronomer of the second century A.D. Printed editions of Ptolemy's Geography, which contained his world map, became available in Europe in 1477. Scholars in Europe quickly accepted it as the most accurate map of its time. Ptolemy's map showed the world as spherical with three major landmasses — Europe, Asia, and Africa — and only two oceans. In addition to showing the oceans as considerably smaller than the landmasses, Ptolemy also dramatically underestimated the circumference of the earth. This led Columbus and other adventurers to believe that it would be possible to sail west from Europe to Asia.

① 모험가들이 서쪽 방향으로의 항해를 꺼리는 데 일조했다.

② 통용된 직후 유럽 학자들로부터 정확성을 인정받았다.

③ 세계를 세 개의 대륙과 두 개의 대양으로 나타내었다.

④ 대륙의 크기보다 대양의 크기를 상당히 작게 보여주었다.

실전 모의고사 10회

정답 및 해설 P.187

※ 빈칸에 들어갈 말로 가장 알맞은 것은? 【1~2】

1 Despite the poor dance performance, it was _____ that really impressed the judges.

① of her singing
② her singing
③ she singing
④ she's singing

2 The inspector reported that his officers _____ no fingerprints at the bank in the wake of the theft.

① have discovered
② discover
③ will discover
④ had discovered

3 밑줄 친 부분 중 어법상 옳지 않은 것은?

> If you have an outdoor job at a construction site or airport, there is a strong possibility ①that you could damage your hearing. It is important to protect your hearing, ②even if you do not feel the effects of loud noises ③immediately. Only after many years ④you are able to determine how much hearing you've lost.

※ 빈칸에 들어갈 가장 알맞은 것을 고르시오. 【4~6】

4 The company's researchers have been studying the long term benefits of cloud data storage. Also, they are looking to _____ a trial version of this system within the next year.

① implement ② imprison

③ implicate ④ implode

5 Drinking milk is a method of _____ the effects of spicy food. Capsaicin is the name of the chemical that attaches to taste buds to create the sensation od spiciness. Milk combats this effect by binding itself to the capsaicin, which protects the taste buds.

① migrating ② mitigating

③ misusing ④ mistreating

6 The young man's parents are worried that he won't be able to _____ because he seems to have little direction in his life.

① get off ② get across

③ get on ④ get at

7 밑줄 친 부분과 가장 가까운 것은?

> The journalists asked the politicians for permission to use his quote for her article on the environment, and he eventually <u>consented</u>.

① acquiesced ② refused

③ conferred ④ discoursed

8 다음 우리말을 영어로 가장 잘 옮긴 것은?

> 자선 단체는 연말연시 동안 많은 어린이들에게 장난감들을 줄 수 있었다.

① The volunteer organization was able to providing a lot of children with toys during the holidays.

② The volunteer organization was able to provide a lot of children for toys during the holidays.

③ The charity was able to provide many children with toys during the holidays.

④ The charity was able to providing many children toys during the holidays.

9 대화의 흐름으로 보아 밑줄 친 부분에 들어갈 가장 적절한 것은?

> A : This pie is delicious! Do you mind if I have the last slice?
> B : Not at all. _____.

① It's a piece of cake.　　　　② Be my gest.
③ Take it on the chin.　　　　④ It was nothing.

10 다음 대화 내용 중 가장 자연스러운 것은?

① A : Excuse me! Could you get me a larger size for this shirt?
　 B : Yes, make that a double.

② A : : I can't tell you how sorry I am.
　 B : Just say the word.

③ A : Why did that cop pull your car over?
　 B : I only got a slap on the wrist!

④ A : Do you remember the name of that actor?
　 B : It's on the tip of my tongue.

11 다음 글의 밑줄 친 부분 중, 문맥상 낱말의 쓰임이 적절하지 않은 것은?

Like ideas about gender roles, ideas about race affect human relationships everywhere on earth. However, according to the science of biology, all people now alive on earth are members of one species, Homo sapiens sapiens. Biologically, race is a ① meaningless concept. The characteristics we popularly identify as race markers — skin color, hair texture, face, and body shapes — have ②no significance as biological categories. For any supposed racial trait, such as skin color, there are wide variations within human groups. In addition, many invisible biological characteristics, such as blood type and DNA patterns, cut across skin color distributions and other so-called racial attributes and are ③shared across what are commonly viewed as different races. In fact, over the last several thousand years there has been such massive gene flow among human populations that no modern group presents a ④universal set of biological characteristics. Although we may look quite different, from the biological point of view, we are all closely related.

12 Nische에 관한 다음 글의 내용과 일치하지 않는 것은?

Nische is one of the supreme literary artists among philosophers. Many Germans regard him as the greatest of all writers of German prose. One reason why Nische has been able to speak to so many creative artists is that he was himself something of an artist among philosophers. He wrote good poetry, composed music, and the most significant friendship in his life was with the composer Wagner. But more important than any of this, his literary style was one of extraordinary brilliance; and this was almost bound to be attractive to other writers. Most of his books are not written in the same sort of extended prose as other philosophy, with arguments and counter-arguments, laid out at length, but are presented in broken-up forms: aphorisms, or biblical verses, or separately numbered paragraphs.

① 많은 독일인이 독일 산문의 대가로 여긴다.
② 논증과 반증의 방식으로 글을 구성하였다.
③ Wagner와의 친분 관계가 각별하였다.
④ 다른 작가들이 매력적으로 느끼는 문체의 소유자였다.

13 다음 글에 드러난 'She'의 심경 변화로 가장 적절한 것은?

She pushed the "off" button and stared at the microphone. Her fingers were tingling. She'd done it! She'd taken the first huge step of the year to becoming someone people actually knew and admired. Who knew? Maybe by next year, people would be voting for her for homecoming queen. The thought gave her chills. The hallway was packed with students clanking their lockers open. She had just a few minutes to get to her locker before first period. Her face was flushed with excitement. She felt like a new woman. But no one seemed to be looking at her. She stared at the students as they continued to brush past her, oblivious to the fact that she'd just given an amazing performance over the loudspeaker. Was it possible that everyone was just too jealous of her obvious talent to acknowledge her?

① nervous →cheerful
② regretful →envious
③ excited →disappointed
④ scared →satisfied

14 다음 글의 요지로 가장 적절한 것은?

Democracy today is complex. Defining democracy as a majority rule that benefits all people is too simplistic to be useful. Rather, democracy is best understood as a system that spreads power through its institutions and procedures so that the domination of one person, group, or interest can be kept to a minimum. Domination, an unethical form of power, can be political, economic, or social in nature. Power, or domination, cannot be extinguished. Therefore, power must be spread throughout the system so that it is not embodied in any one individual or institution. A democratic system includes incentives so that people will voluntarily and collectively participate in politics in a thoughtful and deliberative manner. Because everyone participates in shaping the political regime and its institutions, no one is able to overly impose his or her power on another. This definition of democracy admits that people individually or in groups are not to be trusted; however, collectively, people can create rules, institutions, and values that benefit everyone.

① 민주주의는 개인의 합리적 판단 위에서 제대로 작동한다.
② 사회 구성원 간의 신뢰가 없이는 민주주의가 발전하기 힘들다.
③ 민주주의는 권력 분산과 구성원의 정치 참여로 전체 이익을 실현한다.
④ 다수결의 원칙은 최대 다수의 최대 행복을 실현하기 위한 수단이다.

15 다음 글의 제목으로 가장 적절한 것은?

Long-distance trucking, which is the transport of goods between metro areas, has benefited from the improved matching that follows lower search costs. A truck that has delivered its load needs to find another load for its journey back to home base, rather than return empty. This used to mean the trucker or the dispatching office had to make a lot of telephone calls. Now, the Internet makes available instant information on truck capabilities and potential loads. Entrepreneurs have set up password-access websites to provide the information, to which truckers and companies with goods to ship can subscribe for a monthly fee. Trucks now rarely have to return home with an empty trailer, and productivity gains of twenty percent or more have been reported.

① Trucking Industry Hits Slump
② Guaranteed Safe Delivery for Customers
③ Lift Your Trucking Business with Good Trucks
④ The Internet Has Reinvented the Trucking Market

16 글의 흐름으로 보아, 주어진 문장이 들어가기에 가장 적절한 곳은?

If society responded more adequately to people who have impairments, they would not experience nearly as many challenges and limitations.

Many people find it difficult to relate to someone who has a physical disability, often because they have not had any personal interaction with anyone with a disability. For example, they might be unsure what to expect from a person who has a mobility impairment and uses a wheelchair because they have never spent any time with wheelchair users. (①) This lack of understanding can create additional challenges for people with disabilities. (②) Consider office workers who happen to use wheelchairs. (③) Provided that there is only one level or there are ramps or elevators between levels, they may need no assistance whatsoever in the workplace. (④) In other words, in an adapted work environment, they do not have a disability.

17 다음 글의 주제로 가장 적절한 것은?

Tourism services cannot be produced and stored today for consumption in the future. For example, an airline flight that has 100 empty seats on a 400-seat airplane cannot compensate for the shortfall by selling 500 seats on the next flight of that airplane. The 100 seats are irrevocably lost, along with the revenue that they would normally generate. Because some of this loss is attributable to airline passengers or hotel guests who do not take up their reservations, most businesses 'overbook' their services on the basis of the average number of seats that have not been claimed in the past. This characteristic of tourism also helps to explain why airlines and other tourism businesses offer last-minute sales or stand-by rates at drastically reduced prices. While they will not obtain as much profit from these clients, at least some revenue can be recovered at minimal extra cost.

① reasons to support tourism business development

② strategies to minimize irrevocable loss in tourism

③ roles of international airlines in tourism promotion

④ impacts of rapid tourism expansion on the economy

18 주어진 글 다음에 이어질 글의 순서로 가장 적절한 것은?

Apart from minor differences, all top-class athletes, no matter what their sport, use superior technique based on the best use of the mechanical principles that control human movement.

(A) Today's top athletes get help from knowledgeable coaches who critically observe their performances and tell them what is efficient movement and what is not. The coaches' knowledge and sport science assessment, coupled with the athletes' talent and discipline, help produce safe, first-rate performances.

(B) Likewise, it's virtually impossible nowadays for an athlete to reach world-class status without the assistance of coaches and sport scientists who know why it's better to perform movements one way rather than another.

(C) But it's important to remember that the refined, polished movements you see in the technique of an elite athlete seldom occur by chance. They usually result from hours of practice, and more importantly, smart practice-the right type of practice.

① (B) − (A) − (C)   ② (B) − (C) − (A)

③ (C) − (A) − (B)   ④ (C) − (B) − (A)

19 다음 글의 빈칸에 들어갈 말로 가장 적절한 것은?

When George de Mestral returned home after a stroll in the countryside, he noticed that his clothing was covered in tiny burs. He decided to figure out why they stuck to his clothing. Close examination revealed that the burs were covered with tiny hooks that easily attached themselves to the loops in fabric. Inspired by this simple concept, de Mestral wondered whether the same idea could be used to attach other surfaces together, a thought that eventually resulted in his inventing Velcro. De Mestral's story is frequently cited as evidence for one of the most important principles underlying creativity: the realization that _____.

① an idea or technique from one situation can be also applied to another

② everything should start from denying what exists now

③ a creative idea happens in the moment of relaxation

④ new ideas are actually old ones rearranged in a new way

20 다음 글의 빈칸 (A), (B)에 들어갈 말로 가장 적절한 것은?

Education is a powerful force that can speed up economic growth, improve income distribution, and reduce poverty. It can also improve the quality of life for citizens by contributing to longer life expectancy, lower infant mortality rates, and a more cohesive national identity. ___(A)___, attaining these benefits from investing in human capital through education is not automatic. All too often, higher investment in education is not associated with faster economic growth, especially when the system fails to produce the quality of skilled labor required to meet demand or when demand itself is inadequate. Similarly, poor-quality education effectively erodes its returns, leading to high dropout rates, especially among the poor. ___(B)___, rather than enhancing social cohesion, improving health outcomes, and strengthening the future development capacity of a nation, education is sometimes used by vested interest groups to advance particular causes at the expense of the broader public good.

	(A)	(B)
①	Rather	Therefore
②	Rather	Finally
③	Of course	In sum
④	However	Finally

실전 모의고사 11회

정답 및 해설 P.192

※ 밑줄 친 부분에 들어갈 가장 적절한 것을 고르시오. 【1~2】

1

The physician got an emergency call from the hospital ward and had to _____.

① dash out　　　　　　　② make out
③ hold off　　　　　　　④ phase out

2

The greatest threat to world stability today is the increasing wealth gap. While a small percentage of the population lead _____ lives, most people are fighting to survive. Those already in the _____ of poverty due to their social positions are the ones suffering most from this economic imbalance.

① extravagant − grip　　　② regrettable − land
③ fulfilling − attachment　　④ affordable − tendency

3 밑줄 친 곳에 공통으로 들어갈 단어로 가장 적절한 것은?

• The chef makes the traditional dish his own, though he does not _____ far from the original recipe.
• I always miss a few _____ strands of hair when I try to color it myself.

① invert　　　　　　　② sleek
③ soar　　　　　　　　④ stray

※ 밑줄 친 부분과 의미가 가장 가까운 것은? 【4~5】

4

He is known for his <u>trenchant</u> articles as well as for utilizing a wide range of vocabulary and illustrative language to make his opinions clear to readers.

① paltry   ② detailed

③ caustic   ④ somnolent

5

He was kept waiting, and his patience was <u>on the wane</u>.

① gratifying   ② misleading

③ suffocating   ④ dwindling

6 두 사람의 대화 중 가장 어색한 것은?

① A: What's wrong with Jeremy today?

   B: I don't have a clue.

② A: Baseball tryouts are today, but I'm not feeling very confident.

   B: Just give it a your best shot. That's all you can do.

③ A: Have you come up with any good ideas?

   B: No matter what, my mind is set.

④ A: Thank you so much for helping me move yesterday.

   B: It's not a big deal.

7 어법상 밑줄 친 곳에 가장 적절한 것끼리 짝지은 것은?

A common mistake that many people in human resources make is to hire an applicant (a)_____ they feel fills the technical requirements of a position without considering other aspects of a potential employee. One must never forget that additional qualities such as attitude, personality, and even ethics will affect the way an employee works. You can learn more about smart hiring practices by purchasing my book (b)_____ I go into greater detail on this subject and much more.

① what — for which

② who — in which

③ which — to which

④ who — by which

8 다음 빈칸에 들어갈 단어가 순서대로 알맞게 짝지어 진 것은?

• He's devoted to _____ a good friend to the people in his life.
• Her performance in the film was popular, so it led to _____ more roles in films.
• I offered to _____ care of the house chores over the weekend.

① be — get — take

② be — get — taking

③ being — getting — take

④ being — getting — taking

9 우리말을 영어로 잘못 옮긴 것은?

① 나는 그렇게 아름다운 음악을 들어본 적이 없다.

→ Never have I heard such beautiful music.

② 그녀는 무례한 행동을 한 것에 대해 친구들에게 사과한 것을 후회하지 않았다.

→ She didn't regret to apologize to her friend for her rude behavior.

③ 존스씨를 가능한 한 빨리 제게 연결해 주세요.

→ Please connect me with Mr. Jones as soon as possible.

④ 내가 복권에 당첨된다면, 멋진 차를 한 대 살 것이다.

→ If I were to win the lottery, I would buy a nice car.

10 어법상 밑줄 친 곳에 가장 적절한 것은?

Scientists worry that the world's population is expanding at a _____ rate than originally estimated.

① so faster
② fastest
③ by far fastest
④ a lot faster

11 다음 글의 목적으로 가장 적절한 것은?

We are keen to expand exports of our comfortable armchairs to the Netherlands and are looking for an agent who can represent us in that country. You were highly recommended to us by Mr. Brian Cahill of the Netherlands Embassy in New York. He told us that you might be interested in acting as our sole sales agent for our luxury armchairs featuring a hardwood frame and steel springs. Our company already has sole agents in Germany and Denmark who represent us for a ten percent commission on net list prices, plus advertising support. We enclose a copy of our latest sales catalog and price list and a draft contract for your inspection. If you are interested in accepting our company's offer, our sales manager, Richard Wallace, would be pleased to visit you in Amsterdam in late April and discuss the terms of the offer.

① 수출 계약 내용을 확인하려고
② 현지 법인 회사 철수를 통보하려고
③ 독점 계약 의사가 있는지 확인하려고
④ 수입 조건이 변경되었음을 알려주려고

12 다음 글에 드러난 'I'의 심경으로 가장 적절한 것은?

I close my eyes. I'm at the beach and it's summer. I'm lying back on a deck chair. I can feel the roughness of its canvas on my skin. I breathe in deeply the smell of the sea and the tide. Even with my eyes closed, the sun is glaring. I can hear the sound of the waves lapping at the shore. The sound recedes, then draws closer, as if time is making it quiver. Nearby, someone is painting a picture of me. And beside him sits a young girl in a short-sleeved light blue dress, gazing in my direction. She has straight hair, a straw hat with a white ribbon, and she's scooping up the sand. Her arms glisten in the sunlight. A natural-looking smile plays at her lips. I wish that time stands still for a while.

① bored and tired   ② relaxed and happy

③ tense and nervous   ④ envious and regretful

13 다음 글의 제목을 완성할 때 빈칸에 가장 적절한 것끼리 바르게 연결된 것은?

As with every mythological creature, dragons are perceived in different ways by different cultures. Dragons are commonly portrayed as reptilian, hatching from eggs and possessing extremely large, typically feathery or *scaly, bodies. However, what dragons represent differs from culture to culture. Chinese and Eastern mythologies describe them as benevolent. They consider them as representative of the primal forces of nature and the universe. Dragons are also associated with wisdom — often said to be wiser than humans and longevity. Dragons are commonly said to possess some form of magic or other supernormal power, and are often associated with wells, rain, and rivers. But in Europe, dragons, associated with snakes which tempted Adam and Eve, have an evil image.

The ___(A)___ ways of perceiving dragons between Eastern — ___(B)___ and Western — ___(C)___

	(A)	(B)	(C)
①	different	charitable	evil
②	similar	charitable	charitable
③	different	evil	charitable
④	similar	evil	evil

14 다음 글에서 필자가 주장하는 바로 가장 적절한 것은?

It can be argued that inductive reasoning is our most important and ubiquitous problem-solving activity. Concept formation, generalization from instances, and prediction are all examples of inductive reasoning. However, it is disturbing to learn that the heuristics people use in such tasks do not respect the required statistical principles because inductive reasoning tasks are so basic. People consequently overlook statistical variables such as sample size, correlation, and base rate when they solve inductive reasoning problems. In fact, inductive reasoning must satisfy certain statistical principles. Concepts should be discerned and applied with more confidence when they apply to a narrow range of clearly defined objects. Generalizations should be more confident when they are based on a larger number of instances. Predictions should be more confident when there is high correlation between the dimensions for which information is available and the dimensions about which the prediction is made.

① 발견적 학습법은 귀납적 추론을 필요로 한다.
② 사례의 수가 많을수록 일반화는 더욱 확실해진다.
③ 귀납적 추론은 이용 가능한 정보와 상호관련성이 있다.
④ 귀납적 추론은 통계적 원리를 충족시켜야 함을 간과해서는 안 된다.

15 다음 글의 제목으로 가장 적절한 것은?

Contemporary parents almost universally feel it is important to "teach" their children about healthy and unhealthy foods. But what do children actually learn? Leann Birch and her colleagues have studied how children eat when their parents are not present by leaving them alone in a playroom containing both toys and snacks. They report that the children most likely to overeat or to eat when they were not hungry (right after a meal) were those whose parents were the most controlling in regard to what, when and how much they should eat. Giving a child formal instructions or rules about eating has the long-term negative consequence that the child does not learn to recognize and respond to the internal cues that say "I'm hungry now" or "I'm full now."

① What Tastes Good Is Good
② Early Eating Habits Last Long
③ Keep a Record of What Your Child Eats
④ Don't Try to Control Your Child's Eating

16 밑줄 친 (A), (B), (C)중에서 문맥에 맞는 낱말로 가장 적절한 것은?

People overestimate their ability to understand why they are making certain decisions. They make up stories to explain their own actions, even when they have no clue about what is happening inside. After they've made a decision, they (A) [lie / listen] to themselves about why they made the decision and about whether it was the right one in the circumstances. Daniel Gilbert of Harvard argues that we have a psychological immune system that exaggerates information that confirms our good qualities and (B) [accepts / ignores] information that casts doubt upon them. In one study, people who were told they had just performed poorly on an IQ test spent a lot more time reading newspaper articles on the shortcomings of IQ tests. People who had been given a glowing report from a supervisor developed a(n) (C) [decreased / increased] interest in reading reports about how smart and wise that supervisor was.

① lie — accepts — decreased
② listen — accepts — increased
③ lie — ignores — increased
④ listen — ignores — increased

17 다음 글의 빈칸에 들어갈 말로 가장 적절한 것은?

In some cases, analysis of texts has shown that men and women tend to have different _____ of writing. They differ, first of all, in the amount of personal pronouns they use. For instance, women are far more likely than men to use pronouns like "I", "you", and "she". On the other hand, men tend to use words like "a", "the", "that", and "these" more than women do. They also are more inclined to use numbers and quantifying words like "more" and "several". In contrast to women, men more readily modify nouns with phrases rather than single words. For example, women will probably write "rose garden" whereas men would write "garden of roses".

① styles   ② topics
③ genres   ④ order

18 다음 글의 빈칸에 들어갈 말로 가장 적절한 것은?

Because air is invisible, you may have a hard time understanding that it is real and takes up space. In the following experiment, a balloon body is inserted in a bottle, and the neck is stretched around the mouth of the bottle. The bottle, of course, is full of air, and the balloon, in effect, seals the bottle. When you attempt to blow into the balloon, the balloon inflates slightly as the walls of the balloon compress the air in the bottle. Inflation can only go so far, however, because the compressed air pushes back against the balloon, preventing it from expanding further. If there were a hole in the bottle, the air in the bottle could be forced out as you blew into the balloon. But because the bottle is sealed, the air cannot escape and _____.

① the balloon cannot fly away ② the balloon cannot be inflated

③ the bottle will be filled with air ④ the bottle will break at the neck

19 다음 글의 빈 칸 (A), (B)에 들어갈 말로 가장 적절한 것은?

Reading is not a passive activity. When you read a newspaper editorial, ___(A)___, you are not simply trying to understand the writer's point. You are also engaged in a sophisticated intellectual and social activity in which you try to analyze, evaluate, and react to the argument. The more carefully you do so, the more substantive will be your engagement with the argument and the better will be your understanding of the issue under discussion. Ideally, reading an argument should be as careful and sophisticated an act as writing an argument. The more you know about the strategies writers use in constructing their arguments, the better able you will be to analyze and evaluate those arguments. ___(B)___, the more you know about yourself as a reader, the easier it will be for you to identify appeals or lines of reasoning that might be questionable or flawed.

      (A)   (B)

① however — Otherwise

② however — In addition

③ for example — In addition

④ for example — Otherwise

20 주어진 글 다음에 이어질 글의 순서로 가장 적절한 것은?

Listeners assume speakers are conveying information relevant to what they already know and what they want to know. They can interpret remarks within the common social setting in which they find themselves.

(A) In other words, writers must make their biases explicit to assure full understanding by the critical reader. And readers, unable to read body language, must subject texts to close scrutiny to "read" attitudes or biases underlying a text.

(B) That allows them to hear between the lines in order to pin down the meanings of vague and ambiguous words and to fill in the unsaid logical steps. Speaker and listener are aware of each other's knowledge, interests, and biases.

(C) This mutual understanding, being "on the same page" as it were, is frequently absent with written communication. Information an author would like to assume the reader knows must be included with a text.

① (A) − (C) − (B)　　　　　② (B) − (A) − (C)

③ (B) − (C) − (A)　　　　　④ (C) − (A) − (B)

실전 모의고사 12회

정답 및 해설 P.196

1 대화의 흐름으로 보아 밑줄 친 부분에 들어갈 가장 적절한 것은?

> A : Hi, Martin, it's me. I won't be able to make it to Boston today.
> B : What happened? Was your flight canceled?
> A : No, the plane made an emergency landing. _____.
> B : Wow, really? Where are you now?
> A : Chicago. They've rebooked everyone for tomorrow.

① The cheaper flights have a brief stopover.

② There was a fee to change my routing.

③ This ticket was bought with my air miles.

④ I'm stuck here because of mechanical problems.

2 다음 대화에서 고객이 상점에 들른 이유는?

> A : Hello, can you help me with something?
> B : Sure. Are you here to exchange something?
> A : I'm bringing this fan back because it was damaged when I opened the box.
> B : Oh, I see. Can I look at the package?
> A : Sure. I was hoping I could get my money back.
> B : Well, as long as you've brought your receipt with you, that should be no problem.
> A : Yes, I've got it right here.
> B : Would you prefer cash or to have the money deposited to your credit card?
> A : Cash would be fine.

① He wants to buy some gifts with a credit card.

② He wants too exchange an item he bought.

③ He wants to get a refund for a purchase.

④ He wants to fix a fan he recently ordered.

※ 밑줄 친 부분과 가장 의미가 가까운 것은? 【3~5】

3

> Psychologists often warn people against <u>holding back</u> their emotions and recommend finding a healthy way to express them.

① recalling ② suppressing

③ altering ④ confessing

4

> The girl's <u>impetuous</u> decision to not complete her schoolwork and play with her friend could not go unnoticed by her parents.

① rash ② desperate

③ fastidious ④ oblivious

5

> The young gymnast became a superstar overnight after winning the World Championship. Due to his popularity, national interest in gymnastics began to grow rapidly. Elementary schools started teaching it in gym class, and there was a <u>surge</u> in kids wanting to take lessons.

① division ② spike

③ friction ④ void

6 우리말을 영어로 잘못 옮긴 것은?

① 내가 극장에 도착했을 때 모든 티켓은 매진되었다.

   → All the tickets had sold out by the time I got to the theater.

② 집에 혼자 남겨진 개는 집안을 엉망으로 만들었다.

   → The dog left alone at home made a big mess.

③ 나는 새 레스토랑에서 먹는 것을 고대하고 있다.

   → I'm looking forward to eating at the new restaurant.

④ 그는 아침에 커피를 마시는 것에 익숙하다.

   → He is accustomed to drink coffee in the morning.

7 밑줄 친 부분 중 어법상 옳지 않은 것은?

Emily hated ①that her birthday was on Christmas because ②although it was easy ③ by people to remember, it was difficult to have a birthday party when everyone ④was spending the day with their family.

8 다음 빈칸에 공통으로 들어갈 가장 알맞은 것을 고르시오.

- He was reluctant to point _____ the flaw in his instructor's plan.
- I'm not sure if I'm ready to shell _____ so much money for a stereo system.
- She invited her neighbors to a barbecue party and made sure not to leave _____ anyone.

① out   ② in

③ at   ④ on

9 다음 우리말을 영어로 옮긴 것으로 가장 적절한 것은?

> 관광객들이 길을 잃은 것처럼 보여서, 우리는 그들에게 무엇을 찾고 있는지 물었다.

① The tourists were appearing lost, so we asked them what they were looking for.

② The tourists seemed lost, so we asked to them what they were looking for.

③ The tourists appeared lost, so we asked them what they were looking for.

④ The tourists were seeming lost, so we asked to them what they were looking for.

10 다음 중 어법상 옳은 것은?

① They visited the town which they had grown up.

② Many people read the novel on which the film was based.

③ He is a Spanish author whom I think is famous for his polished writing style.

④ It will be good if we can find a hotel where has a room for four and allows pets.

11 다음 글의 요지로 가장 적절한 것을 고르시오.

> Currently, the majority of the world's electricity is generated by using fossil fuels. Some estimates suggest that oil could be exhausted within 50 years and coal within 25 years. Thus we may have to find a new source of energy or start to convert to an overwhelming use of nuclear energy. But estimates of how long fossil fuel resources will last have remained unchanged for the last few decades. Predicting when these fuels will be depleted is virtually impossible because new deposits may be discovered and because the rate of use cannot be predicted accurately. In addition, some experts estimate that the world has as much natural gas as can be used for 350 years. We have no current need to search for a new power source. Money spent on such exploration would be better spent on creating technology to clean the output from power stations.

① 다양한 동력자원들의 안전성에 대한 평가가 시급하다.

② 현대세계는 화석연료의 고갈로 에너지 위기를 겪고 있다.

③ 핵에너지를 대체에너지로 사용하는 것은 재고해야 한다.

④ 지금 당장 화석연료를 대체할 동력원을 찾을 필요는 없다.

12 다음 글에서 필자의 주장으로 가장 적절한 것은?

Can someone please explain why some singers and actors have such overinflated opinions of themselves that they can affect who a person votes for in a presidential election? It appears they suffer from some unwarranted sense of importance out of overbearing pride in their musical or theatrical achievements. Don't they realize that they are only singers or actors? What people do recognize is that they have artistic talents, not that they have keen political insight. Anyone who would vote, or change his or her vote, for President of our country based on the convictions of an entertainer must consider his or her decision again. Entertainers should stick to their own craft and leave the political decisions to an educated electorate.

① 정치인들은 연예계 활동을 자제해야한다.
② 가수들은 자신의 음악적 재능에 대한 자부심을 때론 경계해야한다.
③ 연기자들에게 정치활동의 자유가 보장되어야한다.
④ 연예인들은 대중들의 정치적 결정에 영향력을 행사하지 말아야한다.

13 다음 글의 제목으로 가장 적절한 것은?

People born without the ability to feel pain suffer more injuries than the average person. For instance, some people with this affliction try to walk on a broken leg because they can't feel the pain from the break. Others have suffered burns without knowing. The infection and damage associated with such injuries can lead to extreme disability and death. Fortunately, the majority of us are born with the ability to feel pain. So the next time we break a bone we will go to the doctor and start the process of repair. When we touch a stove, we pull our hand away before experiencing further damage. Knowing that we are being harmed or have been harmed is critically important. It allows us to take some course of action to stop being harmed, which then allows us to start the healing process.

① Examine the Source of the Pain
② Appreciate It When You Feel Pain
③ Go to the Hospital When Healthy
④ Avoid Pain as Quickly as Possible

14 다음 글의 빈칸에 들어갈 말로 가장 적절한 것은?

Two very important numbers associated with an atom are the atomic number and the mass number. Chemists tend to memorize these numbers as sports fans memorize baseball stats, but clever chemistry students do not need to resort to memorization when they have the all-important periodic table at their disposal. Here are the basics about atomic numbers and mass numbers. The atomic number is the number of protons in the nucleus of an atom. Atomic numbers identify elements, because the number of protons is what gives an element its unique identity. Changing the number of protons changes the identity of the element. Atomic numbers are listed as a subscript to the left side of an element's chemical symbol. The mass number is the sum of the protons and neutrons in the nucleus of an atom. Subtracting the atomic number from the mass number gives you the number of _____ in the nucleus of an atom.

① atoms

② protons

③ particles

④ neutrons

15 다음 글의 주제로 적절한 것은?

We tend to think of consumption as an economic phenomenon that addresses our individual wants and drives the economy through our collective behaviour, but it is also a physical process that literally consumes resources. What we eat, how we heat our homes, and how we travel for pleasure may seem like nobody's businesses except our own. However, the collective consequences of those consumption decisions, and the ways in which our needs are met, are a principal driver behind climate change that will have consequences for people, countries, and species across the globe. In some cases the connection is even more vivid, as in the African rhino being pushed towards extinction because its horn is prized for dagger handles in the Middle East or for traditional medicines in Asia. In conventional marketing the emphasis was mainly on the benefits of consumption to the individual consumer. In today's marketing, however, this is balanced by concern for the collective social and environmental costs.

① The Power of Marketing in Business

② Don't be Influenced by Others' Decisions!

③ Consume Smartly and Save the Economy

④ Consumption : No Longer a Personal Matter

16 다음 글의 빈칸에 들어갈 말로 가장 적절한 것은?

While onstage, you must constantly remain in the state of "I am," playing each moment as if it were occurring for the first time — what the nineteenth — century actor William Gillette referred to as "the illusion of the first time." As in life, your characters cannot be foresighted. They cannot know the future. Someone once asked the legendary twentieth—century actor Sir Laurence Olivier how he remembered all his lines in Hamlet. He responded with "I don't. I simply remember the next one." Colleagues of great actors such as Gillette and Olivier report that they always seemed surprised by the events of the play. They lived in the present. While onstage, even though you know the next line and have performed your character's actions countless times, you cannot truly know what will happen next. Attempting to anticipate another person's actions will only result in your delivering indicated movements with artificial effects. Therefore, you too must play each scene moment by moment, _____.

① remaining in the present

② believing in your performance

③ inviting the audience to the scene

④ following the director's instructions

17 빈칸 (A), (B)에 들어갈 말로 가장 적절한 것끼리 짝지은 것은?

Most people of Mexican descent have been taught from a young age that Mexico and its people are a product of Spanish and *Indigenous heritage, Mestizo. Is this myth of Mexicans being a Mestizo people true? In Mexico, a person is only Indigenous if he lives in a Native Community. The moment an Indigenous person leaves their community they are considered Mestizo. Mestizo in Mexico is not your racial makeup but ____(A)____ it is your culture. So, Mexico's people are not Mestizo. It is an indigenous nation. The great majority of its people are of indigenous descent, possibly in the 80% range. Of course, Mexico received some immigration from Spain and other European countries. ____(B)____, Mexico and its people are predominately Indigenous and not Mestizo.

      (A)   (B)

① instead − However

② unfortunately − Otherwise

③ in brief − Therefore

④ additionally − In contrast

18 다음 글의 내용을 한 문장으로 요약하고자 한다. 빈칸 (A)와 (B)에 들어갈 말로 가장 적절한 것은?

A principle for profit can be seen in such high−pressure sales techniques as only a "limited number" now available or a "deadline" set for an offer. Such tactics attempt to persuade people that number or time restrict access to what is offered. This principle holds true for two reasons: Things difficult to attain are typically more valuable. And the availability of an item or experience can serve as a shortcut clue or cue to its quality. The principle also applies to the way information is evaluated. Research indicates that the act of limiting access to a message may cause individuals to want it more and to become increasingly favorable to it. The latter of these findings − that limited information is more persuasive − seems the most interesting.

The ____(A)____ of commodities, services, or information often leads to the ____(B)____ of them.

	(A)		(B)

① scarcity — positive valuation

② scarcity — public hostility

③ quantity — public hostility

④ novelty — effective application

19 주어진 글 다음에 이어질 글의 순서로 가장 적절한 것은?

Following natural disasters, various levels of government are sometimes asked to financially assist the community and property owners with damages and recovery.

(A) For example, commercial and economic activities may be affected by a range of impacts including employees being unable to work due to personal losses, or closure of roads and highways which prevents transport of goods and services. These damages may not be restored by financial aid. But more instant aid from the government can prevent entire communities from being severely disrupted during these events for long periods afterwards.

(B) However, if such financial assistance is granted, government subsidies do not cover all losses. Assistance for items such as secondary residences, non-essential furniture or appliances and recreational vehicles is not available under disaster relief assistance programs. Private insurance for perils such as flooding and erosion is not available to homeowners, either.

(C) As a result, many individuals and communities come to want that governments step in and provide more active and immediate disaster relief to those affected rather than that they just grant the financial subsidies. In fact, many losses caused by natural hazards are impossible to calculate in monetary terms.

① (A) — (C) — (B)　　　　② (B — (A) — (C)

③ (B) — (C) — (A)　　　　④ (C) — (A) — (B)

20 글의 흐름으로 보아, 주어진 문장이 들어가기에 가장 적절한 곳은?

As I watched the storm from my window, I noticed that our terrace was full of water and under our terrace was our kitchen.

It was Wednesday night, everything was fine, the stars were in position and they were twinkling as they do every night. My pillow was as comfortable as I ever wanted it to be. I fell into a deep sleep. A few minutes later, I heard a banging sound. ① I woke up and saw that the window in my room was very wet and foggy. ② Strong winds plus large amount of rainwater hit the window. It's a big storm. ③ I went downstairs and checked our kitchen, and I saw that there was a leak in the ceiling above the cabinet. ④ As the terrace got filled with more water, the leak got stronger and stronger.

실전 모의고사 13회

정답 및 해설 P.200

※ 밑줄 친 부분과 의미가 가장 가까운 것은? 【1~2】

1

> Good binoculars can <u>come in handy</u> when camping or hiking.

① be expensive   ② be irrelevant

③ be useful   ④ be burdensome

2

> My mom <u>hit the ceiling</u> when she found out that I failed my math course due to missing so many days of class.

① pushed the boundary   ② flipped out

③ fell on the floor   ④ gave it everything

3 다음 중 어법상 옳은 것은?

① Please take as many times as you may need to give me your final answer.

② Patching up indoor leaks is quite the best way of preventing mold from forming.

③ This new medicine is as expensive as twice the old one.

④ They moved to a city with a population 15 times greatly than that of the town they had been living in.

4 대화의 흐름으로 보아 밑줄 친 부분에 들어갈 가장 적절한 것은?

> A : I haven't seen you in a long time. I'm so glad we had dinner.
> B : I feel the same way. Let's get the check and go have some coffee.
> A : Hang on... Oh, no! I think I left my wallet at home.
> B : Don't worry about it. _____.

① It's on me.　　　　　　　　② You said it.

③ I'm out of steam.　　　　　　④ I got it for nothing.

※ 밑줄 친 부분에 들어갈 가장 적절한 것은? 【5~6】

5

> When he realized he had worn tow different shoes to school, he said he did it _____ so that his friends wouldn't make fun of him.

① on purpose　　　　　　　　② for free

③ within reason　　　　　　　④ by halves

6

> Jenny forgot to bring the paper plates to the picnic. It must have _____ because she was running late and had to rush to get here.

① slipped her mind　　　　　　② lost her temper

③ taken pains　　　　　　　　④ come a long way

7 밑줄 친 부분 중 어법상 옳지 않은 것은?

On December 6, 1907, ①what is considered the worst mining disaster in American history ②was occurred in Virginia. That morning, two explosions rocked a coal mine at Monongah and took the lives of more than 250 miners. What caused the tragedy that left a thousand children fatherless ③was a matter of great debate. After they ④ had investigated the incident, many crusaders demanded legislative reforms to address the safety problems in mines.

8 다음 우리말을 영어로 옮긴 것으로 가장 옳은 것은?

로봇의 시민권에 대한 그 과학자의 생각은 현실에서 더 없이 동떨어진 것이다.

① The scientist is divorced from reality in that he thinks about the civil rights of robots.

② The scientist's ideas about the civil rights of robots are as divorced from reality it can be as.

③ The scientist is as divorced from reality so that he thinks about the civil rights of robots.

④ The scientist's ideas about the civil rights of robots are as divorced from reality as can be.

9 밑줄 친 부분에 들어갈 말로 가장 적절한 것은?

Some professors assert that accurate pronunciation is essential if you want to achieve fluency in a language. Although correct grammar and a wide range of vocabulary is important, fluency will not be acknowledged by native speakers unless words are pronounced naturally and inflected properly. To this extent, pronunciation is sometimes regarded as the most _____ aspect of language learning.

① spontaneous   ② hideous

③ conventional   ④ integral

10 다음 네 문장의 밑줄 친 곳에 들어갈 표현이 순서대로 짝지어진 것은?

- The child was to short to _____ the dish cabinet.
- All the team members _____ their leader.
- I suggested a plan, and nobody _____ it.
- When he _____ the phone, the caller had hung up.

---

① reach at − rebelled − opposed to − answered to

② arrive − resisted against − objected to − replied

③ reach − rebelled against − opposed − answered

④ arrive at − resisted − objected − replied to

11 다음 글의 밑줄 친 부분 중, 어법상 틀린 것은?

Little can be said about the future with any certainty. We do not know if our descendants will ever live on Mars. ①Nor do we know if we will ever be able to reanimate our dead. About 70 human heads are ②awaiting the future in tanks of liquid nitrogen, chilled to a temperature of − 196℃. It ③hoped that through the magic of cloning − the same technology that generated an entire sheep from just a few cells − these corpses may one day dance the 23rd century's version of the hustle. We do not know when, if ever, we will have robot slaves, or time machines. But we do know that ④whatever miracles the next millennium holds, all will be made by the same genie: the computer.

---

12 다음 글에서 필자가 주장하는 바로 가장 적절한 것은?

I once saw a book in which a researcher examined photographs of some of the best baseball hitters of all time. He compared photos of the best hitters swinging at the ball to photos of average hitters. The great hitters such as Ted Williams, Mickey Mantle, and Henry Aaron had their eyes glued to the ball as they were swinging. The eyes of the other hitters were typically looking toward the pitcher, first base, or anyplace except the ball. What is true in baseball is true in life. If you want to do well at something, you've got to keep your eyes on the ball. This type of concentration results from total immersion in the subject. Dr. Maslow, a famous psychologist, called this characteristic problem—centering. I believe this is one of the most important characteristics of self—actualizing people.

① 자신이 잘 하는 일보다는 좋아하는 일에 집중해야 한다.
② 성공한 사람들의 사례를 무턱대고 따라하지는 않아야 한다.
③ 모든 문제에는 반드시 해결책이 있다는 믿음을 가져야 한다.
④ 성공하기 위해서는 자신이 하는 일에 완전히 몰입해야 한다.

13 다음 글의 빈칸에 들어갈 말로 가장 적절한 것은?

While we are all cognizant of the importance of words to create certain impressions, gestures are considered less important. However, gestures are an essential part of even the most boring speech, enhancing it and giving the hearer something to look at while he listens. The value of _____ was shown when a class at a university, because of its large size, was split up. One group was put into a room in close proximity to good loudspeakers. Every nuance of the lecturer's voice could be heard clearly. However, because they had no person on whom to place their attention, they soon took on the appearance of extreme weariness; most students became lethargic and rested their heads on their desks. The separation of visual and oral communication tended to deteriorate the learning process. The listening group received grades lower than those received by those who could look at as well as hear the instructor.

① lecturing without confusing gestures
② using loudspeakers in a classroom
③ seeing at the same time as listening
④ providing lots of visual teaching aids

14 밑줄 친 (A), (B), (C)중 문맥에 맞는 낱말로 가장 적절한 것은?

Political stability has an influence on international forms of tourism. One of the reasons why international tourism in Europe has developed so strongly since 1945 has been the almost total (A)[absence / presence] of major political and military conflict in the region since the end of the Second World War. The one significant divide that did arise from that war — the division between a largely communist Eastern Europe and a capitalist West — actually produced a(n) (B)[clear / unclear] boundary in the geography of tourism. There was rapid development in the West and relatively little international travel in the East. As soon as communist control of East European states began to collapse, tourism both to and from these areas followed. The enlargement of the European Union and the gradual erosion of controls on movements between member states will probably (C)[limit / extend] still further the zones over which international tourism is both encouraged and facilitated.

      (A)   (B)   (C)

① absence − clear − limit

② absence − clear − extend

③ presence − unclear − extend

④ presence − unclear − limit

15 다음 글의 주제로 가장 적절한 것은?

Ennio Flaiano was working with director Federico Fellini on a movie about international society and the night life of Rome. The leading character was a reporter who had an ever−present companion, a character based on the shameless new breed of photographer who made a living shooting stealth photos of celebrities on the town. The problem was what to call him. Flaiano desperately wanted the perfect name, a name that would make the character come alive. By chance, he opened up a new Italian translation of Gissing's 1901 travel book By the Ionian Sea to a random page and saw the peculiar surname of the owner of a guest house. His name was Coriolano Paparazzo. "Paparazzo," Flaiano wrote in his notes, "the name of the photographer will be 'Paparazzo'." Fellini's movie, La Dolce Vita, was a smash success, and in its plural Italian form the word 'paparazzi' has entered the world lexicon, giving old Coriolano a reputation he never expected.

① the darker side of the paparazzi

② the origin of the word 'paparazzi'

③ the tips for writers on naming characters

④ the role and responsibility of photographers

16 다음 글의 빈칸에 들어갈 말로 가장 적절한 것은?

A majority of the world's climate scientists have convinced themselves, and also a lot of laymen, some of whom have political power, that the Earth's climate is changing; that the change, from humanity's point of view, is for the worse; and that the cause is human activity, in the form of excessive emissions of greenhouse gases such as carbon dioxide. A minority, though, are _____. Some think that recent, well-grounded data suggesting the Earth's average temperature is rising are explained by natural variations in solar radiation, and that this trend may be coming to an end. Others argue that longer-term evidence that modern temperatures are higher than they have been for hundreds or thousands of years is actually too small to be meaningful.

① philosophic

② reasonable

③ skeptical

④ superstitious

17 다음 글의 빈 칸 (A), (B)에 들어갈 말로 가장 적절한 것은?

Part of the reason why lots of songwriters tend to think that songwriting can't be taught is that, for them, the process of learning how to do it wasn't a conscious one. When we learn to play the guitar, someone else shows us where to put our fingers on the fingerboard; many of us even have formal lessons. ____(A)____, songwriting is something most of us end up figuring out for ourselves. Trial and error, constant practice, and a lot of thoughtful listening to other people's songs all contribute to our education. What we end up with isn't a method that you could write down as a set of instructions, but a set of vague feelings that tell us when our ideas are working, and suggest avenues for developing them. ____(B)____, it's still something we have to learn how to do, and that means it's possible to teach yourself in a conscious as well as an unconscious way.

      (A)   (B)   (A)   (B)

① In the same way — In short   ② In the same way — Similarly

③ On the other hand — For instance   ④ On the other hand — Nevertheless

18 다음 글의 제목으로 가장 적절한 것은?

The first American department store to introduce electric lighting to attract customers and extend commercial hours was Wanamaker's in Philadelphia in 1878. By 1895, electric signs illuminated large parts of New York City after dark. The incandescent electric light extended day into night, lighting up entire neighborhoods. The new lighting allowed industry to extend working hours and families to stay up long after dark to socialize and read. Longer days gave a boost to economic productivity and increased economic prosperity, while longer evenings changed social discourse to promote family interactivity. The change from steam power to electrification of factories resulted in a 300 percent increase in productivity in the period between 1890 and 1940.

① Various Energy Sources for Electricity

② Decorating Public Places Using Electricity

③ Momentous Changes Caused by Electricity

④ Ways of Spending Less Electricity at Home

19 주어진 글 다음에 이어질 글의 순서로 가장 적절한 것은?

If a sizable oil reserve is discovered, wells are drilled to tap into the oil reserve. Oil in the ground flows at about the same rate as damp in a stone foundation, the one major difference being that the oil is held at much higher pressure.

(A) Eventually you will reach a point where you must invest as much energy to pump the oil as you will get out of it. When this point is reached, production ends and the well is capped forever.

(B) However, once the pressure has been equalized in the immediate vicinity of the drill hole, it takes more and more energy to pump the oil through the rock or sediment to the well.

(C) When a new well is drilled, the open hole gives free passage to the pressurized oil immediately around it, which then surges to the surface.

① (B) − (A) − (C)　　　　　② (B) − (C) − (A)
③ (C) − (A) − (B)　　　　　④ (C) − (B) − (A)

20 다음 글의 빈칸 (A), (B)에 들어갈 말로 가장 적절한 것은?

Most buildings were built for a particular purpose, which may not always be evident at first glance. The exterior is what we usually see first and it is easy just to concentrate on the front. This can lead to a rather ____(A)____ understanding of buildings, particularly if the focus is on one's personal reaction to its form and decoration. We build for many reasons: shelter from the weather and protection from noise; security against theft, damage or fire; and privacy. Different activities such as work, recreation, bringing up a family and worship require different kinds of buildings, perhaps in special locations, with varying spaces, environments and forms. The ____(B)____ of buildings are often complex, and not all are utilitarian, in the sense of serving a practical purpose. Many are designed to express emotions or to symbolise ideas, and this may influence the final form of the building.

　　　　(A)　　　　　(B)　　　　　　　　　(A)　　　　　(B)
① profound − functions　　　　② complete − structures
③ imperfect − restorations　　　④ superficial − functions

실전 모의고사 14회

정답 및 해설 P.205

1 다음 우리말을 영어로 가장 잘 옮긴 것을 고르시오.

> 내가 바닥 걸레질을 끝내자마자 아이들이 흙투성이 신발을 신고 뛰어 들어왔다.

① No sooner I finish mopping the floor when the kids had run in with their muddy shoes.

② No sooner I finished mopping the floor than the kids ran in with their muddy shoes.

③ No sooner did I finish mopping the floor when the kids had run in with their muddy shoes.

④ No sooner did I finish mopping the floor than the kids ran in with their muddy shoes.

2 다음 밑줄 친 부분에 들어갈 가장 적절한 것은?

> She was embarrassed to be seen in public _____.

① by her arm bruised   with her arm bruising

③ with her arm bruised   ④ by her arm bruise

※ 밑줄 친 부분과 의미가 가장 가까운 것은? 【3~4】

3

> It is important for the jury to reach an <u>impartial</u> verdict about the case.

① unbiased   ② impulsive

③ exhaustive   ④ impatient

4

> He was an <u>indispensable</u> part of the small company, as the president had not been able to hire any other computer programmers that could handle their website.

① essential ② inexplicable

③ auxiliary ④ ingenious

5 밑줄 친 부분에 공통으로 들어갈 가장 적절한 것은?

> • The old barn was in _____ need of a new paint job.
> • She applied a bandage to the _____ on her arm.

① blow ② case

③ sore ④ mark

6 우리말을 영어로 바르게 옮긴 것은?

① 그에게 모든 것을 설명하기 전에, 나는 그 정보를 아무에게도 말하지 않았다.

→ Before explained everything to him, I had kept the information to myself.

② 나는 내 여동생의 새로 태어난 아기를 방문할 것이다.

→ I'm going to visit my sister's newly born baby.

③ 바로 가까이에서 보면, 그 그림은 수백만 개의 색 있는 점들로 구성되어 있다.

→ Seeing from up close, the image is made up of millions of colored dots.

④ 놀이공원에 갔으니, 너는 신나는 하루를 보냈겠구나.

→ Gone to an amusement park, you must have had an exciting day.

7 대화의 흐름으로 보아 밑줄 친 부분에 들어갈 가장 적절한 것은?

> A : How are you getting along?
>
> B : _____. I finally got a promotion at work after working there for three years.
>
> A : That's great! You really deserve it after all the hard work that you put in.

① Life's not easy for me.

② Those were the days

③ Not on your life.

④ Things couldn't be better

8 다음 대화 내용 중 가장 어색한 것은?

① A : You're in great shape! What kind of workout do you do?

　 B : Jogging and walking on the treadmill.

② A : What have you got planned for your birthday?

　 B : I have time on my hands.

③ A : Could you be a substitute for me?

　 B : Sure, just tell me when you need me to fill in.

④ A : My knees are shaking. I don't know if I can do this.

　 B : What's there to be afraid of? It'll be fine.

9 밑줄 친 부분에 들어갈 표현으로 가장 적절한 것을 고르시오.

> Following the power failure that knocked the entire computer system offline, the accountants realized they had no back—up copies of the file and would have to start over _____.

① in a flash　　　　　　② from scratch

③ in the red　　　　　　④ by chance

10 빈칸에 가장 적절한 것은?

_____(A)_____ on potato chips or cookies _____(B)_____ a quick way to ruin a day's worth of healthy eating exercise. Try depriving your body _____(C)_____ high-calorie treats, and eat lots of vegetables instead.

---

① For snacking — are — of
② For snacking — is — with
③ Snacking — is — of
④ Snacking — are — with

11 Le Corbusier에 관한 다음 글의 내용과 일치하는 것은?

In Paris, where he lived from the age of thirty, Le Corbusier wrote and published a series of declarations on architecture. They brought him notoriety but few commissions. In 1927, he participated in a competition for the design of the new League of Nations center in Geneva. For the first time anywhere, he proposed an office building for a great political organization that was functional and not a neoclassical temple. The jury of traditional architects was shocked and disqualified the design on the grounds that it was not rendered in India ink, as specified by the rules. Le Corbusier was resentful, but few, if any, neoclassical temples were built for office headquarters anywhere in the world after that date. Following the disaster at Geneva, other commissions to design great urban projects came frequently to Le Corbusier. The buildings were not always built, but the designs became doctrine throughout the world.

---

① 30세에 파리를 떠난 직후 건축에 관한 선언문을 발표하였다.
② 1927년의 한 경연에서 기존의 전통을 고수한 설계를 제출했다.
③ 규정을 지키지 않았다는 이유로 경연에서 실격당한 적이 있었다.
④ 관청 건물들이 신고전주의적 양식으로 회귀하는 데 영향을 끼쳤다.

12 다음 글의 요지로 가장 적절한 것은?

Almond pollination in California relies on the European honeybee and oil palm pollination in Southeast Asia depends on a single imported African beetle. However, managing pollination services solely reliant on a single species is a risky strategy because the population of the species can suffer such a marked decline that we won't be able to pollinate all of our crops. Recent studies strongly suggest that we need to promote biodiversity to safeguard our crops from losses due to unreliability. Different pollinating species also occupy different spatial, temporal, and conditional niches in which only a diversity of pollinator groups will lead to high quality and quantity services. These facts suggest pollinator diversity must be protected or restored across agricultural landscapes to ensure pollination services under various conditions and across space and time.

① 동물과 식물은 생존을 위해 긴밀한 관련을 맺고 있다.
② 경솔한 외래종의 도입이 생태계 파괴를 불러올 수 있다.
③ 꽃가루받이를 돕는 다양한 생물들에 대한 보호가 필요하다.
④ 꽃가루받이 과정에 인간이 개입하는 것은 바람직하지 않다.

13 다음 글에 드러난 필자의 심경으로 가장 적절한 것은?

We left Geneva on the train to head for Lake Thun. We were staying in an old house that had been converted to a bed—and—breakfast. When we arrived, it was raining hard, but the breathtaking views of the Alps unfolded before our eyes. In the other direction from the house was the glittering lake with hillside vineyards leading down to the waters edge. As we rushed into the inn, it was more than we had imagined. We liked everything about the house. In the dining room, there was a scenic painting of cattle on a Swiss hillside. The furniture was museumlike, as if out of a movie set. The beds were inviting, with a big fluffy down comforter folded over at the end of the bed. And there was even a delicious Swiss chocolate on every pillow! We bounced up and down on the bed.

① happy and excited
② furious and jealous
③ sorry and thankful
④ nervous and annoyed

14 다음 글의 빈 칸에 들어갈 말로 가장 적절한 것을 고르시오.

Fueled by drought and development, wildfires in the West are getting bigger and more aggressive, creating conditions so dangerous that firefighters are increasingly reluctant to risk lives saving houses — particularly if the owners have done nothing _____. From Southern California to Montana, seven firefighters have died in 2007 battling blazes that have destroyed more than 400 houses, a dramatic increase from last year. The firefighters' job has been made more hazardous by an onslaught of houses and vacation cabins being built across the rugged West — some of them inside national forests. An estimated 8.6 million houses have been built within 30 miles of a national forest since 1982. "There's the frustration of knowing these people aren't taking care of their home, and why do we have to do it?" said John Watson, a Fairfield, Mont., firefighting contractor who uses a 750-gallon fire engine to protect remote houses.

① to fight against poverty   ② to protect their property

③ to reveal the secret of wildfires   ④ to have a fire drill regularly

15 글의 흐름으로 보아, 주어진 문장이 들어가기에 가장 적절한 곳은?

But in poetry the union of form and content is so intimate that the extraction of a theme is unsatisfactory for the other genres and it is almost impossible in a successful poem as well.

One of the qualities which chiefly distinguish literature from nonliterary writing is the close relationship — indeed, the actual fusion — of form and idea. ① We shall sometimes pretend that we can detach the meaning from the form of a work. ② But we had better remember that this is preliminary to apprehending the whole piece and that the extracted "meaning" is far less than the total work of literature. Drama and fiction both have significant form, for the arrangement of events, the prose style and the selection of detail are all part of the meaning of the work. ③ A poem is not an idea carried in a basket woven of sentences. ④ It is an organism whose substance does not exist separate from the shape that it has.

16 다음 글의 빈칸에 들어갈 말로 가장 적절한 것은?

It seems that foreign aid _____ in some developing countries. For example, the World Bank's $70 million loan to the Ceara state government in Brazil was decided in June 2001. The loan facilitated innovative government—led initiatives in land reform, rural electrification, and water supply. There are also countrywide success stories like Uganda, with heavy involvement by the World Bank and other aid agencies. Earlier success stories associated with aid include South Korea and Taiwan. Moreover, there are other success stories, like the elimination of smallpox, family planning, and the general rise in life expectancy and fall in infant mortality, in which foreign assistance played some role.

① has been strikingly successful

② needs to undergo major reforms

③ can support expanding import markets

④ has been debated in international society

17 다음 글의 빈칸 (A), (B)에 들어갈 말로 가장 적절한 것은?

Some of the crucial differences between happy and unhappy couples are based on the attributions they make. In strong, happy relationships, partners seem willing to give the partner the benefit of the doubt most of the time. __(A)__, Holtzworth—Munroe and Jacobson asked people how they would respond when the partner did something unpleasant, as opposed to doing something nice. The happy couples attributed the partner's unpleasant behavior to some external factor, such as thinking that the person must be under stress at work. In contrast, when the partner did something pleasant, the member of a happy couple was likely to view this as further proof of what a good person the partner was. __(B)__, good acts were attributed to the partner's inner qualities, while bad acts were dismissed as due to external factors.

　　　　(A)　　　　　(B)

① As a result — Furthermore

② As a result — In short

③ For example — Likewise

④ For example — In short

18 밑줄 친 (A), (B), (C)중 문맥에 맞는 낱말로 가장 적절한 것은?

In the past, many public—sector recreation providers allowed people free access, or charged for permits to control the season for different recreational activities. However, governments are finding that funding to maintain sites and facilities, to cope with increased demand on the landscape, is becoming difficult to maintain. Opportunities to (A)[charge / support] visitors for appropriate services to help offset these costs are being considered as one solution. This is a sensitive matter, as free access for all people to the outdoors is a much cherished right. There is also an additional (B)[solution / dilemma] for public agencies where recreation facilities are already provided from public money, and it could be argued that the taxpayer is being charged twice. Thus, care is needed by public bodies to ensure that charges are only made for services that are clearly (C)[additional / central] to the provision of free access.

	(A)	(B)	(C)
①	charge	solution	additional
②	support	solution	central
③	charge	dilemma	additional
④	support	dilemma	central

19 다음 글의 제목으로 가장 적절한 것은?

One little thing you need to do as a new team leader is to start with 100 percent trust in your team members. Unless you have evidence to the contrary, you should trust each of them to get on and do the job, making whatever decisions are necessary. There should be no need for them to come running to you every five minutes asking permission to step out of line or spend ten cents on a customer. In fact, there should be no need for you to give permission for anything other than major expenditure. Ideally, your team members should be empowered to choose their own working hours, their own times for meal breaks, as well as where to work, who to talk to, and generally how to go about their jobs. That is total liberation.

① Work Within the Law

② All's Well That Ends Well

③ Liberate People with Trust

④ Higher Priority on Leadership

20 다음 글의 내용을 한 문장으로 요약하고자 한다. 빈칸 (A)와 (B)에 들어갈 말로 가장 적절한 것은?

In his 1980 book, The Sinking Ark, Norman Myers, an ecologist at Oxford University, estimated that one species would become extinct every second day. In 1999, Paul Van Develder of the Seattle Times wrote: "We know that twenty years later, zoologists and botanists estimate that the various activities of human beings have accelerated the rate of extinction to as many as 75 species per day." That adds up to 27,375 a year. Soon the number was inflated to losing 40,000 species a year. Now, your intuition and common sense tells you that this cannot be true. But that figure appears again and again in the media. It is based not on any evidence but on Dr. Myers's wild assertion in a 1979 article that one million species might be lost between 1975 and 2000, which works out to be 40,000 species a year. The 40,000 number has been endlessly and uncritically repeated in the media.

→The media keep ___(A)___ an ecologist's groundless ___(B)___ about the rate of extinction of species without any verification.

	(A)	(B)
①	rejecting	criticism
②	featuring	estimation
③	revising	criticism
④	overlooking	exaggeration

실전 모의고사 15회

정답 및 해설 P.210

※ 밑줄 친 부분에 들어갈 가장 적절한 것은? 【1~2】

1

When I returned to my car, I noticed the side _____ with a large scratch.

① to mark
② marks
③ marked
④ marking

2

_____, you must try to act accordingly.

① Now that your an adult
② Now that you're an adult
③ In that you're an adult
④ In that your an adult

3 다음 중 어법상 올바른 문장은?

① This is the movie to which fans have been waiting for a long time.
② He reviewed the answers of the teenagers to whom he had given a survey.
③ They located the part what caused the car's engine problem.
④ The person who arranging the in-flight meals is being replaced soon.

4 대화의 흐름으로 보아 밑줄 친 부분에 들어갈 가장 적절한 것을 고르시오.

> A : Guess what? Rita and I are finally going to tie the knot!
> B : Are you serious? Congratulations! When's the happy day?
> A : It's on December 20th at the Wellington Hotel downtown.
> B : Wow! That fast? That's only a few weeks away.
> A : I know it's short notice, but we wanted to do it before the year was over. You'll be there, won't you?
> B : _____.

① Only this date works for us.

② You should come help us celebrate.

③ I hope to see you there.

④ I wouldn't miss it for the world.

5 밑줄 친 부분에 들어갈 표현으로 가장 적절한 것은?

> In a survey, many people said they _____ about buying the company's new laptop computer because they had read many bad reviews about it online.

① had qualm ② made waves

③ took turns ④ kept still

※ 다음 중 문맥상 밑줄 친 부분과 의미가 가장 가까운 것은? 【6~7】

6

> The Swiss Army Knife has a long and prestigious reputation for being one of the most <u>versatile</u> tools ever made. it is not only frequently carried by campers and mountain climbers, but also by soldiers who make use of its various functions.

① elated ② appointed

③ dilapidated ④ multifaceted

7

> The government officials took part in the <u>clandestine</u> meeting late at night to discuss the troubling issue that faced the nation and make a final decision on it.

① secret   ② apparent

③ spontaneous   ④ informal

8 밑줄 친 부분에 들어갈 가장 적절한 것을 고르시오.

> The only _____ to the hotel that we stayed at in New York City was the noise from outside that would _____ on our sleep in the middle of the night.

① outlook − excel   ② benefit − diverge

③ promotion − intrude   ④ drawback − interrupt

9 어법상 밑줄 친 곳에 가장 적절한 것은?

> Just a couple blocks from the only movie theater in our town _____.

① my best friend live   ② lives my best friend

③ does my best friend live   ④ living my best friend

10 밑줄 친 부분 중 어법상 옳지 않은 것은?

> I finally bought a cell phone. My family, friends, and coworkers couldn't stand ①<u>the fact that</u> I didn't have ②<u>one</u>, and they thought ③<u>that</u> it was high time I ④<u>join</u> the 21st century along with the rest of civilization.

11 다음 글의 주제로 가장 적절한 것은?

The insight process is a delicate mental balancing act. At first, the brain gives attention to a single problem. But, once the brain is sufficiently focused, it needs to relax in order to seek out the more remote association in its right hemisphere, which will provide the insight. "The relaxation phase is crucial," says cognitive neuroscientist Mark Jung—Beeman. "That's why so many insights happen during warm showers." Another ideal moment for insights, according to the scientists, is the early morning, right after we wake up. The drowsy brain is unwound and disorganized, open to all sorts of unconventional ideas. The right hemisphere is also unusually active. If we are stuck on a difficult problem, it's better to set the alarm clock a few minutes early so that we have time to lie in bed and contemplate.

① how to focus on a single problem
② proper moments for getting insight
③ roles of right hemisphere in cognition
④ the importance of unconventional ideas

12 다음 글의 주장으로 가장 적절한 것은?

Email is a convenient way to communicate, and many of us use it as a matter of course in our daily contact with others. And it certainly has its place in your communications with insurance adjusters — but that place is limited. We recommend using email only for minor, logistical matters, such as arranging an inspection time for your vehicle or informing the adjuster that your demand letter is on its way. Don't use email for a letter of notification or a demand letter. If you send an email to confirm an agreement that you and the adjuster have made, follow it up with a regular letter. And in general, try to conduct your negotiations on the telephone — the in—person contact is much more effective in getting your point across than email.

① 보험사 직원과 이메일을 정기적으로 교환하라.
② 이메일로 오는 보험 광고의 내용을 믿지 마라.
③ 보험 관련 주요 서신에는 이메일을 사용하지 마라.
④ 이메일을 이용해 보험 처리 과정을 꼼꼼히 점검하라.

13 다음 글의 빈칸에 들어갈 말로 가장 적절한 것은?

Generally speaking, workaholics are not _____ in the workplace. Their need to control makes it difficult for them to solve problems cooperatively and to participate in give-and-take situations. They believe their approach and style are best, and they cannot entertain less perfect solutions. Spontaneity is diminished and creativity stifled when the narrow view of one person prevails. Unable to delegate, many workaholics overload themselves, becoming resentful, irritable, and impatient. Flared tempers and angry outbursts are not uncommon. Their standards are impossible for them or their colleagues to meet. Disharmony prevails, and group morale nosedives. As they try to squeeze more work into less time, burnout occurs for them and those under their supervision.

① team players ② hard workers

③ perfectionists ④ poor performers

14 다음 글의 빈칸 (A), (B)에 들어갈 말로 가장 적절한 것은?

Does IQ predict success for ordinary folk? A study found that the average IQ of professional men was higher than the average IQ of office and blue-collar workers. ___(A)___, within any occupation, there was a wide spread of IQ scores. ___(B)___, although the average IQ of teachers was almost 120, their scores ranged from about 90 to 140. The average IQ of auto mechanics was about 100, but their scores ranged from about 60 to nearly 140. This meant that some teachers had lower IQs than the average auto mechanic, and that some auto mechanics had higher IQs than the average teacher. The same was true in comparisons of other professionals, such as accountants and engineers, with other blue-collar workers, such as truck drivers and miners.

　　　　(A)　　　　　(B)

① Therefore — For example

② However — For example

③ However — Nonetheless

④ Therefore — What's more

15 다음 글의 빈칸에 들어갈 말로 가장 적절한 것을 고르시오.

Unlike science, technology did not have to wait on the specific discoveries, concepts, and mathematical equations of the past five hundred years. Indeed, that is precisely why in many respects the China of 1500 seemed more advanced than its European or Middle Eastern counterparts. One can fashion perfectly functional (even exquisite) clocks, gunpowder, compasses, or medical treatments even in the absence of convincing scientific theories or well-controlled experiments. Once science has taken off, however, _____. It is barely conceivable that we could have nuclear power plants, supersonic airplanes, computers, or a medley of effective medical and surgical interventions in the absence of the sciences of our epoch. Those societies that lack science must either remain deprived of technological innovations or simply copy them from societies that have developed them.

① it is backed up by technology

② it has its own path of evolution

③ it becomes politically motivated

④ its link to technology becomes much tighter

16 다음 글의 목적으로 가장 적절한 것은?

Your best selling book, the Dictionary of Occupational Titles, can be found in any bookstore. Vocational experts always recommend using it because it contains a description of 20,000 job-titles. However, I have found it a terribly unhelpful book. As a chemist, I think: While the book claims to be updated to 2010, I found that every description I looked up was last updated in 1990. I read the description of my present occupation. I only wish I were doing what it described. With most companies de-emphasizing research, we chemists are having a hard time these days. I read this book is updated every two years. I appreciate the efforts, but I'm concerned that the efforts are more focused on the cover design, not on what's between the covers.

① 책의 개정판을 구매할 것을 권유하려고

② 책에서 인용된 정보의 출처를 설명하려고

③ 특정 직업에 대한 왜곡된 묘사를 비판하려고

④ 책 내용을 현실에 맞게 개정할 것을 요구하려고

17 Australian jumping spider에 관한 설명으로 다음 글의 내용과 일치하지 않는 것은?

A small, glowing green Australian jumping spider hunts big game. After a mighty four
—inch leap, it sinks its fangs into a dragonfly's neck. Even if this huge insect takes
off, the spider hangs on until its venom works and the dragonfly makes a crash
landing. Four inches may not seem like much of a jump, but it's a huge distance for
an animal half an inch long. That would be like a five—foot—tall person leaping over
six cars lined up end to end. When an Australian jumping spider leaps, it pushes off
with strong hind legs, like a swimmer taking off from a starting block. The Australian
jumping spider is a wanderer, so it makes no webs, traps, or snares. But it does use
silk to make cradles for eggs and nets to sleep in.

① 선명한 초록빛을 띠고 있다.
② 몸집에 비해 먼 거리를 도약한다.
③ 도약할 때 강한 뒷다리를 이용한다.
④ 거미줄을 이용하여 먹이를 잡는다.

18 다음 글의 빈칸에 들어갈 말로 가장 적절한 것은?

The spread of prosperity, the single—family home, the invention of television and
computers have all made it possible for us to live private lives unimaginable to
previous generations. We no longer live in close quarters with our neighbors, we can
move about without crowding into buses or trains; we do not have to go to theaters or
share our tastes with our neighbors. However, the same technologies that help
separate us from the crowds also make it possible to monitor and record our behaviors.
Although fewer people have intimate knowledge of our lives, many people — mostly
unknown to us — know something about us. The very technology that was supposed to
free us from mass society has turned out to be as much a fish bowl as an information
highway. In modern society, we have discovered that _____.

① people cannot use public transportation because of crowding
② technology makes us independent from natural environments
③ more people become indifferent to the spread of prosperity
④ being free often means also being naked

19 주어진 글 다음에 이어질 글의 순서로 가장 적절한 것은?

Learned helplessness is based on the underlying conviction that there is no connection between your personal actions or abilities and the outcome or result. Put simply, it is a belief that it doesn't matter what I do because it won't work anyway.

(A) She's having fun as she finds a hiding place behind a curtain, makes noise with a pot lid, or climbs up onto a chair. And you interrupt this natural urge to explore and discover and try with comments like, "Leave it alone," "Put it down," or "No, that's so hard that you'll never be able to do it!"

(B) Does this sentence have a familiar ring to it? If you watch a toddler playing by herself, you'll see her pleasure as she experiments with whatever she discovers around her.

(C) Then your daughter may become discouraged and dejected. Soon she may start thinking "I won't be able to do this, no matter how hard I try!" That's when learned helplessness starts.

① (A)－(C)－(B)

② (B)－(A)－(C)

③ (B)－(C)－(A)

④ (C)－(A)－(B)

20 밑줄 친 (A), (B), (C)중 어법에 맞는 표현으로 가장 적절한 것은?

No magic pills can be given to make a person capable of matching wits with an expert. But it is possible to acquire through long experience some appreciation of the point of view of the laboratory scientist, some (A)[understand / understanding] of his methods and the way he conceives a problem. Not a few citizens have made themselves intelligent critics of scientific work by a process of self—education in relation to some phase of modern science (B)[to connect / connected] with their activities in the world of affairs. A series of episodes has left permanent imprints on their minds which serve as fixed points — a sort of map (C)[which / to which] they may refer any new proposal from the laboratory.

	(A)	(B)	(C)
①	understand	to connect	which
②	understand	connected	to which
③	understanding	connected	which
④	understanding	connected	to which

정답 및 해설

영어

9급 공무원 시험대비
실전 모의고사

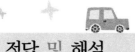
실전 모의고사 1회

Answer

1	2	3	4	5	6	7	8	9	10	11	12	13	14	15	16	17	18	19	20
②	④	③	③	②	③	④	①	②	③	④	③	④	①	④	④	④	④	②	④

1 「진로 상담가들은 그들의 고객들에게 종종 그들의 구직활동을 하면서 이룬 성과들을 <u>주기적으로</u> 반영하라고 충고한다.」
동사 reflect를 꾸며주는 부사자리로 '주기적으로 반영하다'라는 의미의 reflect periodically
recently : 최근 periodically : 주기적으로 nearly : 거의 obviously : 분명히

2 「뉴멕시코의 일 년 내내 계속되는 가뭄은 누그러질 기색을 보이지 않아 많은 우려를 자아냈다. 농작물들을 위해 관개보다는 여름철 강수에 의존하는 농촌들은 수개월 동안 <u>충분한</u> 물 공급을 받지 못했다.」
① 마음을 사로잡는 ② 분명치 않은 ③ 부족한 ④ 충분한

3 「<u>상사와 사이가 나빠서</u>, 그 직원은 사무실의 분위기가 긴장되고 불편하다고 생각했다.」
① ~을 무시하고 ② ~을 관리하는 ③ ~와 불화하여 ④ ~와 공모하여

4 「A : 이번 주말에 저녁 식사에 초대해도 될까요?
 B : 가고 싶지만 이번 주말에는 제가 여기에 없습니다. 연기해 주실 수 없을까요?」
상대방의 초대에 연기를 요청할 때 사용하는 표현. 'Could you give me a rain check?'
rain check : 초대 등의 연기. 원래 우천으로 경기가 연기되어 관중들에게 나누어주는 표를 의미함. invite ~
over for dinner : 저녁식사에 초대하다 be out of town : 출타중이다 notice : 사전 통보

5 「ⓐ A : 그가 돌아오면 나에게 전화하는 것을 잊지 마라. / B : 그래, 그렇게.」
시간이나 조건의 부사절에서는 미래의 뜻으로 현제시제를 사용해야 한다.
「ⓑ A : 나도 만나서 반가워. 너와 잘 지내고 싶어. / B : 나도 그래.」
get along with : ~와 사이좋게 지내다

6 indoor toilets,... and electrical service까지가 be unknown의 주어부이다. 따라서 동사를 이에 일치시켜
were unknown으로 고쳐야 한다.
「① 우리는 기술의 시대에 태어났다.
 ② 그러나 생활이 늘 우리가 현재 알고 있는 대로였던 것은 아니다.
 ③ 거의 모든 인류역사에 걸쳐서 실내 화장실과 실내 수도, 전기시설은 세상에 없었다.
 ④ 사람들은 물을 얻기 위해서 우물이나 강으로 가 양동이에 물을 담아 집으로 가져왔다.」

in the era of technology : 기술의 시대   indoor running water : 실내 수도   electrical service : 전기 시설
well : 우물   in bucket : 양동이에 담아서

7 「그 순간에 우리의 가장 깊은 두려움은 핵전쟁이 지구를 <u>황량하게</u> 남길 것이라는 점이다.」
barren : 척박한, 불모의, 황량한
① bullied 괴롭힘을 당하는
② brutalized 야수가 된
③ broken into 침투된
④ lifeless 생명체가 살지 않는

8 「A: Andrew, 부탁 하나 들어줄래?
B: 물론이지, 뭔데?
A: 월요일에 Jane과 나를 병원에 태워다 줄 수 있니?
B: 가능할 것 같아. 잊지 않도록 달력에 표시해 둘게.
A: 정말 고마워. 하지만 너를 성가시게 해서 미안해.
B: 그 점에 대해서 걱정하지 마.
A: 고마워. 네가 여러 번 나를 도와준 것을 잊지 않고 있어.
B: <u>친구 좋다는 게 모야?</u>」

9 「바른 자세는 많은 이유에서 중요하지만, 가장 중요한 점은 바른 자세가 허리 통증을 줄여 준다는 것이다. 당신이 책상에 앉았을 때 구부정하니 있거나 등을 구부리지 마라. 노후에 등에 문제가 생기는 것을 막기 위해 당신은 언제나 바른 자세를 유지해야 함을 기억해야 한다.」
② 명사절 접속사 what은 완전한 절을 이끌 수 없으므로 완전한 절을 이끌 수 있는 명사절 접속사 that으로 고쳐야 한다.

10 제시된 문장의 '그 다큐멘터리는 통찰력이 있고'를 주격보어를 취하는 be동사(is)의 보어자리에 형용사 (insightful)를 써서 만들고, '이해하는 데 도움이 될 것이다.'를 'help + 목적어 + 동사원형(to부정사)'의 구조를 사용하여 만든다.

11 「1917년 미국은 술의 생산, 판매 및 사용을 금지하기로 결정했다. 그 금지는 제 18번째 헌법 수정안이 통과되었을 때 법률이 되었다. 그 법률은 보통 금주법이라고 불리었다. 모든 사람이 다 금주법에 만족한 것은 아니었다. 술을 만들고, 팔거나 또는 마셨던 사람들은 이의를 제기했다. 그들은 그 새 법이 그들의 시민권을 침해했다고 느꼈다. 이런 사람들은 조용한 반란을 시작했다. 만약 그들이 합법적으로 술을 얻을 수 없으면, 불법적으로 얻을 것이다. Massachusetts주의 한 부자가 물론 —술을 마시지 못한 사람인데— 새 법을 비웃는 사람을 가장 잘 묘사한 단어를 만든 사람에게는 상금을 주겠다고 했다. 그는 승자에게 200달러를 줄 것이다. 그 사람은 25,000명의 제안을 받았는데 그는 scofflaw라는 단어를 택했다. 그 선택된 단어는 공개 의식에서 발표되었다.」

12 「따라서 인간이 옛날과 같은 방법으로 물에서 고기를 잡는 한, 바다로부터의 어획량은 여전히 적을 것이다. 사실, 해마다 두 가지 이유-오염과 남획-때문에 인간의 어획량이 줄어드는 것 같다. 오늘날 불행하게도, 인간은 수백만 톤의 하수, 쓰레기, 산업 폐기물, 독극물, 폐수를 바다 속에 쏟아 붓는다. 그러한 오염은 놀라운 속도로 해양 생물을 죽이고 있다. 게다가, 남획은 고기와 고래의 수를 줄인다.」

13 「동물원 관리들은 사람들이 표지판을 읽지 못하는 것 같다고 종종 불평한다. 사람들은 반대의 표지판이 분명히 부착되어 있을 때조차도, 동물들에게 계속해서 먹이를 주려고 한다. 하지만 그런 사람들은 고의적으로 정반대의 행동을 하려고 애쓰는 것은 아니다. 그들은 단지 친절하게 굴려고 그럴 뿐이다. 그러나 그들이 진심으로 동물에 대해 최고의 관심을 가지고 있다면 동물들에게 먹이 준 것을 삼가 해야 할 것이다. 동물에게 잘못된 종류의 먹이를 먹임으로써, 그들은 글자 뜻 그대로 친절로 그 동물을 정말 죽일 수 있다.」

14 「우리나라가 북아메리카대륙 내에서 다르게 여겨질 수 있는 독특한 면이 있다면 그것은 바로 2개 언어를 사용하고 2개의 문화로 이루어져 있다는 점이다. (캐나다는 두개의 공용어 즉 영어, 불어를 사용하며, 큰 주에서 대부분의 거주자들은 거의 배타적으로 불어를 쓰고 있다.) 물론, 그것은 우리에게 그림 같은 특징을 주고 또한 그것은 관광객의 자산이 된다. 즉, 관광객들은 꼬불꼬불한 도로와 불란서식의 식사를 하는 퀘벡시의 이질성에 당혹해 한다. 그러나 혼란스럽게 하는 지역적인 긴장도 있다. 퀘벡은 나라 안의 작은 나라가 되었고 분리주의 운동이 강하게 일고 있다. 영어권 캐나다의 문화·경제적 압력에 대한 불어권 캐나다의 저항이 영어권 캐나다의 미국에 대한 같은 종류의 압력에 대한 저항과 비슷하다. 이러한 사실은 왜 스스로 국가지상주의자라고 부르는 많은 영어권 캐나다인이 퀘벡주에 대해 특별한 권리를 부여하는 것에 대한 강한 후원자가 되었는가를 설명하는데 도움이 된다.」

foreignness 외래성, 이질성 vastness 광대함 grandeur 장엄함, 위엄 conservatism 보수성

15 「나는 어머니가 돌아가신 후 물건을 정리하고서야 비로소 그분이 얼마나 신의를 잘 지키셨는지를 알았다. 나는 오랫동안 잊고 있었던 어떤 것을 발견했다.

어느 날 밤, 나는 그날의 사건들과 내가 어머니에게 얼마나 못되게 행동했는지를 회상했다. 조용히 나는 침대에서 빠져나와 화장대에서 연필과 종이를 집어 들고, 살금살금 부엌으로 갔다. 나는 어머니께 내가 그렇게 버릇없이 굴었던 것을 용서해달라고 하는 (a) 짧은 편지 한 통을 빠르게 썼다. 나는 오빠들과 언니들이 (b) 나의 "사과" 쪽지를 읽는 것을 원하지 않았기 때문에, "제발, 아무에게도 이것을 보여주지 마세요."라는 추신을 덧붙였다. 그 다음 나는 그 편지를 어머니 베게 밑에 넣었다. 그 다음 날 아침, 나는 내 베게 밑에서 (c) 그 글에 대한 답장의 쪽지를 발견했다. 어머니는 나를 사랑하며 나를 용서한다고 쓰셨다. 이것이 내가 말대꾸하거나 말을 따르지 않았을 때마다 하는 내 사과의 방법이 되었다. 어머니는 항상 답장의 쪽지를 남겼지만, 가족 앞에서 우리의 베게 밑 쪽지 글에 대하여 절대 말하지 않으셨다. 심지어 우리가 성장했을 때에도. 어머니가 돌아가셨을 때, 나는 어머니의 유품을 정리해야 했다. 어머니의 책상 속에 빛바랜 리본으로 묶여진 쪽지 꾸러미가 있었다. 위에 (d) 쪽지 글이 하나 있었는데, "내가 죽었을 경우에 이것들을 파기해 주세요."라고 적혀 있었다. 내가 그 다발을 뒤집자 아래에 손으로 쓴 것이 보였다. 놀랍게도 나는 내가 어릴 적에 쓴 글이라는 것을 알아보았다. "추신: 아무에게도 이것을 보여주지 마세요. 사랑하는 Eddie가.」

(a), (b), (c)는 내가 쓴 사과의 쪽지이고, (d)는 어머님이 쓰신 쪽지이다.

16 「윤리적 여행의 개척자들은, 여행지에 대한 열정과 그 지식과 경험을 타인과 나누고자 하는 열망을 가진, 흔히 어느 한 사람에 의해 설립된 소규모 전문 여행 업체들이었다. 흔히 그들은 그 용어(윤리적 여행)가 고안되기 전에는 책임 있는 관광을 실천하고 있었다. 하지만 이제 윤리적 여행의 배경이 되는 철학을 표현할 수 있는 일관성 있는 어휘, 노력의 대상이 되는 더 분명한 일련의 목표와 그것을 실행하고자 하는 더 큰 의지가 있다. 많은 전문 여행 업체들의 웹사이트를 확인해 보면 여러분은 분명한 강령, 즉 그 회사의 비전과 책임감을 보게 될 것이고, 여행자의 책임 또한 보게 될 것이다. 예를 들면, 아프리카에서 활동하고 있는, 수상 경력이 있는 Rainbow Tours는 "우리는 '생태관광'이라는 수사적 표현을 우리의 실천 요강을 통해 현실로 바꾸는 것을 목표로 한다."라고 말하고 있다. 그러한 실천 요강은 현지와 관련된 것들, 즉 현지 동업자들과의 협조, 소외된 경제 공동체 내의 발전의 촉진, 그리고 덜 잘 알려진 여행 장소의 홍보 들을 강조한다.」

① 안전한 여행을 위한 최고의 조언
② 윤리적 여행의 장단점
③ 누가 관광산업으로부터 가장 이득을 얻는가?
④ 윤리적 여행이 뿌리를 내리기 시작하고 있다.

17 「자녀들이 일정과 집안일에 대한 개념을 이해할 만큼 성장하면, 집안에서의 개인사업도 필요하다는 것을 이해할 수 있게 된다. 자녀들이 함께 해 달라고 할 때 그렇게 해 주려면 집안에서 사업을 해야 한다는 것을 그들에게 설명해 주어라. 가정을 경영하고, 가족을 부양하고, 오락비를 제공하기 위한 금전을 마련하기 위해서도, 여러분이 일을 해야 한다는 것을 그들에게 꼭 이해시켜라. 여러분이 일하는 것이 불가피하다는 점을 자녀들이 이해하게 되면, 업무 일정을 요약해서 그들에게 설명해 주어라. x시와 y시 사이에는 일을 할 것이라 사실을 그들에게 꼭 이해시킨 후, <u>여러분의 일정을 존중하라고 말하라</u>.」

18 「콤바인은 농부들에게서 수확에 대한 큰 부담을 덜어주었다. 그것은 농부들이 콤바인이 없었다면 잃었을지도 모르는 농작물을 구해내는 것을 가능하게 했다. 콤바인은 처음에 기후가 곡물 생산에 적합한 나라에서 사용될 목적으로 개발되었다. 영국 제도와 같은 곳의 기후는 그것을 사용하기에 전혀 어울리지(→적합하지) 않다고들 말했다. 하지만 그것은 사실이 아니었다. 콤바인은 상당히 습기가 많은 상태에서도 제 기능을 수행한다. 콤바인의 사용은 수확해야할 농작물을 거둬들이는데 필요한 시간과 노동력을 대폭 줄이는 결과를 가져왔는데 이는 그 기계를 가동시키는데 오로지 한 사람 혹은 많아봐야 두 사람이 필요하기 때문이다. <u>다른 곡물을 저장소로 수송하는데 필요한 그 밖의 노동력은 그리 대단하지 않았다</u>.」

19 「걱정거리는 종종 한밤중에 더 커 보인다. 그것들을 해결하면 잠드는 데 도움이 된다. 걱정거리나, 최종 기한, 혹은 해야 할 일들을 잠자리에 들기 전에 적어 보기만 해도 걱정거리들이 보다 해결 가능한 것처럼 느껴진다. 긴장을 풀 수 있는 일은 무엇이든 하라. 앞으로 몸을 숙이는 것과 같은 간단한 요가 연습을 한 번 해 보라. 엉덩이 넓이로 다리를 벌리고 서서 허리를 굽혀 팔과 머리를 아래로 내려 뜨려 목과 어깨의 긴장이 풀리게 하라. 혹은 등을 대고 누워서 발부터 시작해서 이마 쪽으로, 신체 각 부위를 팽팽하게 긴장시켰다가 다시 긴장을 푸는 식으로 점진적인 근육 완화 운동을 하라.」
  (a) magnify는 '확대하다'의 의미로, 걱정거리(anxieties)가 확대된 것처럼 보이는 것이므로 과거분사형인 magnified가 옳은 표현이다.
  (b) 사역동사 make의 목적보어 자리에는 동사 원형이 와야 하므로 feel이 옳은 표현이다.
  (c) while~ back, tensing~ forehead는 모두 분사구문으로 (c)의 자리에는 주절의 동사 do가 와야 한다. 주어가 없으므로 명령문임을 알 수 있다.

20 「과거의 이야기들을 보면 일반적으로 영웅적 자질은 위험에 대항하는 신체적인 힘과 원초적인 용기와 관련되어 있다. (c) 하지만 최근에 영웅적 자질에 대한 정의가 새롭게 내려지고, 새로운 종류의 영웅들이 출현하였다. (a) 암을 이겨내고 프랑스 투어를 일곱 번이나 제패한 랑스 암스트롱과 줄기세포 연구자인 황우석 박사를 현대의 영웅으로 여기는 사람들이 많다. (b) 이 두 사람은 격렬한 전투에 참가하지는 않았지만, 장애를 극복하고, 세상 사람들에게 중요한 일을 함으로써, 사람들의 마음을 사로잡았다.」

실전 모의고사 2회

Answer

1	2	3	4	5	6	7	8	9	10	11	12	13	14	15	16	17	18	19	20
④	④	②	②	①	④	③	①	①	②	④	①	③	③	①	②	①	④	③	④

1 「다음 5년 동안의 자격증 연장하기 위하여 프로페셔널 회계사는 Professional Accountants 기관에서 1년에 적어도 40시간의 고급훈련을 마쳐야한다.」

enlarge : (부피)확장하다 endure : 참다 persist : 주장하다, 참다

2 「요즘, 소비자들은 제작에 쓰인 컴퓨터 칩이 훨씬 더 빠르고 작은 것들로 대체될 것이기 때문에 그것들이 1년 또는 2년 안에 구식이 될 것이라는 것을 알면서도 새로운 스마트폰과 휴대용 컴퓨터를 구입한다. 기술이 가속화된 속도로 진보함에 따라, 업그레이드된 제품들이 계속해서 시장에 등장하는 반면 예전의 전자 기기들은 더 이상 쓸모가 없어지는 것이 불가피하다.」

① 지루한 ② 예측하지 못한 ③ 깜짝 놀랄 ④ 불가피한

3 「시민들은 특정한 공공장소에서 흡연하는 것을 금지하는 새로운 법을 따라야 한다.

① 금지하다 ② 따르다 ③ 포기하다 ④ 개정하다

4 「자유의 여신상은 프랑스에서 미국으로 보낸 선물이었다. 그것은 억압으로부터 해방뿐만 아니라 국가들 간의 친선을 나타낸다. 그것은 뉴욕의 항구에 세워졌으며 배를 타고 도착한 이민자들을 위한 환영의 표시였다.」

① 과소평가하다 ② 나타내다 ③ 칭찬하다 ④ 소각하다

5 「A: 너는 왜 도시를 싫어하니?
B: 나에겐 너무 혼잡해. 그곳에서는 물 밖에 나온 물고기 같은 기분이 들어.」

6 「많은 나무들이 잘려졌고, 몇몇 종류의 나무들이 사라졌다.」
복수 주어 trees는 의미상 '잘림을 당했다'이므로 수동형이고, disappear(사라지다)는 자동사로 수동태가 불가능한 동사이므로 시제 맞춰 disappeared가 적절하다.

7 주절의 주어 this photo와 분사구문이 '사진이 찍히다'라는 수동의 의미이므로 Taking을 과거분사 Taken으로 고쳐야 한다.

8 「알레르기는 환경, 그리고 유전적 요인 둘 다에 의해 야기된다고 믿어진다. 원인에 상관없이, 알레르기는 전 세계의 많은 사람들에게 영향을 미친다. 20퍼센트의 사람들이 특정 유형의 알레르기 증상을 가지고 있다고 추정된다.」

해석상 '믿어진다'라는 수동의 의미이므로 수동태 형태인 'are believed'로 고쳐야 한다.

9 「대부분의 아이들은 그들 주변에 있는 소리를 알아차리기 위해 멈추어서 물체가 어떻게 소리를 낼 수 있는지를 조사해 본다. 어떤 아이들은 소리에 매우 민감해서 흥겨운 소리가 나는 동안에 그들의 귀를 막는 반면에, 다른 아이들은 가능할 때마다 힘차게 소리를 만들어 낸다. 소리를 만드는 것은 강력한 경험이며, 아이들이 그들의 작은 몸 안에서 웅장함을 느낄 수 있게 도움을 준다. 아이들은 노는 동안에 언어를 사용하는 것보다는 훨씬 더 많이 소리를 사용한다. 그들은 엔진의 굉음 또는 새끼 고양이의 울음소리를 열심히 모방한다. 아이들이 어떻게 소리를 이용하고 있는지를 관찰하는 것이 아이들이 이해하고 느끼고 있는 것에 관해 많은 것을 어른들에게 가르쳐 줄 수가 있다. 재미있는 소리를 만들어내는 장치를 (아이들에게) 의도적으로 제공함으로써 우리는 아이들의 흥미를 이용할 수도 있고 예민한 청각을 갖게 할 수도 있다.」

(a)의 investigate는 하나의 주어에 대해 동사 일치를 시켜야 하므로 앞의 동사 stop과 마찬가지로 원형을 써 주는 것이 적절하고, (b)는 문장의 주어 역할을 하는 형태가 되어야 하므로 observing이 맞다. (c)는 installations라는 선행사가 존재하므로 선행사를 포함하는 관계대명사 what이 나올 수 없으므로 that을 사용해야 한다.

10 「홍수는 위험합니다. 수 인치의 물의 힘으로 당신을 땅에 내 던질 수도 있습니다. 야영을 하는 동안에 그저 라디오를 켜둔 채로, 일기예보 방송에 의지하세요. 수마일 밖에 있는 엄청난 양의 물이 수 분 후에 당신에게 들이닥쳐서 당신을 삼킬 수도 있습니다. 만약 홍수가 발생 한다면 차에서 나오세요. 차들은 단지 2분 후에 쉽게 쓸려갈 수 있습니다. 만약 당신에게 (제한된 시간이 있다면→)시간이 제한되어 있다면, 가족용 비상약과 담요와 건전지로 작동되는 라디오만을 챙기세요. 당신의 물건들을 구하려고 하면서, 떠나기 전 마지막 순간까지 기다리지 마세요. 대신에 당신의 생명을 구하세요.」

11 「속도가 인류에게 새로운 것으로 남아 있는 한, 그것은 유행이 될 수밖에 없다. 그러나 나는, 여유로운 것을 좋아한다. 도로에 빨리 달릴 수 있는 자동차가 없어서 아주 천천히 수 마일을 걸어갔을 때는 하루가 두 배나 더 길어 보였다. 사람들은 하루 만에 세상의 많은 부분을 볼 수 없었다. 하지만 눈은 보고 있는 것에 오래 머무를 수 있었다. 만약에 발명가들이 그들의 발명품들이 파괴하려는 것을 알았었더라면 확실히 그들은 그들의 천재성을 보여주기 이전에 주저했을 것이다. 대충 빨리 경치를 지나가면서 보는 것은 전혀 여행하지 않는 것과 같은 것이다.」

12 「펜을 디자인하는 사람들은 수많은 요구 사항들을 잘 알고 있어야 한다. 펜을 너무 가늘게 만들면 험하게 사용하는 학생들을 감당할 만큼 튼튼하지 못할 것이다. 중간 부분을 너무 두껍게 만들면 손가락으로 잘 잡을 수도 없고 세밀하게 다룰 수도 없다. 그러나 손가락에 관절염이 있는 사람들은 손가락을 완전히 오므릴 수 없기 때문에 두툼한 연필이 필요할지도 모른다. 그리고 펜을 측정 도구로 사용하거나, 쑤시고 찌르고 비트는 기구로 사용하는 사람들은 어찌할 것인가? 예를 들면, 내 차에 있는 시계의 사용 안내서에는 시간을 맞출 때 볼펜 끝으로 오목 단추를 누르라고 적혀 있다.」

13 「Sea Cloud는 전설로 남을만한 배이다. 세부장식과 섬세한 기술에 가장 주의를 기울였던 때인 1932년에 만들어진 Sea Cloud는 각종 유화 원작품, 고풍의 가구, 그리고 호화로운 나무 벽판으로 치장되어 있다. 객실은 아름답게 꾸며져서 일부 객실에는 벽난로가 있고 각 객실에는 대리석으로 만든 개인용 욕실이 있다. 아침식사와 점심식사는 뷔페식이고 저녁식사로는 의자에 앉아 하는 식사가 제공된다. Sea Cloud를 타고 가는 여행은 승객이 불과 64명인데 바다의 가장 격조 높은 선박들 중 하나에서의 아늑한 경험이 된다.」

14 「그녀는 1821년 영국에서 태어나 뉴욕시로 이주했다. 어느 날 그녀는 의사가 되기로 결심했다. 그것은 19세기 중엽에 여성에게는 거의 불가능한 것이었다. 의과대학 입학을 요청하는 많은 편지를 쓴 후 그녀는 마침내 필라델피아의 한 의과대학으로부터 입학허가를 받았다. 1849년 의과대학을 졸업한 후, 그녀는 외과의사가 되길 원했다. 안타깝게도 심각한 눈병에 감염되어 그 꿈을 버려야했다. 그녀는 그녀가 여성이라는 이유로 병원 개업이 어렵다는 것을 알게 되었다. 1857년 그녀와 역시 의사였던 그녀의 여동생은 다른 여성의사와 함께 여성과 아동을 위한 최초의 병원을 마침내 열었다. <u>그녀는 최초의 여성의사이자 자신의 병원을 개원했을 뿐 아니라 또한 최초의 여성 의과대학을 설립했다.</u>」

15 「깨끗함이란 신성한 것에 버금가는 것이라고 배웠지만 너무 깨끗해서 우리에게 좋지 않을 가능성이 있는가? 그것은 Levy 박사가 <u>제기한</u> 실문이다. 새로운 항균 비누로 세척하는 것은 우리의 면역체계를 손상시킬 수 있다고 그는 말한다. 그는 그것이 도움을 주는 세균을 죽이고 슈퍼 박테리아의 성장을 촉진한다고 주장한다.

Levy 박사는 어린이들이 더러워서 강력한 면역체계를 가지고 있었던 옛날을 그리워한다. 그는 우리가 우리 부모님들이 신뢰했던 세제, 즉 평범한 비누와 물을 사용하기를 바란다. Levy 박사는 항균제들이 우리 건강에 유익하다는 것을 보여주는 어떤 증거도 본 적이 없다고 말한다.

"우리 자신을 모든 세균, 모든 개 털, 모든 먼지에서 보호하려는 우리의 열정은 시간 낭비일 수 있다."라고 Levy 박사는 경고한다. 우리는 일상생활의 불쾌감이나 불운조차도 우리를 녹초가 되게 할 정도로 연약한 면역 체계를 가진 사회로 급속히 변하고 있다. 우리는 전보다도 지금 우리 자신을 모든 세균으로부터 보호하려 하는 것이 불가능하다는 것을 안다.」

16 「동물처럼 사람도 서로 다른 언어를 사용한다. 각각의 문화는 고유의 말과 상징이 있다. 그것들은 동일 문화권내에서 의사소통을 하기 위해 쓰여 지는 것이다. 예를 들면, 일본에 사는 사람은 다른 사람과 의사소통하기 위해 일본어를 사용한다. 그렇지만 동물과는 달리, 어떤 문화에서는 한 가지 언어 이상을 사용한다. 이러한 문화권에 있는 사람들을 2중 언어 사용자 혹은 다중언어 사용자라고 한다. 캐나다가 그런 나라중 하나이다. 캐나다에 사는 사람은 프랑스어와 영어 둘 다를 사용할 가능성이 높다. 이와 같이, 스위스에 사는 사람이 이탈리아어, 독일어, 그리고 프랑스어를 할 수도 있다.」

17 「총체적인 건강함은 다섯 가지의 독자적인 영역의 건강함으로 구성되는데, 신체적, 정신적, 가정사회적, 영적, 물질적인 것을 일컫는다. 서로 맞물려 있는 다섯 개의 원으로 구성된 올림픽의 상징을 떠올려 보라. 올림픽의 상징에 있는 원들처럼, 건강함의 다섯 가지 영역은 서로 겹쳐서 상호 작용을 한다. 우리들 대부분은 그 영역들이 서로에게 영향을 준다는 것을 경험했다. 행복한 삶을 살기 위해서는 다섯 가지 영역 모두 건강해야 한다. 어느 분야가 개선을 필요로 하고 어느 분야가 이미 건강한지를 아는 것은 행복을 증진시키는 열쇠가 된다.」

18 「EPA 보고서는 지구의 평균 온도가 불과 몇 십 년 이내에 상승하기 시작하여 – 몇몇은 이미 상승이 시작되었다고 말한다. – 다음 세기말에는 현재 기온보다 화씨 9도나 더 높은 수준에 이를 수도 있다고 결론을 내렸다. 이것이 지구의 날씨 변화 양식을 파괴하고, 평균 강우량을 변화시키며, 강물을 범람하게 혹은 마르게 하고, 해수면을 상승시킬 수도 있을 것이라고 과학자들은 말했다. 농업, 건축 그리고 국가들의 정치적 안정이 붕괴될 수도 있을 것이다.」

19 「어느 날 연습이 끝난 후 경기장에서 집으로 가던 중, 나는 선수들 중 한 명인 Waldo가 탈의실에 혼자 앉아 있는 것을 발견했다. 내가 팀 동료들은 이미 떠났는데 왜 아직도 남아 있는지 그에게 물었을 때, 그는 집에 가기 전에 아픈 근육을 푸는 중이었다고 말했다. 하지만 나는 벤치 아래에 놓여져 있는 사용된 주사기와 경기력 향상을 위한 약물 한 병을 보았기 때문에 무슨 일이 벌어지고 있는지 알아 차렸다. 나는 그가 팀의 규정을 어겼을 뿐만 아니라, 나에게 거짓말을 했기 때문에 몹시 화가 났다.」

① 혼란스러운 ② 훌륭한 ③ 불쾌한 ④ 성실한

20 「긍정적인 경험의 빈번한 반복은 여러분의 자아개념을 극적이고 긍정적으로 변화시킬 수 있다. 자아존중이 약한 사람과 강한 사람의 주된 차이는, 그들이 선택적으로 회상하는 기억의 유형이다. 자아존중이 약한 사람들은 대개 부정인 경험을 오래 생각하는 반면, 자아존중이 강한 사람들은 긍정적인 기억을 회상하고 즐기며 시간을 보낸다. 하루에 5~10분을 긍정적인 것과 여러분이 성취한 성공을 회상하는데 할당해 보아라. 긍정적인 경험을 회상하면서, 여러분의 성공을 자화자찬 해 보아라. 성공을 회상하는 것이 쉬워질 때까지, 또한 자화자찬에 대해 기분이 좋아질 때까지 이러한 연습을 계속해 보아라.」

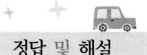
Answer

1	2	3	4	5	6	7	8	9	10	11	12	13	14	15	16	17	18	19	20
①	④	②	③	③	③	③	②	③	②	①	③	②	④	④	②	④	①	④	②

1 「A: 당신의 결단력에 정말 감탄했습니다.
　　B: 감사합니다. <u>과찬이십니다</u>.」
admire 감탄하다　determination 결단력　endeared 사랑받는　entertained 환대받은

2 「나는 충분한 교통편을 보장하기위해서 누가 셔틀버스서비스를 필요로 하고 있는지 결정하기위해 노력하고 있다.」
선행사가 없으며 의미상 주어 역할을 하는 의문사가 와야 한다.

3 「카펫에서 커피 얼룩을 지우는 것은 당신이 그것을 어떻게 하는지 안다면 그렇게 어렵지 않습니다. 하지만 당신이 저지를 수 있는 가장 큰 실수 중 하나는 얼룩을 너무 <u>힘차게</u> 문지르는 것입니다. 대신에, 수건을 가지고 따뜻한 비눗물로 얼룩을 부드럽게 닦아 내야 합니다.」
① 소극적으로　② 힘차게　③ 치명적으로　④ 서투르게

4 「감독 없이 효율적으로 일할 수 있는 능력이 있는 사람들에 대한 매우 높은 수요가 있다.」
감독 없이 효율적으로 일을 할 수 있는 능력 = function efficiently

5 「오늘 아침, 나는 그 차를 세차하도록 시킬 사람을 찾는 데 어려움을 겪었다.」
have difficulty　~ing ~하는 데 어려움을 겪다 / 선행사 someone을 받고 주어 역할을 하는 관계대명사절이 필요 / get은 사역동사로 목적어 that car는 '세차 되어지다'라는 수동의 의미이므로 목적보어로 과거분사가 오는 것이 적절하다.

6 「그의 자선 업적은 그의 대중적 이미지를 강화하고 조직 내에서의 추문들로부터 관심을 돌리게 하기 위한 구실에 지나지 않았다.」
① 꿋꿋함　② 증오　③ 구실　④ 경계

7 「A: 어제 마라톤에서 정말 잘했어, Justin!
　　B: 고마워, Amy. 내가 완주할 수 있었다는 것이 믿기지 않아!
　　A: 힘들었겠다. 오늘 몸 상태는 어때?
　　B: <u>약간 아파</u>. 특히 다리가.」

A: 놀랄 일도 아니지. 나라면 온 몸이 아팠을 거야.

B: 앞으로 며칠 동안은 휴식을 취할 계획이야.」

8 forget to + 동사원형 ~할 것을 잊다

9 「Emily는 자신의 생일이 크리스마스날인 것을 싫어했는데, 사람들이 기억하기는 쉬울지라도, 모든 사람들이 가족과 함께 보내고 있는 날 생일 파티를 여는 것이 어려웠기 때문이다.」

to부정사의 의미상의 주어는 'for + 목적격'을 써야 하므로 'by people'을 'for people'로 고쳐야 한다.

10 「1812년 전쟁은 미국인 우상인 '엉클 샘'의 탄생을 지켜보았다. 그는 뉴욕 주 트로이시에서 1813년에 <u>나타난</u> 것으로 보이지만 그 이상의 것이 알려진 바는 없다. 엉클 샘에 대한 영감은 트로이의 군 검열관인 Samuel Wilson으로 거슬러 올라가지만 그 이름은 단지 미국의 머리글자에서 <u>파생되었다는</u> 것이 좀 더 그럴 듯하다. 그 이름 하면 우리가 연상하는 모자를 쓰고 줄무늬 바지를 입은 인물은 1860년대에 Thomas Nast의 만화에서 대중화되었고 나중에 예술가 James Montgomery Flagg의 '나는 너를 원해'라는 유명한 신병 모집 포스터에 의해 더욱 <u>공고해졌다.</u>」

arise 나타나다, 생기다 rise 증가하다 delve 탐구하다, 찾아내다 derive 파생하다 replace 대체하다 reinforce 강화하다

11 「나는 작은 기계 가게를 소유하고 있다. 오랫동안 사업이 정말 침체했다. 우리는 한번은 어떤 새로운 주문도 없이 몇 주를 보냈다. 그것은 우리 지역의 다른 가게들이 정말 바빴기 때문에 우리에겐 특히 힘든 것이었다. 그러나 그러던 어느 날 우리는 작은 주문을 받았다. 그리고 나서 그 다음 주에 또 다른 주문을 받았다. 사업이 잘되기 시작했다. 우리는 매주 주문을 받았다. 최근에 나는 정말로 큰 일을 하게 될 제의를 받았고, 그것이 얼마나 많은 일이 될지 고려도 하지 않고 수락했다. 그러나 이제 우리가 할 일이 너무 많기 때문에 그것을 수락하지 말았으면 좋았을 것을.」

① '씹을 수 있는 것보다 더 큰 것을 물지 마라(힘에 겨운 일은 하지마라).'가 적절하다.

② 요리사가 많으면 국을 망친다(사공이 많으면 배가 산으로 간다).

③ 표범은 반점을 바꿀 수 없다(타고난 성격은 절대 고칠 수 없다). ④ 형편없는 직공이 연장 탓한다.

12 「사람들은 당연히 항상 휴가를 갖고 싶어 할 것이다. 그리고 휴양지에서는 항상 관광객들을 주변에 돌아다니기를 바랄 것이다. 결과적으로 이는 지난 30년간 관광업의 급속한 성장을 가져왔다. 휴가를 보내고 있는 사람들이 점점 더 많아지고 있다. 오늘날 대부분의 사람들은 과거보다 더 부유해져서 휴가를 보낼 여윳돈도 더 많아졌다. 사람들은 또한 여가시간을 더 많이 가지고 있고 연간 휴일 수도 증가해왔다. 뿐만 아니라 교통의 발전이 여행을 보다 빠르고 쉽고 저렴하게 해줌에 따라 여러 장소에 보다 쉽게 접근할 수 있게 되었다.」

13 「현대의 컴퓨터는 모든 사람들의 생활에 다양하고 의외의 방식으로 영향을 미친다. 컴퓨터는 공공요금 고지서, 신용 카드 고지서와 은행 기록을 작성해 줄 뿐 아니라, 교통을 통제하고 여행이나 극장 예약을 도와주며, 날씨도 살피고 신체 질병을 진단하는 것도 도와준다. <u>이런 점에도 불구하고</u>, 우리 대다수는 여전히 컴퓨터와 직접적인 접촉을 거의 하지 않고 있다. 대부분의 컴퓨터는 여전히 궁극적인 이용자와 컴퓨터 사이에서 컴퓨터가 작동하는 방식과 컴퓨터에 접촉하는 데에 필요한 특별한 언어에 익숙한 매개자를 필요로 한다.

14 「농약과 화학 비료로 재배된 식품이 유기농 식품보다 값이 훨씬 싸게 보일지 모르지만, 식품 가격이 숨겨진 비용을 반영하지 않는다. 2004년만 하더라도 이 비용에는 연방 보조금에서 나온 천억 달러 이상이 포함되어 있었다. 살충제의 규제 및 시험 사용은 더 높은 비용을 유발한다. 환경에 미치는 피해는 또 다른 큰 숨겨진 비용이다. 식품 가격에는 쓰레기 처리와

청소비용이 계산되지 않는다. 그 가격에는 농장에서 사용하는 비료나 농약에 의해 오염된 우물물도 계산되지 않는다. 과다 사용된 비료로 인한 질소의 배출 때문에 우리가 해양 생물을 잃고 있다는 사실도 계산되지 않는다. 건강에 좋지 않은 음식을 먹으면 많은 사망자를 포함하여 엄청난 추가적인 비용이 보태지는 셈이다.」

15 「어느 연구원들은 유치원 아이들이 크레용을 가지고 노는 모습을 관찰했다. 그 아이들은 내적인 이유 때문에 열심히 집중하여 분명히 즐거워하면서 크레용을 가지고 노는 것 같았다. 다음으로 그 연구원들은 그 아이들 중 몇 명에게 크레용을 가지고 그림을 열심히 그리면, "열심히 그리는 어린이 상"을 주겠다고 약속했다. 일주일 동안, 이 아이들은 그림 그리는 행동 때문에 주말에 상을 받을 것이라는 것을 알고 있었다. 나머지 아이들에게는 그런 약속을 하지 않았다. 외적 보상을 약속 받은 아이들에게는 크레용 사용에서 상당한 변화가 있었다. 놀랍게도 그들은 이전보다 크레용을 가지고 노는 데 훨씬 더 적은 시간을 보냈다. 대조적으로 다른 아이들은 크레용을 사용하는 평소의 빈도와 지속성을 유지했다.」

16 「곤충과 인간의 사회는 집단의 각기 구성원들이 함께 일한다는 면에서 공통점이 많다. 흰개미들은 집을 짓기 위해 함께 노력한다. 이와 유사하게, 인간 사회에서도 기술자들, 도시 설계가들, 그리고 건축 근로자들이 도시를 짓기 위해 협력한다. 무리를 이루어 사는 곤충들의 보금자리는 인공의 도시만큼이나 복잡하다. 어떤 곤충의 보금자리에는 특별한 방이 어린 곤충과 먹이 저장을 위해 제공된다. 많은 보금자리들이 온도를 조절하기 위한 장치들을 지니고 있다. 그러므로 곤충의 보금자리는 인간의 주택과 같은 기능을 한다. 따라서 무리를 이루어 사는 곤충과 인간 사회 사이에 많은 유사점이 있다. 그러나 곤충의 사회적 행동은 타고난 본능적 장치에 의해 결정된다는 것을 망각해서는 안 된다. 곤충들은 배울 수 있는 능력이나 혹은 학습에 기초를 둔 사회적 전통을 발전시키는 능력을 보여주지 못한다.」

→ 곤충은 협력하여 일한다는 측면에서 인간과 유사하지만, 학습 능력에 있어서는 인간과 다르다.

17 − 18

「다른 행성들에 있는 지능이 있는 생명체에 대해 말하는 것은 한때 과학소설의 소재나 쓸모없는 추측거리였다. 하지만 최근에 많은 천문학자들은 문명들이 모래알과 같은 별들 사이에 산재해있을지 모른다는 견해를 펼쳐왔다. 그 생각은 수많은 소설, 영화 그리고 텔레비전 프로그램들에 영감을 제공해주었지만, 지능을 가진 외계인들로부터 나오는 희미한 무선 신호들을 받기 위해 하늘을 탐지하는 거대한 접시 안테나를 이용해 길고 진지한 과학적인 연구에 이르기도 했다.

하지만 지금 Peter Ward와 Donald Brownlee는 그 전통적인 지식이 틀렸다고 주장하고 있다. 자신들의 책에서 그들은 외계의 생명체에 대한 연구가 실패할 것 같다고 말한다. 천문학, 지질학 그리고 고생물학에 근거해서 그들은 인간이 우주 속에서 실제로 유일할지 모른다고 주장하고 있다. 그들은 지구의 구성과 안정성이 극도로 보기 드물다는 것을 과학이 보여주고 있다고 말한다. 거의 모든 다른 곳에서는 방사능 수준이 너무 높고 적절한 화학적 요소가 너무 부족해 생명체가 진보된 공동체로 진화할 수 없다.

대량 멸종을 전공하고 있는 유명한 고생물학자인 Ward박사는 말한다. "우리는 그렇게 오랫동안 생각해 왔던 것을 큰 소리로 말할 수 있게 되었습니다. 생명체, 적어도 복잡한 생명체는 우주에서 보기 드뭅니다." 그의 동료인 Brownlee박사도 언급하고 있다. "사람들은 태양이 전형적인 별이라고 말하지만 그것은 사실이 아닙니다. 우주에 있는 거의 모든 다른 환경들은 생명체가 살기에는 끔찍합니다. 그것이 존재할 수 있는 곳은 단지 지구와 같은 에덴동산뿐입니다."」

19 「규범은 기술(記述)적이거나 명령적일 수 있다. 기술적 규범은 옳고 그름에 대한 어떤 필연적인 함축 없이 단지 대부분의 사람이 특정 상황에서 하는 행동이다. 예를 들면, New Mexico에서 사는 멕시코계 미국인들의 다수는 North Dakota에서 사는 스웨덴계 미국인들의 다수가 먹는 것보다 더 양념이 강한 음식을 먹는다. 양념이 강한 음식을 먹는 스웨덴 사람이나, 살사보다 자극적이지 않은 으깬 감자를 더 좋아하는 치카노(멕시코계 미국인)에 있어도 비도덕적인 것은 전혀 없을 것이다. 그에 반해서, 명령적 규범은 사람들이 특정 상황에서 해야 하는 행동에 대한 사회적 기대이다. 얼마나 많은 다른 사람들이 그런 식으로 행동을 하든, 하지 않든 간에, 쓰레기를 자동차의 창문 밖으로 버리는 것보다는 쓰레기통에 버리는 것이 옳고 적절한 행동으로 여겨진다. 기술적 규범과 명령적 규범 둘 다 사회적 딜레마 상황에서 사심 없이 행동하고자 하는 사람들의 성향에 영향을 끼친다.」

20 「타이타닉호가 빙산과 충돌하게 된 실수의 정확한 전후 관계가 충분히 설명된 적은 없다. 그 재앙이 일어나기 전 12시간 동안, 거대한 빙산이 타이타닉호의 항로에 있다는 메시지들이 다른 배들로부터 보내졌다고 알려져 있다. (B) 그러나, 이 메시지들은 타이타닉호의 선교에 도달하지는 못했던 것 같다. 충돌이 일어났을 때, 빙산은 타이타닉호를 정면으로 충돌하지 않았고 배의 우현을 스치듯 지나갔다. (A) 그러나 이것은 배의 선체를 뒤틀고 수면 아래의 리벳을 분리하기에 충분하여 배의 선체 부분에 있는 다섯 개의 객실에 구멍을 내었다. 비록 구명보트가 배치되어 있었지만, 모든 사람을 태우기에 충분하지 않았다. (C) 게다가, 몇몇 보트는 (사람들이) 다 차기 전에 물 위에 띄워졌다. 그 결과, 배가 가라앉을 때, 약 1,500명이 여전히 배에 남아 있었다. 대부분은 얼음처럼 차가운 바다 속에서 저체온증으로 사망했던 것으로 여겨지고 있다.」

Answer

1	2	3	4	5	6	7	8	9	10	11	12	13	14	15	16	17	18	19	20
①	③	④	③	①	④	②	②	③	④	③	④	②	④	③	①	③	③	①	②

1 「식당 종업원들이 식사를 가져오는 데 30분 이상이 걸려서, 식당 손님들이 굉장히 화가 났다.」
동사 bring의 목적어 자리로 4형식 형태인 '동사 + 간접목적어(~에게) + 직접목적어(~을, 를)'를 취한다.

2 '출발하기 전'이라는 특정 과거 시점 이전에 발생한 일을 표현하는 것은 과거완료 시제이므로 has been delayed를 had been delayed로 고쳐야 한다.

3 「때때로, 우리는 갈 수 없거나 가고 싶지 않은 행사에 초대받는다. 그러한 상황에서는, 정중히 초대를 <u>거절하는</u> 방법을 아는 것이 중요하다. 당신을 초대한 사람에게 당신이 참석할 수 없다는 것을 가능한 한 빨리 말하고, 초대해 준 것에 대한 감사를 반드시 표하라.」
① ~을 넘겨주다 ② 돌아서다 ③ ~을 제출하다 ④ ~을 거절하다

4 「그 사건의 검사들은 그들의 핵심 정보 제공자의 위치를 밝히지 않겠다고 말했다.」
① 보복하다 ② 소송하다 ③ 밝히다 ④ 벗어나다

5 「Fuller 박물관에서의 최신 전시회는 몇몇 지역 예술가들에 의해 만들어졌으며 쌍방향 예술 작품들을 특징으로 한다. 이미 완성된 작품들과는 달리, 쌍방향 작품들은 관람객들의 참여로 인해 끊임없이 변화한다. 예술 작가들은 관람객들에게 그들이 생각하기에 가장 좋아 보이는 대로 각 부분들을 움직이고 조정하도록 격려한다.」
해석상 '지역 예술가들에 의해 만들어졌으며'로 수동의 의미이므로 'was created'로 고쳐야 한다.

6 「남극 대륙에 기지를 둔 연구원들은 어제 상당한 공포를 경험했다. 그들이 그 지역을 조사하고 있을 때, 그들은 얼어붙은 작은 호수를 무심코 걸어서 건너기 시작했다. <u>부서지기 쉬운</u> 얼음은 그들의 장비의 무게로 인해 그들의 발 아래에서 금이 가기 시작했다.」
① 상징적인 ② 잡아 늘일 수 있는 ③ 단단한 ④ 부서지기 쉬운

7 「소설에는 <u>평범한</u> 삶을 사는 주인공들이 거의 없는데, 그렇지 않으면 사람들은 그것을 읽을 의욕이 생기지 않을 것이다.」
① 매혹적인 ② 평범한 ③ 복잡한 ④ 대리의

8 제시된 문장의 '종종(often)'은 빈도부사로 think라는 일반동사 앞에 위치해야 하며, 'think of A as B (~에 대해 ~라고 생각하다)'라는 구문을 사용한다.

9 「A: 오늘 밤에는 제가 바빠요. 저녁 식사를 다음으로 미뤄도 될까요?
B: 제가 계산할게요.」

10 「A: 그 최신 판타지 영화가 정말 난해한 줄거리를 지니고 있다고 들었어.
B: 맞아. 어젯밤에 그것을 봤는데 내가 따라가기에는 너무 복잡했어.
A: 나에게 줄거리를 간단명료하게 말해줄 수 있니? 나는 그것이 전반적으로 무엇에 관한 것인지 알고 싶어.
B: 기본적으로, 그것은 천사와 악마에 관한 것이야.」
① 당황하여 ② 첫눈에 ③ 가끔 ④ 간단명료하게

11 「카카포는 세계에서 가장 희귀하고 진기한 앵무새이다. 그 새는 무게가 3.5킬로그램까지 나가는 세계에서 가장 무겁고 유일하게 날지 못하는 앵무새이다. 그 새는 뉴질랜드에 사는데, 그곳에는 수백만 년 동안 거기에 사는 포유류가 사실상 없었다. 카카포는 포유류 포식자와 싸우거나 그에게서 도망갈 수 있는 방어 기제를 배우지 않았다. 이것이 새로운 동물이 나타나기 시작했을 때 그 앵무새들을 아주 취약하게 만들었다. 수 천 년 전 폴리네시아 사람들과 1800년대 유럽인들의 출현, 그리고 궁극적으로는 그들이 데려온 애완동물과 가축들이 카카포의 개체수를 수십만에서 소수에 불과한 조류로 대폭 감소하게 하는 결과를 낳았다.」

12 「소는 우리 인간이 소화시킬 수 없는 풀을 우리가 소화시킬 수 있는 고기로 바꾸는 능력을 타고난다. 그들은 오로지 하나의 위를 가진 인간과 달리 반추(되새김) 동물이기 때문에, 이것을 할 수 있다. 그들은 혹위라고 일컬어지는 또 하나의 위를 갖고 있는데, 이는 그 안에서 서식하는 박테리아가 섬유소를 단백질과 지방으로 바꾸는 대략 45갤런의 저장고이다. 그러나 오늘날의 가축 사육장에서 옥수수와 그 밖의 다른 곡물을 먹여 왔던 소는 인간이 먹을 수 있는 음식을 먹고 있고, 매우 비효율적으로 그것을 고기로 변환하고 있다. 1파운드의 소고기를 만들기 위해서는 대략 7~16파운드의 곡물이 필요하므로, 우리는 사실상 우리가 투입하는 것보다 훨씬 더 적은 식량을 얻어 내고 있다. 그것은 정상에서 역행하는 (생산하는 것이 아니라 소비하는) 단백질 공장이다. 그리고 지구상에서 거의 10억 명의 사람들이 먹을 것이 부족하지만, 우리는 이것을 대규모로 행하고 있다.」
풀을 소화하기에 적합한 위장 구조를 가진 소를 곡물 사료로 하는 현재의 방식이 식량 생산의 비효율성을 초래하고 있다는 내용의 글이므로, 이 글의 주제로 가장 적절한 것은 ④ '가축 사육장 운영의 내재적인 불합리함'이다.
① 사육장 소고기 섭취의 위험성
② 소 사육에 대한 도덕적 문제 관심사
③ 풀을 영양분으로 바꾸는 소의 능력

13 「식물이 우리 지구상에서 살아온 수억 년 동안 놀라울 정도로 자급자족할 수 있게 되었다. 식물은 태양과 유용한 관계를 확립한 것 외에도 자신의 토양을 가꾸어 나갈 줄 알게 되었다. 식물이 죽으면 바로 땅 위에 떨어지고 부패하여 많은 곤충과 벌레들에 의해 먹히는 것 같다. 그러나, 연구자들은 죽은 식물들이 단지 특정 박테리아와 버섯 균들에 의해서만 먹힌다는 점을 발견하고 충격을 받았다. 식물은 자신의 자매세포가 자라게 될 토양에 유익한 광물질을 만들어 줄 그런 미생물과 지렁이들만을 자신의 부패한 부분으로 끌어들이는 방법을 알고 있다. 식물이 자신의 토양으로 특정 미생물을 끌어들이는 한 가지 방법은 자신의 뿌리에 더 많은 당분을 농축시키는 것이다. 그래서 당근과 감자와 같은 뿌리는 항상 그 식물의 나머지 부분보다 훨씬 더 달다. 분명히 토양의 질은 식물을 위한 수분과 광물질의 원천으로서 뿐만 아니라 자신의 진정한 생존을 위해 결정적으로 중요하다.」

식물의 자급자족 능력에 관한 내용으로 식물이 죽어서 부패하면 자신의 토양에 유익한 광물질을 만들어낼 미생물과 지렁이들만을 끌어들이는 방법을 알고 있다는 내용이 빈칸 뒤에 이어지고 있으므로 ② '자신의 토양을 재배하는 것'이 빈칸에 가장 적절하다.

① 수명을 연장하는 것 ③ 미생물을 먹는 것 ④ 박테리아의 공격에서 살아남는 것

14 「이제 거의 필사적인 상태에 이른 오랜 고객으로서 편지를 씁니다. 몇 개월 전에 나는 신형 Andromeda XL을 샀습니다. 그 차는 멋있었고 운전하기 좋았습니다. 나는 그 차가 마음에 들었습니다. 그리고 나서 9월 20일에 내가 로스앤젤레스로 차를 몰고 돌아가고 있을 때, 차가 가속 페달에 반응을 보이지 않았습니다. 나는 오른편으로 가려고 애를 썼습니다. 그 때 두 대의 큰 트럭이 나를 향해 돌진하는 것을 보았습니다. 그 운전자들은 겨우 나를 피해 지나갔고 나는 용케 살아서 갓길로 차를 댈 수 있었습니다. 거기서부터 그 끔찍한 경험은 당신 회사의 고객 서비스 덕분에 더 악화되었습니다. 고객 서비스 직원들은 무례했고 도움이 되지 않았으며 비용에 대해 나에게 보상해주기를 거절했습니다. 나는 지금 당신 회사에 관한 작은 동영상을 만들어서 그것을 YouTube에 올릴까 심각하게 생각 중입니다. 내가 장담하건데 그 동영상을 보면 유쾌하지 않을 것입니다.」

15 「사람들은 그들에게 주어진 통계들을 완전히 믿는다. 그들은 숫자들은 거짓말을 하지 않고, 그래서 한 여론조사에서 65%의 사람들이 새로운 정책을 지지한다면, 그 근원을 고려하지 않고 맹목적으로 받아 드린다. 그러나 숫자들은 오해를 불러일으킬 수 있다. 통계들에 의해 지지되는 기사들을 읽을 때, 당신은 몇 가지에 대해 고려해야한다. 어떤 질문들이 있었고, 그러한 질문들이 어떻게 표현되었는가? 누가 연구를 했으며, 왜 연구가 진행되었는가? 또한 당신은 그러한 똑같은 수치들이 다른 결론을 지지하는 데에 사용 될 수 있는지 생각해보는 것도 좋다. 긍정적인 회의적 태도는 어떤 정보를 받아들인 사람에게 항상 유용하다.」

통계적 수치를 그대로 받아들이지 않고, 몇 가지 짚고 넘어갈 사항에 대해서 언급하고 있다. 따라서 ③이 가장 적절하다.

16 「날씨는 완벽했고 우리 가족 모두는 첫 가족 휴가를 위해 모였다. 우리가 서로의 얼굴에서 미소를 본 것은 오랜만이었다. 나는 특히 엄마의 웃는 모습을 보니 기뻤다. 해변 의자를 설치한 후에 할아버지는 앉아서 천천히 그의 바지 가랑이를 걷어 올리기 시작하셨다. 나는 바지를 말아 올리려는 그의 시도를 바라보고 있었는데, 병이 이미 그에게 영향을 미친 탓에 그의 왼손은 도움이 안 됐다. 그가 도움을 청하지 않을 것이라는 사실을 알았기 때문에 엄마는 재빨리 의자에서 일어나 그가 바지를 걷어 올리는 것을 돕기 시작했다. 엄마는 또한 할아버지의 신발 끈을 풀고 신발을 벗겨 그가 발가락 사이로 모래를 느끼실 수 있도록 했다. 그는 그저 그녀를 향해 부드럽게 미소를 지었다. 엄마가 고개를 돌렸을 때, 나는 엄마의 눈에서 눈물을 보았다. 그 순간 나는 알 수 없는 슬픔으로 갑자기 목이 메었다.」

가족들이 처음으로 함께 한 휴가에서 모두의 웃는 얼굴을 볼 수 있어서 필자는 '행복했지만(happy)', 아픈 할아버지 때문에 슬퍼하는 엄마를 보고는 갑자기 '슬픔으로(sad)' 목이 메었다.

① 행복한→슬픈 ② 화난→감사하는 ③ 걱정스러운→안도하는 ④ 긴장된→만족스러운

17 「건강은 환자의 의료전문가가 함께 협력하는 것을 수반하는 과정의 결과이며, 상호간의 신뢰와 믿음이 그 과정의 효과에 크게 기여한다. 다른 시장에서 아무리 바람직하다고 할지라도, 건강과 의료의 특수한 특성들을 고려할 때 구매자와 판매자자의 소원하고 적대적인 관계가 의료정책의 목표가 되어서는 안 된다. 건강한 사람이 경쟁관계에 있는 의료보험 중에서 하나를 선택하는 것과 아픈 환자가 경쟁관계에 있는 의사들과 병원들 중에서 하나를(물건을 구입하듯) 고르기를 기대하는 것은 별개의 것이다. 건강의 창출에 있어서 환자와 의사간의 협력이 흔히 필수적일 뿐 아니라, 의사들 간의 협력도 또한 가치가 있다. 그러므로 경제학자들이 대부분의 재화와 용역의 생산과 유통을 위한 이상적인 시장 구조로 설정한 '완전한' 경쟁은 의료와 치료에는 전혀 이상적이지 않다.」

주어진 글은 건강의 창출을 위해서는 환자와 의사간의 협력이 필수적일 뿐만 아니라 의사들 간의 협력도 중요하며, 의료 서비스 분야에 경제학자들의 주장을 도입하여 의사들과 병원들이 경쟁을 펼치도록 하는 의료 정책은 이상적이지 않다는 내용이므로, 빈칸에 ③ '의료치료에는 전혀 이상적이지 않다' 가 적절하다.

18 「태양은 종종 세계 에너지 문제에 대한 궁극적인 해결책으로 언급된다. 그것은 세계 수요를 훨씬 초과하는 지속적인 에너지 공급량을 제공한다. 사실, 태양으로부터 받는 하루 에너지의 양은 모든 다른 에너지원을 합쳐 생산되는 하루 에너지의 양보다 600배나 더 많다. 태양 에너지의 주된 문제점들은 그것의 불규칙적이고 분산되는 성질이다. 그것은 해가 비치는 낮 동안에만 이용 가능하며, 바다처럼 태양에너지를 모으기 어려운 많은 곳에 내리쬐면서 지구 전역에 걸쳐 분산되어진다. 태양 에너지를 사용하는 모든 시스템들은 햇빛을 이용할 수 없을 때는 보조 에너지원을 이용해야만 한다. 햇빛의 이용 가능성의 차이로 인해, 세계의 어떤 지역들은 다른 곳에 비해 태양 에너지를 사용하기에 훨씬 더 적합하다.」

19 「많은 사람들은 불평등으로 인해 화가 난다. 하지만, 평등은 어디에도 존재하지 않는다. 사람들의 노력과 성취에 상관없이 그들에게 동일한 방식으로 보상을 할 때, 더 재능이 있고 더 열심히 일하는 사람들은 성취하고자 하는 의욕을 잃게 된다. 이것은 결과의 평등이다. 그것은 공산주의의 몰락에 의해 입증된 잘못된 생각이다. 우리가 추구하는 평등은 기회의 평등이어야 한다. 예를 들어, 인종 차별 정책이 있었던 남아프리카 공화국의 흑인 학생이 더 우수한 학생이라 해도 더 좋은 '백인' 대학에 갈 수 없었던 것은 불공평할 뿐만 아니라 비효율적이었다. 사람들은 동일한 기회를 가져야 한다. 하지만, 차별 철폐 조처를 도입하여 능력이 부족한 학생들을 단지 그들이 흑인이라거나 불우한 배경 출신이라는 이유로 입학을 허가하기 시작하는 것도 마찬가지로 불공평하고 비효율적이다.」

*apartheid 예전 남아프리카 공화국의 인종 차별정책
*affirmative action 차별 철폐 조처

20 「오늘날 모든 점성술은 미신이라고 인식되지만 하늘에서 벌어지는 일과 지상에서 벌어지는 일 사이의 관련성에 대한 신 바빌로니아인들의 탐색은 그들의 시대에서 보자면 과학적인 것이었다. (B) 다시 말해서, 인간이 자신의 우주를 측정하고 해석함으로써 그로부터 이익을 얻는 법을 알아낼 수 있다고 믿는 것은 설명할 수 없는 불가사의에 대한 끊임없는 공포에 몸을 웅크리는 것보다 더 과학적이다. (A) 더욱이 신 바빌로니아인들은 이러한 믿음을 신봉하여 선대의 다른 어떤 고대 민족들보다 천체 현상을 주의 깊게 관찰하였으며, 자신들의 관찰 결과를 매우 꼼꼼하게 기록하였기 때문에 그것들은 나중에 다른 문화권의 천문학자들이 사용하고 보충할 수 있었다. (C) 가장 주목할 만한 것은, 기원전 747년에 시작하여 칼데아 조정의 천문학자들은 한 달에 한번씩 '일기'를 썼는데, 그 안에 그들은 물가 변동, 바뀌는 강물의 수위, 폭풍, 기온과 같이 지상에서 벌어지는 일에 대한 보고와 함께 모든 천체의 이동과 일식(월식)을 기록했다.」

실전 모의고사 5회

Answer

1	2	3	4	5	6	7	8	9	10	11	12	13	14	15	16	17	18	19	20
①	②	②	①	④	③	④	③	②	④	④	①	②	②	④	②	④	②	④	①

1　「이사회 나머지 임원들뿐만 아니라 최고경영자는 다음 토요일에 열리기로 예정된 자선 행사에 초청되었다. 지난 몇 년과는 달리, 이번 연도의 수익금은 서로 다른 여러 단체들에게 나누어지기 보다는 단 하나의 자선 단체에 기부될 것이다.」
　　'B as well as A (A뿐만 아니라 B도)'는 B(the CEO)에 동사를 일치시켜야 하므로 단수 동사 has가 옳다.

2　사역동사 get이 목적어와의 관계가 수동일 때, 목적보어 자리에 과거분사(p.p)가 온다. '내 치아가 검진 받다.' 의 수동의 의미이므로 to check를 checked로 고쳐야 한다.

3　명사절을 이끄는 '의문부사 how + 주어 + 동사'의 어순이 되어야 하므로 can they를 they can으로 고쳐야 한다.

4　「몇 달간 열심히 일하고 잠을 못 이루는 밤을 보낸 후, 그 프로젝트는 마침내 완료할 수 있었다.」
　　접속사(and)로 연결된 병치 구문에서 뒤의 구조가 sleepless nights (형용사 + 명사) 형태이므로 같은 구조를 갖는 hard work가 와야 한다. hardly는 '거의 ~하지 않는'의 뜻이다.

5　「A: 실례지만, 제가 비행기를 놓쳤는데 저는 오늘 뉴욕에 도착해야만 해요!
　　B: 한번 보죠.. 죄송합니다. 모든 뉴욕행 항공편이 예약이 꽉 차 있네요. 대기해서 타셔야 할 거예요.
　　A: 제가 비행기를 탈 수 있을까요?
　　B: 거의 승산이 없어요. 하지만 모르는 일이죠. 운이 좋을 수도 있어요.
　　A: 알겠습니다. 그럼 기다리는 수밖에 없을 것 같네요.」
　　① 한번 해 볼게요.　② 잘난 체 하지 마세요.　③ 큰일 날 뻔했어요.　④ 거의 승산이 없어요.

6　「부모들은 영화에서 불필요한 폭력은 삭제되어야 한다고 생각하며, 그것을 많이 시청하는 것은 아이들에게 싸움이 단지 오락물의 한 형태라는 생각을 주입시킬 것을 걱정한다.」
　　① 냉담한 – 만족시키다
　　② 수줍어하는 – 약탈하다
　　③ 불필요한 – 주입시키다
　　④ 극복하기 어려운 – 평가하다

7 「온라인 뱅킹 고객들은 그들의 비밀번호를 자주 변경함으로써 계좌의 보안을 <u>강화할</u> 수 있다.」
① 모사하다 ② 피하다 ③ 명시하다 ④ 강화하다

8 「그녀는 롤러코스터를 타고 싶어 했지만 마지막 순간에 <u>용기를 잃고</u> 물러났다.」
① 당황하다 ② 피곤한 듯하다 ③ 용기를 잃다 ④ 기운을 내다

9 「의료업에 종사하는 사람들은 환자들을 더 효과적으로 치료하기 위해 생물학과 과학 기술의 최근의 발견에 <u>뒤떨어지지 않을</u> 필요가 있다.」
① ~을 붙잡고 있다 ② ~에 뒤지지 않다 ③ ~을 피하다 ④ ~을 억제하다

10 제시된 문장의 '혹시라도 폭풍우가 ~향한다면'은 가능성이 희박한 미래를 나타내므로 가정법 미래 'If + 주어 + should + 동사원형, 주어 + could + 동사원형'의 구조를 사용하고 '위험에 직면하다'를 전치사 없이 바로 쓰는 구문을 만든다.

11 「문제에 대한 관심의 정도 차이가 모든 인류의 기본적인 구분, 즉 한편으로는 '일을 마치는 것'의 가치를 믿는 사람들과, 다른 한편으로는 '일을 올바르게 하는 것'의 가치를 믿는 사람들 사이의 구분을 만들어 낸다. 오늘날 이 나라에서 우리가 갖고 있는 대부분의 복잡한 문제는 경솔하고 '의욕에 넘치는' 사람들이 전에는 간단했던 문제들을 엉망인 것을 우리의 모든 길에 남기고, 상처 입은 사자처럼 반밖에 해결되지 않은 고약한 문젯거리를 남겨놓는 부주의한 방식으로 해결하려고 시도한 결과이다. 간단한 해결책들과 쉬운 방법들은 매우 유혹적으로 보이지만 여러분이 어떤 것을 세 번째 또는 네 번째 수리하러 가게 될 때, 여러분은 애초부터 그 일을 주의해서 하는 게 진정 더 쉬웠을 것이라는 것을 깨닫게 된다. "옳은 방법은 어려운 방법이다."라는 말은 인생이 냉혹한 진실 가운데 하나처럼 들리지만, 사리를 아는 사람은 다르게 받아들이지 않을 것이다. 어려운 방법이 또한 그릇된 방법이기까지 하다는 것은 점적으로 부당하며, 그대로도(어려운 것만으로도) 충분히 좋지 않은 상태이다.」
문제에 대한 관심의 정도 차이가 어떻게든 일을 끝마치기만 하면 된다고 생각하는 사람과 일을 올바르게 해야 된다고 생각하는 사람의 차이를 가져오며, 간단한 문제를 반쯤 해결된 상태로 문제를 남겨 두어서 여러 번 다시 하는 것보다 애초에 완벽하게 하는 것이 더 낫다고 설명하고 있다. 따라서 이 글의 제목은 ④ '처음에 똑바로 하라 ; 쓸데없는 수고를 피하라'가 가장 적절하다.
① 일을 처리하는 쉬운 방법들
② 높은 목표 갖기: 가능한 최고의 존재가 되라
③ 나쁜 습관 버리기 행동보다 말이 쉬운 법

12 「Vladislav와 그의 가족은 그 해 겨울 매우 큰 고통을 겪었다. 그 작은 공산주의 마을의 이방인으로서, 그들은 이웃사람들에게 멸시를 당했다. 그들이 사용하고 있던 움막은 작은 10평방 피트의 크기였다. 오두막은 더러웠고 몹시 추웠다. 게다가 특히 어린아이들에게 더 나쁜 것은 하루 종일 음식을 전혀 먹지 못하는 날들이 있었다는 것이다. 밖의 눈 덮인 거대한 평원에서는 늑대들 역시 굶주리고 있었다. 늑대들은 멀리서 불안하게 울부짖었다. 그것들은 식량을 찾아서 평원을 가로질러 움직였고, 그로 인해 마을의 변두리까지, Vladislav의 움막 문턱까지 왔다. 그것들은 점점 대담해져서 바로 문밖까지 더 가까이 다가왔다. 그것들의 울부짖음은 가족들이 실내에 모여 있는 동안에 오두막을 통해 메아리쳤다. 가장 배고픈 늑대들은 문을 긁어댔다.」
가족들은 춥고 더러운 움막 안에서 굶주리고 있고, 문밖에는 배고픈 늑대들이 으르렁거리는 상황으로 ① '무섭고 비참한' 분위기를 느낄 수 있다.
② 평화롭고 고요한 ③ 엄숙하고 신성한 ④ 흥미진진하고 아주 신나는

13 「사람들의 무지한 행동이 환경에 끼칠 수 있는 피해에 주의를 환기시켰던 Garrett Hardin은 공동으로 관리되는 모든 형태의 재산은 시간이 지나면 필연적으로 가치가 떨어진다고 주장했다. 그러나 우리는 도리어 적절한 상황 속에서 많은 사람이 효과적으로 조직화하여 자연 환경을 보호하는 것을 발견하게 된다. 스위스에서와 같이, 어떤 기관은 수세기에 걸쳐 (공유 자산 관리에 대한) 이력을 지속적으로 기록해 왔다. 네팔에서와 같이, 다른 기관은 극단적인 갈등과 무장 폭력의 상황 속에서도 산림을 유지하는 데 있어서 성공적이었다. 합리적이고 공정하다고 여겨지는, 공유하는 규범과 규칙을 발전시키는 것이 공유 자산의 효과적인 관리의 목적을 달성하는 데 결정적이다. 서로 다른 환경과 문화 속에서 현지의 집단들이 상당한 토착 지식을 이용하여 이(공유 재산의 효과적인 관리)를 행할 수 있는 믿을 수 없이 다양한 방법을 발전시켜왔다.」

풀이: 자연 환경과 같은 공유 자산을 효과적으로 관리하기 위한 노력이 여러 지역에서 성과를 거두었다는 내용이기 때문에, 글의 주제로 ② '공유 자산 관리의 성공'이 가장 적절하다.

14 「철과 강철, 유리와 콘크리트에 관한 기술을 숙달하고 있었던 118세기 말의 엔지니어들은 그들이 건설한 다리, 기차역 혹은 부두로 경외심을 불러 일으켰다. 그들의 능력 보다 더 신기한 것은 그들이 어떤 스타일을 채택하는 것이 좋을지를 자문해 보지 않고 이런 프로젝트를 완성했다는 사실이었다. 다리를 건설하는 책임을 맡은 그들은 가장 넓은 폭 위로 펼쳐질 수 있는 가장 가벼운 뼈대를 고안하려 시도했다. 그들이 기차역을 지을 때에는 증기가 안전하게 흩어지게 할 수 있게 해 주는, 많은 양의 자연의 빛을 불러들일 수 있는, 그리고 끊임없는 여행객 무리들을 수용할 수 있는 홀을 목표로 했다. 그들은 증기선들이 참을성 없는 승객들의 화물을 거친 파도를 가로질러 제시간에 운송할 것을 요구했다. 그러나 그들은 배의 위쪽 선미 전망대를 장식하는 코린트식 기둥머리들이 있어야 할지 아니면 도리아식의 기둥머리들이 있어야 할지에 대해, 기관차의 끝에서 중국식 용이 유쾌하게 보일지에 대해, 혹은 교외의 가스 공장이 토스카니식으로 장식되어야 할지 아니면 이슬람식으로 장식되어야 할지에 대해서는 많은 생각을 하지 않는 것처럼 보였다.」

이 글은 18세기 말의 엔지니어들이 다리, 기차역, 혹은 부두 등을 어떻게 하면 효율적이고 실용적으로 건설할 것인지 고민했지만 미적인 측면에 개해서는 고민하지 않았다는 것을 서술하고 있다. 끝 문장에서 언급하는 것처럼 코린트식이나 도리아식의 기둥머리, 기관차 끝에 장식할 수도 있는 중국식 용, 교외의 가스공장을 토스카니식이나 이슬람식으로 장식하는 것 등, 예술적 스타일에 대해서는 엔지니어들이고민하지 않았다는 것이다. 따라서 빈칸에 들어갈 말로 적절한 것은 ② '어떤 스타일을 채택하는 것이 가장 좋을지' 이다.

15 「1845년에 Edgar Allan Poe는 'The Raven'(詩)을 출간했다. 일 년 후, Poe는 'The Philosophy of Composition'이란 평론을 출간했는데, 이것은 그 시가 나오게 된 과정을 설명했다. 우리는 낭만주의 시대의 시인으로서 Poe가, 그 시 전체를 한 번에 떠오르게 한 번뜩이는 영감에 대해 설명할 거라고 기대했을 지도 모른다. Poe가 쓴 것처럼, "대부분의 작가들, 특히 시인들은 자신들이 일종의 엄청난 흥분 상태, 즉 무아지경의 직관에 의해 창작을 한다고 남들에게 이해되는 것을 더 좋아한다." 하지만 Poe는 항상 자신의 분석 능력을 자랑스럽게 여겼다. 그 결과, Poe는 상반되는 관점에서 'The Raven'의 창작을 보여 주기로 했다. "그것을 쓰는 데 있어서 그 어떤 사항도 우연이나 직관과 무관하다는 것, 즉 그 시를 창작하는 것이 수학 문제를 푸는 것과 같이 정확하게 그리고 정밀한 결론에 이르면서 단계적으로 진행되어 완성되었다는 것을 분명히 하는 것이 나의 계획이다." 그는 그 시의 길이와 주제에서부터 단어와 심상 하나하나에 이르기까지 논리가 모든 선택을 좌우한다는 것을 강조했다.

→ 자신의 평론 'The Philosohy of Composition'에서 Poe는 자작시 'The Raven' 창작의 예를 통해, 예술적 직관이라는 관념을 일축했고, 글쓰기란 (영감에 의해) 저절로 나오는 것이 아니라 분석적인 것이라고 주장했다.」

The Philosophy of Composition 에서 Poe는 자작시 'The Raven'이 직관과 무관하고 수학 문제를 푸는 것처럼 정확하게 정밀하게 단계적으로 완성되었음을 설명함으로써 글이 번뜩이는 영감에 의해 정착된다는 관념과 상반되는 관점을 피력하고 있다. 따라서 (A)에는 intuition이, (B)에는 annalytical이 알맞다.

16 「어떤 소규모 사업주가 자기 직원들에게 의료보험 급부금을 제공해 줄 능력이 전혀 없었다. 대부분의 직원들은 직업을 갖고 있는 자신의 배우자를 통해 의료보험 급부금을 받을 수 있었으므로, 일반적으로 그것은 문제가 되지 않았다. 그렇지만, 어

느 해에 그의 가장 생산적인 직원들 중 두 사람이 생명을 위협하는 질병에 걸렸을 때 비극적인 상황이 발생했다. 한 사람은 심장 마비를 일으켰고, 다른 한 사람은 폐암에 걸렸다. 분명히, 그들 각 사람은 일을 중단해야만 했다. 업무의 생산성이 사라지고 사업이 타격을 입는 상황에서, 그는 그 직원들의 월급 중에서 자신이 감당할 수 있는 만큼의 액수만을 그들에게 지급하기로 결정했다. 그 해에 사업은 손실을 보는 상태로 운영되었지만, 그 두 명의 사람들이 생명을 위협하는 질병을 이겨냈을 때, 이익을 훨씬 넘어서는 그 이상의 것에 관심을 가져주는 사업주의 이야기를 그들이 했을 때에 새롭게 생겨난 그들의 충성심이 일련의 새로운 보상을 가져왔다는 것을 그는 알게 되었다.」

사업주가 손실을 감수하면서 질병에 걸린 사원을 도와주어 사원들로부터 충성심을 얻게 되었고 그 결과 새로운 이익을 얻게 되었다는 내용의 글이므로, ②가 빈칸에 들어갈 말로 가장 적절하다.

17 「대기업으로서 텔레비전 방송국은 서로 연결되어 있는 이사회를 통해서 다른 영향력이 큰 기업 조직에 얽혀 있다. 예를 들어, CBS 방송국을 운영하는 이사회에는 IBM, AT&T 그리고 기타 등등의 이사회 임원이 포함되어 있다. 같은 방식으로, 방송국은 정부에 얽혀 있다. 전직 최고위 관리가 주요 대중 매체의 이사회 자리를 차지하고 있으며, 유명한 언론인이 번갈아 가며 백악관이나 국무성 또는 다른 정부 기관에서 일하기도 하고, 그들 기관에 대해 보도를 하기도 한다. 겉으로는 대중 매체와 정부 그리고 대중 매체와 대기업이 적인 것처럼 보일지도 모른다. 사실, 이들은 오히려 우승을 위해 겨루고 난 후 함께 저녁을 먹으러 나가는 테니스 선수들과 같다. 대중 매체와 정부 사이의 협력은 미국의 군사 행동에 대한 보도를 하는 동안 가장 분명히 드러난다. 텔레비전 뉴스 앵커들이 마치 공평하고 객관적인 리포터가 아닌 침략군의 일부인 것처럼 '우리는' 이나 '우리를' 과 같은 대명사들을 일정하게 사용한다.」

(A) 방송국과 대기업이 서로 얽혀 있는 것과 마찬가지로, 방송국과 정부가 서로 얽혀 있다는 내용의 전개이기 때문에, 빈칸에 In the same way 가 들어가야 한다. (B) 겉으로 보기에는 대중 매체와 정부, 그리고 대중 매체와 대기업의 관계가 마치 적인 것처럼 보일 지도 모르지만, 사실은 테니스 시합이 끝나고 함께 저녁을 먹으로 나가는 테니스 선수들처럼 협력하는 관계라고 설명하고 있기 때문에, 빈칸에 In fact가 와야 한다.

18 「흔히 희생이 크거나 당혹스런 실수에 대한 보통의 반응은 실수를 한 것이 조직이든 개인이든 상관없이 문제의 원인으로부터 주의를 딴 데로 돌리기 위해 누군가나 어떤 외부적인 요인을 탓하려고 시도한다는 것이다. 그런 접근을 함으로써 우리는 스스로에게 더 큰 두 가지 문제를 만들어 낸다. 첫째, 연구에서 보여주듯이, 이 전략은 비효과적일 수 있는데, 우리가 그 문제에 대한 어떤 통제력이 있거나 그 문제를 해결할 능력이 있다는 것을 회의론자들에게 증명할만한 것이 하나도 없기 때문이다. 둘째, 우리가 단기적으로는 그럭저럭 우리의 실수에서 주의를 돌려놓는다고 해도 관심, 더 정확하게 정곡은 결국 장기적으로는 우리에게 돌아올 것이며, 잠재적으로 우리의 실수뿐만 아니라 우리의 기만적인 충동도 눈에 띄게 할 것이다.」

실수를 했을 때 남의 탓으로 돌리는 행동의 문제점에 대해 지적하고 있으므로 글의 요지로는 ②가 가장 적절하다.

19 「인간이 다른 종보다 종 특유악소리'를 만드는데 훨씬 더 오래 걸리는 한 가지 이유는 태어날 때 인간 유아의 성도가 나머지 발성 체계에 비해 불균형적으로 짧기 때문이다. 이후의 발달에 있어서보다, 구강은 더 넓고 후두는 더 높으며 혀는 더 앞으로 나와 있다. 이것은 유아가 발성하는 능력을 상당히 제한한다. 약 6개월쯤 되어야만 성도가 더 어른처럼 되어 아기가 언어 비슷한 소리로 옹알이를 시작하게 해 줄 것이다. 따라서 인간에게 있어, 언어를 만드는'신체적인'능력이 태어날 때부터 주어지는 것은 아니다. 인간이 아닌 새끼 영장류는 어른과 같은 소리를 내는 데 더 짧은 시간이 걸리지만, 매우 한정된 어휘의 사용 이상으로 진보하거나 한 가지 소리 수준을 절대 넘어서지 못한다. 이와 대조적으로 인간 유아는 발화 이전에 언어 구조에 대한 수준 높은 민감성을 보이며, 일단 발화가 시작되면 자신의 영장류 사촌들을 모든 수준에서 빠르게 능가한다.」

주어진 문장은 인간이 아닌 영장류가 소리를 내는 데 인간보다 더 짧은 시간이 걸리지만, 그 이후의 발전에는 한계가 있다는 내용으로, 이와 대조적으로 인간 유아는 일단 말을 하기 시작하면 빠르게 발달한다는 내용이 연결되는 것이 가장 자연스러우므로 ④에 들어가야 한다.

20 「어떤 연구원들은 일의 사회적 의미가 일이 십대들에게 좋은지 나쁜지를 결정한다고 생각한다. J. Schulenberg와 J.G. Bachman은 십대들이 오직 돈을 위해 미래의 직업과는 관계없는 지루한 일자리에서 오랫동안 일을 했을 때 괴로워했다는 것을 알게 되었다. H. W. Marsh가 행한 어느 연구는 십대들이 대학을 가기 위해 돈을 모으려고 일을 했을 때 심지어 그 십대들이 지루한 일자리에서 일을 했을 때조차도 그들의 성적이 향상 되었다는 것을 보여준다. 십대들이 자신을 위해 자동차나 CD플레이어 같은 여분의 것을 사기 위해 일을 했을 때, 일과는 상관없이 그들의 성적은 떨어졌다. 대공황 시기 동안, 유사한 연구들은 위기의 시기에 가족을 부양하는 데 기여했던 젊은이들에게는 어떤 종류의 일이든 유익한 가치를 지녔음을 보여주었다. 젊은이들은 자신들의 가족을 돌보는 데 도움이 된다는 것에서 자신감과 자기 효능감을 얻었다.」

십대들의 노동에 있어서 오직 돈을 위해, 혹은 자신을 위한 사치품을 사기 위해 일을 했을 때는 지루한 일을 괴로워하고 성적이 떨어진 반면, 미래의 진로를 준비하기 위해 대학 길 돈을 모으거나 가족을 부양하는 네 도움이 되는 노동을 할 때는 일의 성격과 상관없이 오히려 성적이 향상되었고 일을 통해 자신감을 얻었다는 내용이므로, 빈칸에는 ① '일의 사회적 의미'가 적절하다.

Answer

1	2	3	4	5	6	7	8	9	10	11	12	13	14	15	16	17	18	19	20
③	②	①	①	④	①	④	③	④	③	②	③	③	④	②	②	①	④	②	③

1 「아프리카화 벌들은 만약 그들의 벌집이 위협을 받는다고 느끼면 <u>집요한</u> 공격자로 변한다. 그 벌들은 사람을 1마일 넘게도 뒤쫓아가는 것으로 알려져 있다. 벌들은 당신이 숨쉬기 위해 수면으로 나올 때까지 그저 기다릴 것이기 때문에, 물속으로 뛰어드는 것도 도움이 되지는 않는다.」
① 잘못된 ② 산발적인 ③ 집요한 ④ 순응하는

2 「1796년에, 천연두에 대한 백신이 마침내 발견되었지만, 그 병을 완전히 <u>근절하는</u> 데에는 150년이 더 걸렸다.」
① 좌절시키다 ② 근절하다 ③ 예고하다 ④ 명명하다

3 「내 모든 고등학교 선생님들 중에서, 나는 문학 선생님을 가장 애틋하게 기억한다. 그는 성적을 매기는 데 있어서는 <u>냉혹했지만</u>, 우리가 읽을거리에 관심을 가지길 바랬다. 현재 나는 그, 덕분에 내가 읽은 좋은 책들의 진가를 알 수 있다.」
① 극히 냉정한 ② 특히 무거운 ③ 대단히 보수적인 ④ 지극히 정상적인

4 「모든 사람들의 외모는 그들이 나이 들어감에 따라 결국 노쇠하기 때문에 젊은 사람들이 그들의 외모를 <u>중요하게 생각하는</u> 것은 현명하지 못하다.」
① 중시하다 ② ~에 의지하다 ③ ~을 무시하다 ④ ~에 대해 잇다

5 의무를 나타내는 형용사 necessary(필수적인)가 주절에 오면 종속절의 동사는 'should + 동사원형'형태를 취하고 이 때, should는 종종 생략하여 쓴다.

6 「① A: 통화 중입니다. 기다리시겠습니까?
   B: 연결해 드릴게요.
   ② A: 모니터가 그냥 꺼졌어요. 어떻게 수리해야 할지 모르겠어요.
   B: 관리실에 전화하는 편이 낫겠어요.
   ③ A: 우리랑 점심 먹으러 갈래요?
   B: 물론이죠. 좋아요.
   ④ A: 너 사색에 잠긴 것 같아. 고민거리가 뭐야?
   B: 아, 아무것도 아니야. 나는 가끔 그냥 멍하게 있을 때가 있어..」

7 「우리가 하품을 하는 이유는 과학계에 아직 알려져 있지 않다. 과학자들이 그것을 설명하지는 못하는 반면, 그들은 하품이 종종 다른 하품하는 사람들에 의해 유발된다는 것을 알고 있다. 전염성 하품이라고 불리는 이런 습성은 연구원들에 의해 개와 침팬지들에게도 역시 목격되어왔다.」

해석상 '목격되어왔다'가 적절하므로, 수동의 의미인 has also been witnessed로 고쳐야 한다.

8 '그녀가 연설을 한 시점'은 과거이므로 이보다 더 먼저 일어난 '연습한 시점'은 과거완료가 되어야 한다. 따라서 has practiced를 had practiced로 고쳐야 한다.

9 「A: 이봐, 너 나 기억하니? 우리 고등학교를 함께 다녔잖아.
B: 아, 맞아! 너 Kevin Williams지, 맞지? 너를 여기서 만나다니.
A: 그러니까. 정말 우연의 일치네. 너 이 근처에 사니?
B: 응, 바로 이 거리 아래쪽에.」
① 잘했어! ② 나도 마찬가지야. ③ 네 말에도 일리가 있어. ④ 너를 여기서 만나다니.

10 「공장 근로자들은 위험한 물질들을 다루기 때문에 적절한 예방책을 강구하고 안전 장비를 항상 착용해야 한다.」
① 사고 – 탄력 있는 ② 방어 – 포부가 큰 ③ 예방책 – 위험한 ④ 장비 – 도움이 되는

11 「Galen과 Ptolemy와 같은 많은 중요한 그리스의 과학자들이 로마제국에 살기는 했지만, 로마인 자신들은 과학에 비교적 거의 기여하지 못했다. 그들은 그리스인들의 수학을 받아들여서 그것을 공학과 건축학에 매우 성공적으로 응용했다. 이러한 응용의 산물은 오늘날 많은 로마의 유적에서, 특히 물을 도시로 가져오기 위해 사용한 매우 경이로운 몇몇 도수관에서 보게 된다. 하지만 그들의 기술자와 과학자들은 항상 하인 신분이었고 노예인 경우도 아주 흔했으며, 그들은 어떠한 명예나 치하도 받지 못하였다. 따라서 로마제국 시기에 과학이 발전하지 못한 것은 전혀 놀라운 일이 아니다.」

(A) contribute는 '기여하다'는 의미이고, distribute는 '분배하다'는 의미이다. 로마인 자신들은 과학에 거의 '기여하지' 못했다는 것이 글의 흐름이므로 contributed가 적절하다.

(B) applicant는 '지원자'라는 의미이고, application은 '응용, 적용'이라는 의미이다. 흐름상 '응용, 적용'이라는 의미가 되어야 하므로 application이 적절하다.

(C) advance는 '발전하다'라는 의미이고, decline은 '쇠퇴하다'라는 의미이다. 로마에서 기술자와 과학자들은 하인 신분이거나 노예인 경우가 흔하다고 했으므로 로마제국에서는 과학이 발전하지 못했다(did not advance)는 내용이 와야 자연스럽다.

12 「하루 중 어느 시간이 운동하기에 가장 좋을까? 사람은 밥을 많이 먹고 난 뒤에 약 두 시간이나, 혹은 덥고 습한 날의 한낮과 이른 오후 시간을 제외하고 하루 중 거의 모든 시간에 운동을 할 수 있다. 많은 사람들은 아침 일찍 운동하기를 좋아하는데 그렇게 하는 것이 하루를 시작하는 좋은 활력을 불어넣어 주기 때문이다. 만약에 여러분이 운동 계획을 지속하는 데 어려움이 있다면, 아침 일찍 운동하는 것이 최선인데 왜냐하면 어떤 다른 활동이나 충돌이 여러분의 운동 시간을 방해할 가능성이 가장 적기 때문이다. 어떤 사람들은 체중 관리의 이유로 점심시간을 선호한다. 한낮에 운동함으로써, 그들은 그렇게 점심을 많이 먹지 않게 되고, 그것이 하루의 칼로리 섭취량을 줄여주는 데 도움이 된다. 스트레스를 심하게 받는 사람들은 운동이 긴장을 풀어주는 효과 때문에 저녁 시간을 좋아하는 것 같다.」

③ because 이하의 주어는 the chances이므로 복수 동사(are)가 와야 한다.

① following은 '~의 뒤에, ~에 이어'라는 뜻의 전치사로 쓰인 것이다.

② to start는 명사구(a good boost)를 꾸며주는 to부정사의 형용사적 용법이다.

④ which는 계속적 용법으로 쓰인 주격 관계대명사로 선행사는 앞 문장 전체로 볼 수 있다.

13 「몇 십 년 전에 목발을 짚거나 보행기에 의지하는 많은 사람들뿐만 아니라 휠체어를 타는 사람들도 공중전화나 회전문을 사용하지 못했고, 많은 선반들이 쉽게 닿을 수 없을 정도로 너무 높거나 낮은 곳에 있는 슈퍼마켓에서 그들이 선택한 물품을 사지도 못했다. 계단은 경사로로 대체되어야 했다. 최근 몇 년간 이러한 상황은 많이 변화해 왔다. 공중전화는 더 낮은 위치에 놓였고, 많은 경사로가 휠체어를 탄 사람들의 편의를 위해서 만들어 졌으며, 전등 스위치와 엘리베이터 조작 버튼과 같은 다른 중요한 제어 구역들 또한 낮아졌다. 그러나 그 외에도 해야 할 일들이 많다. 예를 들어, 대부분의 경사로는 단순히 장애인들을 관장하는 법을 준수하기 위해 추가되었다. 이 경사로들은 그것들을 만들기 위해 채택된 재료와 그것들의 기울기 각도 둘 다로 인해 겨울에 흔히 얼어버리거나 미끄러워진다.」

14 「벽에 사진을 걸기 위해 망치와 못을 받은 여덟 살짜리 여자 아이에 대해 생각해 보라. 그 아이는 한 번도 망치를 사용해 본 적이 없지만, 다른 사람들이 하는 것을 관찰하여 망치는 손에 쥐는 물체라는 것을, 못을 치려면 손잡이를 쥐고 휘두른다는 것을, 그리고 망치는 보통 여러 번 휘두르게 된다는 것을 알게 된다. 이러한 각각의 사실을 알아내고 나서, 그 아이는 이미 가지고 있는 이러한 배경 지식에 자신의 행동을 맞춘다(동화). 하지만 망치가 무겁기 때문에 그 아이는 손잡이를 망치의 머리 쪽에 가깝게 쥔다. 너무 세게 휘둘러서 못이 휘면 아이는 치는 강도를 조정한다. 이러한 조정은 그 아이가 세계에 대한 자신의 이해를 다소간 바꿀 능력이 있음을 나타낸다(조절). 이 예에서 동화와 조절이 모두 필요한 것처럼, 그것들은 (동화와 조절은) 아이가 힘들여 생각해 야 할 수많은 과제들에도 필요하다.」

이 글에 따르면, 전에 해 본 적이 없는 망치질을 배우는 과정에서 어린 아이는 이미 가지고 있는 지식에 자신의 행동을 맞추고 조정할 능력이 있다. 따라서 적절한 제목은 ④의 '어린이들은 지식을 어떻게 사용하고 조정하는가?'이다.

① 도구를 사용한 어린이 교육
② 어린이들의 독립성을 개발하는 방법들
③ 어린이들의 인지에 미치는 환경적인 영향

15 「"나는 나이고 그것이 나란 사람의 전부이다."라고 만화 등장인물인 뽀빠이가 말하곤 했다. 정보화 시대에서, 솔직함. 그것이 당신의 의도와, 당신이 제공한 정보와, 혹은 심지어 당신의 존경과 관련이 있든지 간에 귀중하고 많은 사람들이 원하는 자질이 되었다. 사람들은 당신이 솔직하게 그들을 대하고 있다는 것을 알 때 믿음을 갖고 응대한다. 학회에서, 내가 무척 만나기를 바래왔던 누군가를 우연히 마주칠 때, 나는 나의 열정을 숨기지 않는다. "마침내 당신을 만나 뵙게 되어 기쁩니다. 저는 멀리서 매우 오랫 동안 당신의 작업을 존경해 왔고 저희가 서로 만날 수 있다면 매우 유익할 것이라고 생각해 왔습니다." 당신이 더 깊고 더 의미 있는 관계를 형성하기를 기대하고 있다면 당신이 솔직해야 함을 항상 명심해라.」

상대방과 깊고 의미 있는 관계를 형성하기 위해서는 ②의 '솔직함(openness)'이 요구된다는 것이 이 글의 요지이다.

① 겸손 ③ 공정성 ④ 신중함

16 「내가 콩고 지역에 있는 Loango에서 곤두선 못들이 가득 박혀 있는 아프리카 nkisi nkondi 주물 조각상을 직접 접한 바에 따르면, 그 조각상들은 공포 영화 괴물처럼 꽤나 험악해 보인다는 것이다. 처음에 들었던 이러한 생각은 내가 '외적인 사실, 즉 못은 협정을 기록하거나 분쟁 해결을 확정짓기 위해 사람들에 의해 오랜 시간에 걸쳐 박혀졌던 것이라는 점을 알게 될 때 바뀐다. 참가자들은 (협정을 기록한 것이나 분쟁 해결을 확정지었던 것이 어겨지면 처벌이 내려질 것이라는 기대와 함께) 자신들의 합의에 대한 지지를 요구했던 것이다. 그러한 주물 조각상들은 매우 강력한 힘을 가지고 있다고 여겨져 때로는 마을 밖에 놓여졌다. 비록 내가 그 조각상들이 무서운 힘을 지니고 있다는 점을 직접적으로 인식할 수 있을지라도, 그 조각상들이 왜 그리고 어떻게 만들어졌는가에 대한 추가적인 사실을 이해하지 않고서는, 나는 그것들(조각상들)의 사회적 의미를 이해하지 못한다(그 조각상들이 왜 그리고 어떻게 만들어졌는가에 대한 추가적인 사실을 이해하고 나서야 비로소 나는 그 조각상들의 사회적 의미를 이해하게 된다). 원래 사용자들은 소그룹의 조각상들이 박물관의 아프리카 미술 전시관에 함께 전시되어 있는 점을 매우 의아하게 여길 것이다.」

주물 조각상의 겉모습을 통해, 그것이 무서운 힘을 나타내고 있다는 점은 알 수 있다. 그런데 그 조각상이 만들어진 이유와 방식에 대한 '외적인 사실'을 알게 되면, 그것이 지닌 사회적 의미(협정에 대한 기록, 분쟁 해결 확인, 그리고 합의에 대한 지지)를 이해할 수 있게 된다. 그러므로 ②의 '그것들(그 조각상들)의 사회적 의미를 이해하다'가 가장 적절하다.

① 그것들의 경제적 가치를 이해하다
③ 예술을 소유의 수단으로 생각하다
④ 예술과 종교를 구분하다

17 「유머는 미디어 폭력에 대한 인식을 지워버릴 수 있다 (즉, 유머는 미디어 폭력을 사람들이 인식하지 못하게 할 수 있다). 유머가 있을 때는 대부분의 시청자들이 모든 다른 (폭력 관련) 요소들이 존재함에도 불구하고 폭력이 없다고 여긴다. 이것은 시청자들로 하여금 아주 생생하게 묘사된 가장 높은 수위의 폭력적 행동의 일부를 보면서도 전혀 폭력을 보고 있지 않다고 느끼게 만든다. 예를 들면, 시청자들은 만화 영화들이 사실은 매우 높은 수위의 총격과 폭격을 실제로 보여주었음에도 그 만화 영화들을 특별히 폭력적이라고 평가하지 않았다. 그들(시청자들)은 아마도 만화 영화 주인공들이 진짜 다치는 게 아니기 때문에 해가 없고, 해가 없으면 폭력이 없다고 생각하는 것 같다. 주인공들한테는 해가 없을지도 모르지만 시청자들에게는 유머가 없을 때보다(유머가 없는 맥락에서 폭력을 볼 때보다) 더 심각한 해를 끼친다. 폭력이 유머와 결합될 때, 사람들은 폭력을 별 것 아닌 것으로 여기기 쉽다. 더 사소한 형태의 폭력은 더 쉽게 모방될 수 있기 때문에, 이것은 특히 문제가 된다.
→ 유머러스한 모습으로 묘사되는 미디어 폭력은 특히 유해한데, 이는 사람들이 미디어 폭력을 <u>받아들일만한</u> 것으로 여길 가능성이 더 많기 때문이다.」

18 「그들의 배우자에게 도움을 줄 때 여자들은 "저는 당신을 이해해요. 당신은 혼자가 아니에요."와 같은 메시지를 전달하려고 노력하면서 공감을 표현하고 자신이 경험했던 비슷한 일들을 공유하려는 경향이 있다. <u>이와는 대조적으로</u>, 남자들은 문제 해결이나 (문제 해결을 위한) 제안을 함으로써 도움을 주려는 경향이 더 크다. 둘 다 (상대방을) 걱정해 주는 반응들이다! 하지만 종종 둘 중 어느 노력도 그다지 잘 받아들여지지 않는다. 여자들은 남자들의 문제 해결 노력을 공감하지 못하는 것으로 듣는 경향이 있다. 여자들이 원하는 것은 바로 공감하면서 들어주는 것이지만, 그들이 듣게 되는 것은 종종 그들이 무능하다는 모욕적인 메시지를 담은, "이런 식으로 그것을 고쳐 보는 것이 어때?"와 같은 성급한 말이다. <u>(차례를 바꿔) 이번에는</u>, 남자들이 문제를 해결해 주려는 자신들의 노력을 배우자들이 인정해 주지 않자 정말로 당황하게 된다. 게다가, 선의로 도움을 주겠다고 한 것이 거절당하면 마음의 상처를 입고 많은 경우에 모욕을 당한 것으로 느낀다.」

19 「똑같이 말하기를 좋아하는 문화들 사이에서조차 대화의 스타일에 차이점들이 존재한다. 미국 사회에서 우리는 격식을 차리지 않은 평상시의 대화에서도 한 번에 한 사람씩만 말을 해야 한다고 믿는 경향이 있다.
(B) 하지만 다른 여러 나라에서는 누군가가 말을 하고 있을 때, 듣는 사람은 (그 대화에) 열성적으로 참여하거나 남에게 열중하고 있음을 보여 주기 위해 맞장구를 치는 것이 보통이다. 미국에서는 많은 사람들이 그러한 논리를 이해하지 못하는 것 같다.
(A) 1980년대 후반, 미국 대통령의 부인이었던 Nancy Reagan은 소비에트 대통령의 아내 Raisa Gorbachev에 대해 언론에 푸념을 늘어놓았다. "우리가 만나는 그 순간부터 그녀는 계속해서 말을 했어요. 너무 많이 하는 바람에 내가 거의 한마디도 꺼내놓지 못할 만큼 말이죠."
(C) '한 번에 한 사람씩 말하기'라는 윤리를 아마 몰랐을 것이므로, Gorbachev 여사는 왜 미국의 영부인이 아무 말도 하지 않고 자기에게만 말을 다 하게 한 것인지 의아해하고 있었을지 모른다.」

20 「세계 보건 기구에 따르면, 현대 의약의 4분의 1이 전통 의약에서 처음으로 사용되었던 식물로 만들어진다. 야생 식물로부터 개발된 치료약은 말라리아, 당뇨병, 심장 질환, 후천성 면역 결핍증/에이즈, 암, 통증, 호흡기 질환의 치료에 사용된다. 한 때 서구의 벌목 작업에 의해 태워졌던 태평양 주목나무는 최근에 그것의 나무껍질에 패클리테솔이라고 불리는 물질을 포함하고 있다는 것이 밝혀졌는데, 그것은 암 종양을 줄이는 데 도움이 될 수 있다. (벌목하면서 나무를 없애는 것은 어떤 경우에는 많은 중요한 식물과 동물종의 희귀해짐 또는 완전한 멸종을 초래해 왔다.) 오랫동안 약용의 가치가 있다고 인정되어 온 어떤 식물들은 최근에 들어서야 현대적인 실험실에서 분석되었다. 예를 들어, 버드나무 껍질은 고통을 경감시키기 위해서 수세기 동안 사용되었지만 현대에 들어서야 아스피린의 유효 성분인 살리실산을 포함하고 있다는 것이 밝혀졌다.」

Answer

1	2	3	4	5	6	7	8	9	10	11	12	13	14	15	16	17	18	19	20
③	④	①	①	③	②	②	③	④	④	④	④	③	③	③	②	④	③	④	④	④

1 「공화당원들은 그 후보자가 그들이 마음속에 그리던 이상적인 도전자가 아니었기 때문에 <u>마지못해</u> 그에게 투표했다.」
① 간절히 ② 편견 없이 ③ 마지못해 ④ 진심으로

2 「마침 연극부의 모든 단원들이 이곳에 있었기 때문에, 우리는 떠나기 전에 연극 전체의 <u>즉흥적인</u> 예행연습을 하기로 결정했다.」
① 고의적인 ② 분명한 ③ 의식하지 못하는 ④ 계획되지 않은

3 「그 회사 직원들은 매 분기마다 어쩔 수 없이 몇 시간 동안 가만히 앉아서 무수히 많은 연설을 들어야 하는 <u>의무적인</u> 모임을 꺼렸다.」
① 의무적인 ② 선택적인 ③ 관리상의 ④ 묘한 매력이 있는

4 「<u>원자재</u>의 가치를 결정하는 많은 요소들이 있다. 예를 들어, 금은 전 세계적으로 상당한 수요가 있는 진기한 물질이기 때문에, 그것은 주석이나 은과 같은 다른 광물들보다 훨씬 더 비싸다.」
① 원자재 – 상당한 ② 모험 – 헛된 ③ 디자인 – 불확실한 ④ 제품 – 해로운

5 「법률을 바꾸는 것은 너무 어렵기 때문에, 법률 중 많은 것들이 수배 년 전에 만들어져 오늘날 더는 집행되지 않는다 하더라도 여전히 존재하고 있다.」
과거 시점을 나타내는 '시간표현(hundreds of years) +ago'가 왔으므로 과거시제 were로 고쳐야 한다.

6 「시간이 허락한다면, 세계적으로 호평 받는 피아니스트 Robert Hayden은 곧 은퇴하기로 예정된 훌륭한 작곡가 Pierre Jacobs를 기리는 식에서 연설을 하기 위해 그의 콘서트 투어를 잠시 중단할 것이다. 음악 영재였던 Hayden은 겨우 세 살이었을 때부터 그 저명한 작곡가로부터 음악을 배우기 시작했다. Hayden은 그의 스승이 없었다면, 자신이 오늘날과 같은 피아니스트가 될 수 없었을 거라고 수없이 말해왔다.」
(A) 가정법 미래 구문으로 'If + 주어 + should +동사원형'의 형태를 써야 하며, 이 때 If가 생략되고 주어인 time과 동사인 should가 자리를 바꾸는 형태가 가능하다.
(B) 'If + 주어 + had not been for(~가 없었다면)'의 가정법 과거완료구문으로 If를 생략하고 had it not been for 구문이 되고, 주절은 '주어 + 조동사의 과거형 + have p.p'구문이 와야 한다.

7 「'의기소침해져서'는 주어가 사람이므로 과거분사 형태 depressed를 써야 하고, '울지 않을 수 없다'는 'can not help ~ing' 를 사용하여 만든다.」

8 주절에 요청을 나타내는 동사 demand가 나오면 종속절에 'should +동사원형'이 와야 하고, 이 때 should는 생략 가능하므로 receives를 동사원형인 receive로 고쳐야 한다.

9 「① A: Supreme 여행사 맞나요? / B: 죄송합니다. 전화 잘못 거셨습니다.
② A: 여기 정말 덥네요! 에어컨을 켜도 될까요? / B: 그럼요, 그렇게 하세요.
③ A: 오늘 밤 영화 보러 가는 거 어때? / B: 전적으로 찬성이야.
④ A: 이 헤어 드라이어를 환불하고 싶어요. 고장이 났어요. / B: 더 바랄 게 없을 정도에요.」

10 「A: 너 시험 어떻게 본 것 같니?
B: 불행하게도, 완벽하게 해낸 것 같지 않아.
A: 음, 꽤 어려운 시험이었어.
B: 맞아. 하지만 나는 그 시험을 위해 공부를 많이 했어! 그렇게 형편없이 봤다니 믿기지가 않아.
A: 기운 내고 너무 신경 쓰지 마. 네가 다음번에 더 잘할 거라고 믿어.
B: 그랬으면 좋겠어.」
① 싫으면 그만 둬.
② 가끔 편지라도 보내.
③ 솔직하게 얘기해.
④ 기운 내.

11 「발견의 한 주요 장애물은 무지가 아니라 <u>지식</u>이다. 아리스토텔레스는 매우 지식의 범위가 넓고, 논리적이며, 두뇌가 명석해서 그의 글은 2,000년 동안 진리의 궁극적인 기준이 되었다. 갈릴레오의 저작의 주요 부분이 독자가 그(갈릴레오)의 논증을 이해할 수 있도록 하기 위해서 아리스토텔레스가 틀렸음을 입증하는 것에 할애되었다. 어려운 점은 단 한 명의 권위자(아리스토텔레스)가 너무나 큰 존경을 받고 있어서 <u>대안적</u> 견해는 들려 줄 기회조차 얻을 수 없었다는 것이었다. 더 근래에 와서는 프로이트의 연구도 비슷한 영향을 미쳤다. 프로이트의 분석 체계는 어떤 정신적 구성 개념을 선험적으로 가정했고, 그래서 그의 이론을 수정하거나 향상시키는 것이 매우 어려웠다. 결과적으로 많은 심리학자가 자신의 연구를 발전시키기 위해 프로이트를 완전히 <u>무시하기</u> 시작했음에도 불구하고 상당히 많은 수의 정신 분석가가 프로이트 학설 신봉자로 남아 있었다.」

(A) 갈릴레오가 자신의 주장을 설득하기 위해 2,000년 동안 진리의 궁극적인 기준을 제시해 온 아리스토텔레스가 틀렸음을 입증하는 데 주력했다는 내용이 이어지고 있으므로 knowledge가 적절하다. indifference 는 '무관심'이라는 뜻이다.

(B) 새로운 발견의 걸림돌이 기존 지식이라는 내용과 단 한 명의 권위자인 아리스토텔레스가 너무 큰 존경을 받고 있었다는 내용으로 보아 alternative가 적절하다. established는 '기존의, 기정의'라는 뜻이다.

(C) 아리스토텔레스가 틀렸음을 입증하려고 노력한 갈릴레오처럼 많은 심리학자가 정신 분석의 권위자인 프로이트의 이론을 수정하거나 향상시키려고 했다는 내용으로 보아 ignore가 적절하다. defeat는 '패배시키다'의 뜻이다.

12 「우리가 사람 몸속의 수십억 개 세포 하나하나에 소량의 운동만으로도 생기는 더없는 행복을 측정할 수 있을 만큼 아직 충분히 발전한 것은 아니다. 그러나 주의를 기울이면 그 혜택을 느낄 수 있다. 신경 써서 하는 작은 움직임 하나하나로, 사람들은 몸속의 기쁨, 즉 모든 물 분자들이 이리저리 돌아다니는 느낌, 기적과 같은 몸 안의 사려 깊은 존재를 경험하는 더없는 행복을 느낄 것이다. 여기에서 시원하게 스트레칭을 한 번 하고, 저기에서 (몸을) 조금 젖혀 보고, 하루 중 때때로 물을 한 잔 하고, 어떤 일을 하는 사이사이에 (몸을) 조금 흔들어 보는 것, 이 모든 것들이 더해져서 사람들은 더 가볍고 더 유연해진 기분이 든다. 혈액이 더 쉽게 흐를 것이고, 손가락 끝과 발가락에 온기가 도달하는 것을 느끼게 될 것이다. 규칙적으로 하게 되면, 이러한 작은 움직임은 힘과 건강을 증진시킬 것이다.」

① 유연성과 속도를 높여라
② 더욱 효과적인 운동법
③ 자잘한 운동이 커다란 혜택을 가져온다.
④ 물 분자는 우리 몸 안에서 한몫을 한다

13 「거대한 성장을 받아들이기 위한 근거는 회사들이 만약 언제든 갑자기 판매 실적이 두 배 혹은 세 배가 될 수 있는 보기 드문 기회를 얻는다면 '밀고 나갈' 필요가 있다는 것이다. 그러나 조금 더 더딘, 더 통제된 성장이 현명할 때도 있다. 회사들이 이러한 기회들을 잡으려고 손을 뻗을 때 위험은 양쪽 측면 모두에 있다. 시장이 호황을 맞이하기 시작하여 회사가 역량과 자원을 크게 증가시키지 않고는 수요에 발맞출 수가 없을 때, 회사는 딜레마에 봉착한다. 즉 그 기회가 줄어들까봐 두려워 보수적인 태도를 견지하지만 그렇게 함으로써 커져 가는 시장의 일부를 경쟁자들에게 넘겨주든지, 또는 (회사를) 활발하게 키워 그 기회를 충분히 이용하지만 그 가능성이 갑자기 사라지게 되면 지나치게 확장이 되어 취약해질 수도 있는 위험을 감수하든지 하는 것이다. 큰 성장이라는 비전에 전력하든 그렇지 않든지 간에, 회사는 반드시 그러한 비전을 다루기 위한 조직과 체제와 통제 장치를 발전시켜야 한다.」

회사가 거대한 성장을 받아들이려면 성장 가능성을 지닌 기회를 밀고 나갈 필요가 있지만, 큰 성장이라는 비전에 전념하는 것과는 상관없이 무엇보다도 조직, 그리고 그것을 다룰 수 있는 체제와 통제 장치를 발전시켜야 한다. 그러므로 이 글의 주제는 ③의 '회사의 성장과 관리 능력'이 가장 적절하다.

① 회사 확장의 찬반양론
② 회사 확장에 있어 딜레마의 유형
④ 경쟁적인 시장에서 회사 축소의 필요성

14 「오늘의 과학수업은 Lucky에게 특별했다. Lucky가 가장 존경하는 과학자인 Charles Darwin에 대해 McBeam 선생님께서 5학년에게 얇은 책을 읽어주셨다. Charles Darwin에 대해 완전히 놀라운 것은 그와 Lucky가 참으로 많이 비슷하다는 것이었다. 예를 들어, 그 책에는 Charles Darwin이 두 마리의 흥미로운 딱정벌레를 발견한 부분이 있었다. 그것들을 잡기 위해, 그가 가진 유일한 것이 자신의 양손뿐이어서, 각각의 손에 하나씩 잡았다. 그때 세 번째의 흥미로운 딱정벌레 한 마리를 발견하였고, 그래서 그것을 자신의 입 속으로 얼른 넣었다! 그것은 정확히 Lucky가 하곤 했던 일이었다. 그러고 나서 McBeam 선생님께서는 눈밭에 있는 북극곰의 사진을 보여주시며, Charles Darwin은 동물들이 환경에 적응함으로써 생존한다는 것을 알아냈다고 설명하셨다. 정확히 그 순간에 Lucky는, 드디어 그리고 놀랍게도, 왜 자신의 머리카락과 눈과 피부가 모두 모래색인지를 깨달았다! Charles Darwin은 매우 일리가 있었다. Lucky 그녀 자신이 모하비 사막 북부의 자신의 환경에 완벽하게 적응되어 있었다.」

자신이 존경하는 Charles Darwin에 대한 수업에서 Darwin이 자신과 매우 비슷하다는 점을 알게 되고, 오해이긴 하지만, 자신의 머리카락, 눈, 피부의 색이 주변의 환경과 유사한 이유가 Darwin이 밝힌 환경적응 때문이라는 것을 깨달았을 때에는 ③ '흥분한(excited)' 심경이기 마련이다. The totally amazing thing과 finally and surprisingly에서 Lucky가 느끼는 심경을 알 수 있다.

15 「한 연구에서 학생들은 두 그룹으로 나뉘어졌다. 첫 번째 그룹에서 학생들은 선생님의 도움을 받아 수학 문제를 풀도록 요청받았다. 두 번째 그룹에서 학생들은 동일한 문제를 선생님에게 도움을 받는 대신 서로 도와가면 풀도록 요청받았다. 선생님의 도움으로 첫 번째 그룹의 학생들은 정답을 구할 수 있었다. 두 번째 학생들은 문제를 정확하게 풀지 못했다. 하지만 그들은 좋은 아이디어를 많이 생각해 냈다. 그러고 나서 학생들은 그들이 배운 것에 대해 시험을 치렀다. 선생님에게서 어떤 도움도 받지 않은 그룹이 도움을 받은 그룹보다 훨씬 더 높은 점수를 받았다. 답을 구하려고 애쓴 것이 학생들로 하여금 단지 정답만이 아니라 그 과정을 이해하도록 도왔다. 아이들에게 해줄 충고는 선생님의 도움을 구하러 가기 보다는 새로운 것을 배우는 데 많은 노력을 들이라는 것이다.

16 「생체 시계와 수면 주기 간의 부조화를 초래하는 생활환경은 사람들의 감정과 행동에 영향을 미친다.
(C) 예를 들면, 야간근무를 하는 사람들은 자신들의 24시간 주기 리듬이 지장을 받기 때문에 흔히 신체적 어려움뿐 아니라 인지적 어려움도 겪는다. 장기간의 야간 근무를 하고 나서도 대부분의 사람들은 이러한 부정적 효과를 극복하기 위해 자신들의 24시간 주기 리듬을 조절할 수 없다.
(B) 사람들은 또한 장거리 비행기 여행을 할 때 혼란을 겪는다. 비행기로 표준 시간대를 넘을 때 사람들은 시차증을 겪을 수 있는데, 시차증이란 피로, 억누를 수 없는 졸음, 뒤이은 보통 때와 다른 수면과 각성의 일정이라는 증상을 포함하는 상태이다.
(A) 시차증은 내부의 24시간 주기 리듬이 정상적인 시간 환경과 맞게 돌아가지 않기 때문에 발생한다. 예를 들어, 현지 시간은 마치 정오인 것처럼 우리에게 행동하도록 요구하지만 우리의 몸은 새벽 두 시라고 말하고 있는데, 즉 우리의 몸은 생리적 척도로 볼 때 저점에 있다.」

주어진 글은 이 단락의 주제문으로 생체 시계와 수면 주기 간의 부조화를 초래하는 생활환경이 사람들의 감정과 행동에 영향을 미친다는 중심 생각을 보여 준다. 글 (C)는 중심 생각을 지원하는 구체적 예로 야간 근무자의 적응 문제를 제시한다. 글 (B)는 중심 생각을 지원하는 또 다른 예인 비행기의 시차증을 제시한다. 글 (A)는 이러한 시차증 논거를 지원하는 세부정보로 시차증의 발생 원인에 대한 설명이다. 따라서 가장 적절한 글의 순서는 (C)―(B)―(A)이다.

* circadian rhythm 24시간 주기 리듬

17 「자동차 서행용 장치는 속도를 늦추게 하고 통과 교통량을 줄이는 것으로 알려져 왔다. 그러나 어떤(모든) 약품과 마찬가지로, 올바른 약 그리고 올바른 복용량이 투여되어야 한다. 많은 사람들은 정지 표지가 인근에서 속도를 줄이게 하는 좋은 방법이라고 생각한다. 한 가지 문제점은 이러한 표지들의 힘(효과)이 사용하면서 줄어든다는 것, 다시 말해 더 많은 정지 표지가 있을수록 운전자들이 그것을 위반할 가능성이 더 높아진다는 것이다. 연구에 따르면 또한 정지 표지가 속도를 줄이는 데 있어서 설사 있다손 치더라도 거의 하는 일이 없다는 것이 밝혀져 왔다. 즉, 운전자들이 시간을 보충하기 위해 블록 중간 위치에서 그냥 더 빨리 간다. 이 문제는 과속방지턱 또한 괴롭히는데(과속방지턱에도 이런 문제점이 있는데), 이것이 바로 기술자들이 과속방지턱을 단지 300피트 떨어진 곳에 설치해서 운전자들이 속도를 낼 시간이 없도록 해야 한다고 조언하는 이유이다. 어떤 (모든) 약품과 마찬가지로, 부작용이 있다. 즉, 과속방지턱 때문에 속도를 줄였다가 늘리는 것은 소음과 배기가스를 증가시키며, 한편으로 한 구역에서의 과속방지턱이 다른 구역에서 더 빠른 속도 또는 더 많은 교통량으로 이어질 수 있다는 것을 시사하는 연구들이 있어 왔다.」

18 「궁정 정원의 요소인 분수, 수로와 연못, 높고 낮은 화단들은 농업을 위한 땅의 개발에 필수적인 물을 모으고 분배하는 것을 축소된 크기로 보여 주었다. 동시에 그 정원들은 그들이 내려다보고 있는 풍경의 추상적인 표현이었고, 또한 그 풍경의 재현에 있어서 중요한 요소였다. 정원은 농업 기술, 식물의 종, 물, 토양과 기후를 활용했으며, 결국 이국적인 식물들과 새로운 종의 재배를 위한 일종의 묘목장으로서, 그리고 새로운 기술과 식물학적 지식의 습득을 위한 시험장으로서 농업의 발전에 기여했다. 그것은 생산적인 풍경의 도식이었으며, 그것의 더 나은 발전을 위한 실험실이었다. 그것은 땅과 자연의 지배에 대한 정치적인 성명이었으며, 그와 동시에 화려하고 감각적인 궁정 생활의 무대였다.
→ 궁정 정원은 풍경의 축소판이었을 뿐 아니라 농업의 발전을 위한 시험장의 구실을 하였다.」

궁정 정원은 전원 풍경을 재현해 놓았을 뿐 아니라, 새로운 품종의 묘목을 키우거나 새로운 농업 기술을 위한 시험장으로서의 구실을 하였으므로, (A)에는 miniature(축소판), (B)에는 testing(시험)이 와야 한다.

19 「보스턴 해럴드」는 저희가 서비스를 제공하고 있는 지역 사회와 늘 접촉하며 지역 사회의 요구에 응할 수 있는 능력에 대해 항상 자부심을 가지고 있습니다. 그것은 오늘날에도 저희의 사명으로 남아 있습니다. 하지만 최근에 Don Feder가 푸에르토리코의 국가적 지위에 관해 쓴 11월 30일자 칼럼에 사용된 일부 표현에 대해 라틴 공동체 구성원분들께서 감정이 상하셨습니다. 그의 글로 인해 감정이 상하신 분들께 제가 개인적이 사과의 말씀을 전합니다. 저였다면 그런 표현들을 쓰지 않았을 것입니다. 저희가 라틴 공동체의 정서에 대해 좀 더 세심한 주의를 기울였어야 했습니다. 저희는 급변하는 지역 사회 속에서 살고 있음을 인지하고, 사설란과 뉴스 보도에서 풍부한 민족적/인종적 다양성을 반영하고자 합니다.」

20 「시력은 주의력에 영향을 받는다. 세상에 대해 호기심을 갖고 있는가, 아니면 책을 읽는 것과 평상시 일을 그대로 하는 것에 더 관심이 있는가? 시력을 되찾고자 한다면, 먼 거리에 있는 것에 주의를 기울이는 것이 중요하다. 일관성 있게 주의력을 바깥세상으로 보다 더 멀리 향하게 할 필요가 있다. 고대 그리스인들은 근시는 아주 멀리 나가려는 에너지를 갖지 못한 나약한 정신 때문에 생기는 것이라고 생각했다. 마찬가지로 네팔 사람들은 먼 곳을 보는 데 문제가 있는 사람들은 멀리까지 보도록 그들의 눈을 운동시키고 훈련시키는 것을 돕기 위해 달을 쳐다보아야 한다고 믿어왔다. 여러 세대 전에, 근시는 알래스카 사람들에게는 거의 생소한 것이었는데, 그 이유는 그들이 날씨에 관한 정보를 얻기 위해 계속적으로 지평선까지 내다보았기 때문이다. 두 세대가 지난 후, TV와 컴퓨터의 등장과 더불어 이뉴잇족 아이들의 30%는 근시가 되었다.」

빈칸에는 시력을 되찾기 위해 할 수 있는 일이 들어가야 한다. 빈칸 뒤에 이어지는 고대 그리스인의 근시에 대한 생각, 네팔 사람들의 달 쳐다보기, 알래스카 사람들의 생활 변화에 따른 시력 변화 등은 모두 ④ '먼 거리에 있는 것에 주의를 기울이는(pay attention to what is in the distance)'것이 시력 향상에 있어 중요함을 입증하는 사례가 된다.

실전 모의고사 8회

Answer

1	2	3	4	5	6	7	8	9	10	11	12	13	14	15	16	17	18	19	20
①	④	③	④	②	②	①	③	②	④	③	①	④	③	②	④	①	④	①	③

1 「John: 나 토요일에 있을 선수권 대회 표 두 장을 얻었어!
  Amy: 말도 안돼! 그거 몇 달 동안 매진이었어.
  John: 너 나랑 같이 갈 거지, 그렇지?
  Amy: 나도 그러고 싶지만, 내 오빠가 그의 아이들을 봐주길 원해.
  John: 안된다고 말할 수 없어?
  Amy: 내가 이미 그렇게 하겠다고 말해서, 이제 약속을 어길 수 없어.」
  ① 약속을 어기다 ② ~에게 호의를 베풀다 ③ 웃음을 참다 ④ 버럭 화를 내다

2 조건을 나타내는 if절에서는 미래 시제 대신에 현재 시제를 써야 하므로 will prevent를 prevents로 고쳐야 한다.

3 「분석가들은 그 회사의 새로운 경량 자전거가 시장을 장악할 것이라고 예측한다.」
  ① ~이 부족하다 ② ~을 피하다 ③ ~을 장악하다 ④ ~을 이용하다

4 「그 주유소 직원이 아무도 보지 않을 때 금전 등록기에서 현금을 조금씩 빼돌리고 있었다는 것이 갑작스럽게 밝혀져서 그는 관리자에게 즉시 해고당했다.」
  ① 우롱하다 ② 강화하다 ③ 저당 잡히다 ④ 조금씩 빼돌리다

5 제시된 문장의 '매우 영향력이 있고 영감을 주는 인물로 여겨진다.'는 'be considered + 목적격보어'의 구조로 나타낸다.

6 「과학자들은 행성에 무한한 양의 연료를 제공해 줄 별의 에너지를 이용하는 것이 언젠가는 가능할지도 모른다고 믿는다.」
  ① 파괴하다 ② 이용하다 ③ 초래하다 ④ 용해하다

7 「염소들의 독특한 발굽은 그들이 미끄럽고 위험한 산비탈의 지형을 빠르고 쉽게 걸을 수 있는 민첩한 등반가가 될 수 있게 한다.」
  ① 민첩한 ② 확고한 ③ 끊임없는 ④ 괴팍한

8 「몇몇 사람들에게 인생은 아무것도 보장해주지 않으므로 일이 그들에게 좋게 풀리지 않을 때 놀라지 말아야 한다는 것을 상기시켜줄 필요가 있다. 실제로, 상당한 실망이 따를 것이다. 그러므로, 결과가 그들에게 유리하지 않을 때, 그들이 받을 수 있는 최고의 조언은 그것을 <u>참아내고</u> 계속 앞으로 나아가라는 것이다.」
① 숨기다 ② 복수하다 ③ 참다 ④ 털어놓다

9 관계절의 동사 was pointing과 전치사 at이 함께 쓰여 '~을 가리키다'라는 의미가 되어야 하므로 by를 at으로 고쳐야 한다.

10 ① admit to ~ing : ~을 인정하다
② 조동사 might 뒤에는 동사원형이 와야 하므로 to rain을 rain으로 고쳐야 한다.
③ 가정법 과거완료구문으로, 주절은 '주어 + 조동사의 과거형 + have p.p'구조가 와야 하므로 will을 would로 고쳐야 한다.

11 「나는 마비된 다리로 인해 병원에 입원하여 몇 달을 보낸 어린 소녀를 본 적이 있다. 최후의 수단으로 그녀의 부모는 심리학자를 불렀는데, 그 다음 날에 그녀는 걷게 되었다. 그녀는 감추어져 있었던 문제에 대한 실마리를 제공한 자신의 그림에 관한 이야기를 나에게 들려주었다. 그녀는 자신이 성장하면서 골격이 너무 커져서 전문 발레 댄서가 될 수 없게 되었기 때문에 죄책감을 느꼈다. 그녀의 가족은 그녀의 발레 레슨에 아주 많은 것을 투자했으며, 그녀의 찬란한 미래를 기대했다. 그 심리학자는 그녀가 발전시킬 수 있는 다른 많은 재능들을 볼 수 있게 도와주었고, 전문적인 발레를 배우는 것을 중단하는 것에 대해 아무런 변명도 할 필요가 없다는 것을 알게 해 주었다. 그녀는 침대에서 나와 걸었다. 마비는 실재하는 것이었으나, 그 해결 방법은 의학적인 것이 아니었다. 그녀를 낫게 해 준 것은 바로 무의식적인 갈등에 대한 인식이었다.」
글의 흐름상, 그녀의 가족은 그녀의 발레 레슨에 아주 많은 것을 투자했으며, 그녀의 찬란한 미래를 기대했다고 해야 한다. Her family가 주어이므로, 밑줄 친 ③의 was expected를 had expected로 고쳐 써야 한다.
① 과거 시점까지의 상황을 나타내는 과거완료형을 쓴 것이다.
② 'feel + 형용사'는 '~하게 느끼다'라는 뜻이다.
④ 'It was ~ that' 강조 구문으로 이루어진 문장이다.

12 「지난 7년간 ABC 회사의 근면하고 충실한 직원으로서, 저, Madeline Knox는 가장 최근 분기별 근무 평가에서 제가 받은 만족이라는 평가 등급에 반박을 하고 싶기에, 평가 등급에 이의를 제기하고자 합니다. 6개월 전 제 2구역으로 재배치 받기 전에 회사를 위해서 제가 제 3구역에서 근무했을 때, 저의 관리 기술과 고객 서비스 기술은 항상 최우수 평가를 받았습니다. 그것들은 바뀌지 않았습니다. 저의 기술과 능력을 관찰하기에 필요한 적정한 양의 시간 부족이 아마 저의 현재 관리자님과 점장님으로부터 제가 (당연히) 받아야 하는 것보다 더 낮은 평가를 받게 한 주된 요인이라고 추측할 수 있을 뿐입니다. 저의 점장님이나 다른 누구를 개인적으로 비난하고 있는 것은 당연히 아닙니다. 회사에 대한 저의 충직하고 성실한 헌신이 계속될 수 있도록 저는 다만 (점수) 기록을 바로잡고 싶을 뿐입니다.」
자신이 받은 만족이라는 업무평가 등급에 이의를 제기하면서, 그동안 자신이 받아 온 업무평가 등급에 근거해 볼 때 만족이 아닌 최우수가 마땅하므로, 이 (점수) 기록을 바로잡아 달라고 요청하고 있으므로, 글의 목적으로 ① '업무평가 등급을 변경해 줄 것을 요청하려고'가 가장 적절하다.

13 「식물의 잎을 통해서 이루어지는 물의 증발과 증산의 총합은 온도와 함께 증가할 것이고, 그러므로 더운 환경에서는 온도가 상승하게 되면 빗물이 증발하기 전에 사람들이 사용하고 작물을 재배하기에 빗물이 덜 가용할 것이라고 알려져 있다. 온도가 상승하게 되면 또한 빙하와 높은 산에 있는 눈이 녹는 것을 가속화시킬 것이다. 산 하류에 있는 수억 명의 사람들은 봄과 여름에 그들의 용수로 눈과 빙하가 녹은 물에 의존하므로, 기후 변화는 아시아와 아메리카의 이러한 광범위한 지역들을

크게 위협할 것이다. 수십 년 동안, 그 지역들이 급격한 융빙에 의해 야기된 홍수의 위협을 받게 될 것이지만, 그것이 끝난 후 빙하가 완전히 사라지면 그 위험 요소는 물 부족 현상으로 돌변할 것이다. 해빙은 이른 봄에 일어날 것이고 농작물이 자라나기 위해 물을 필요로 할 때인 건조한 여름철 동안에는 이용할 수 없게 될 것이다.」

온도가 상승하면 증발되는 물이 많아지게 될 것이고, 빙하와 눈이 평소보다 더 이른 시기에 녹게 되면 결국 물이 필요할 때 사용할 수 없게 될 것이라는 내용이다. 그러므로 이 글의 주제는 ④의 '온도 상승으로 인한 물 이용 가능성의 변화'가 가장 적절하다.

① 지구 온난화를 막기 위한 방법

② 빙하가 환경에 끼치는 영향

③ 지구의 온실 효과에 영향을 미치는 요소

14 「세뇌의 기법은 한국 전쟁 동안에 처음으로 연구의 관심을 끌었는데, 그때 중국의 공산주의자들은 포로로 잡힌 미국 병사들의 생각을 바꾸려고 시도했다. 처음에 그들은 죄수들을 하루 종일 선전과 교화를 하는 회합에 노출시켜 보았는데, 그들에게 공산주의가 얼마나 위대하며 미국의 자본주의가 얼마나 나쁜지에 대해 알렸다. 이것은 효과가 그다지 있지 않았다. 그러자 중국인들은 문제가 낮 동안 일어났던 것에 있지 않다는 것을 깨달았다. 오히려, 문제는 매일 밤 죄수들이 다른 미국인 죄수들과 함께 감방으로 돌아가, 그곳에서 각 병사들의 미국인의 정체성이 되살아났다는 데 있었다. 중국인들은 그들이 죄수들을 서로 떨어져 있게 하면 세뇌가 훨씬 더 성공적이고 효과적이게 된다는 것을 알아냈다. 그리하여, 미국인의 정체성과 가치가 다른 미국인들과의 사회적 접촉에 의해 강화되지 않았으며, 죄수들을 감화시키기가 쉬웠다.」

① 그들은 죄수들을 더 많은 동정심을 가지고 대했다.

② 죄수들은 그들의 의무와 권리에 대해 알고 있었다.

④ 죄수들은 그들의 조국에 대해 상각할 시간을 더 많이 가졌다.

15 「내가 내 사무실로 이사를 했을 때, 카펫이 얇고, 보기 흉하며, 어두웠다. 몇 백 달러를 들여, 나는 정말로 멋져 보이고 그 위를 걷는 느낌이 좋은 아름다운 새 카펫을 구입했다. 만약 내가 5년 동안만이라도 같은 사무실에 있다면, 그것은 하루에 몇 센트의 액수에 해당할 뿐이다. 당신이 하루를 보내게 될 곳에 들어섰을 때 그곳에 대해 기분 좋게 느끼는 것은 정말로 멋진 일이다. 그곳을 밝고, 쾌활하며, 친숙하게 만들어라. 만약 당신이 그것을 스스로 할 수 없다면, 아마 다른 사람, 이를 테면 배우자, 친구, 동료, 심지어 아이에게까지 당신을 도와달라고 부탁할 수 있을 것이다! 당신은 그것이 얼마나 쉬운 지에 놀랄지도 모른다. 몇 개의 그림, 보다 밝은 깔개, 영감을 주는 책들, 갓 꺾어온 꽃들, 금붕어 등을 시도해 보라. 당신이 자동차 안에서 일을 하거나 트럭을 운전한다고 할지라도, 당신의 환경을 더 멋진 곳으로 만들기 위해 당신이 할 수 있는 작은 것들이 있다.」

16 「우리는 시각적 자극의 세계에 살고 있고, 늘 함께하는 배경 화면이 있는 텔레비전 뉴스는 우리가 정치 지도자를 보는 방식을 변화시켰다. Roger Masters는 정치 지도자에 관한 텔레비전 보도의 배경 화면 역할을 하는 동영상이나 사진을 설명하기 위해 '시각적 인용'이라는 용어를 도입하였다. 시청자가 정치 지도자에 관한 TV 보도를 볼 때, 시청자의 관심은 말로 언급되는 내용보다는 시각적인 이미지에 더 많이 끌리게 된다. 많은 뉴스 시청자가 짧은 동영상은 진짜 이야기의 배경에 불과하다고 가정하지만 사실은 그 동영상이 사람들의 의식과 기억의 전면을 차지한다. 예전에 시민들은 팸플릿이나 신문에 노출됨으로써 정치 뉴스를 알게 되었다. 예전에 정보는 말로 우리에게 전달되었지만 지금은 화상 이미지를 통해 전달된다.」

TV 뉴스 보도의 배경 화면이 말로 전달되는 뉴스 내용보다 시청자의 관심을 더 끌어서 오히려 의식과 기억의 전면을 차지한다는 내용이므로, 제목으로는 ④ '시각 이미지가 언어로 전달되는 내용보다 더 영향력이 크다'가 적절하다.

17 「외부 세계는 Baliem Valley에 대해 모르고 있었을지 모르지만, 사람들은 그곳에 정착해서 최소한 7,000년 동안 밭을 경작해 왔다. 현재 부계 사회의 Dani족은 그 수가 약 6만에 달하고, New Guinea 고원의 모든 집단 중에서 가장 높은 수준의 문화적 강화와 정치적 통합을 보여 준다. 주식으로, Dani족은 약 300년 전에 들어온 고구마나, 여자들이 골짜기 바닥과 산비탈의 밭에 재배하는 토종 타로토란과 같은 뿌리 작물에 의존한다. 또한 여자들은 돼지를 키우는데, 남자들은 자신의 지위를 높이고 정치적 동맹 을 강화하기 위해 전략적으로 돼지를 서로 교환한다. 사람들은 어느 한 토템 부족의 일원이라는 사실에 의해 자신의 신원을 밝힌다. 과거에는 씨족이 다중 계층 정치 단위를 이루었고, 외부 세계와 접촉하기 이전의 대규모 전투가 정치적 활동의 주를 이루었다. 심지 어 1970년대 화평을 이룬 후에도 씨족 집단은 큰 정치 동맹을 형성하기 위해 여전히 제휴를 한다. 지도력은 정치에 있어서의 용맹성과 물자 교환 관계를 통해 얻어진다.」

1970년대의 화평 이후에도, 씨족 집단은 큰 정치 동맹을 형성하기 위해 제휴를 한다는 내용이 명시적으로 제시되어 있으므로, ①은 글의 내용과 일치하지 않는다.

18 「결정을 내릴 때 사람들은 거의 항상 정보가 많을수록 더 낫다고 추정한다. 현대의 기업들은 특히 이 생각에 의존하여 '기업 결정권자들의 정보 잠재력을 최대화'하는 '분석적인 업무 공간'을 만들기 위해 애쓰며 거금을 들인다. 이런 관습적인 관행들은 간부들이 더 많은 사실과 수치에 접근할 때 업무를 더 잘 수행할 수 있고 잘못된 결정은 무지의 결과라는 가정에 근거를 두고 있다. 하지만 이런 접근 방식의 한계들을 인식하는 것은 중요한데, 이는 두뇌의 한계에 뿌리를 두고 있기 때문이다. 뇌의 전두엽 앞에 있는 피질은 한 번에 처리할 수 있는 만큼의 정보만 다룰 수 있기에, 그것(뇌의 전두엽 앞에 있는 피질)에 너무 많은 사실을 주고 중요해 '보이는' 사실들에 근거한 결정을 하라고 그것에게 요구할 때, 그 사람은 어려움을 자초하는 것이다.」

(A) 기업의 결정권자들이 더 많은 정보를 가지고 있을 때 더 나은 결정을 할 수 있다고 생각하는 것이 관행이어서, 잘못된 결정은 무지의 결과라고 여긴다는 내용이므로, 'ignorance(무지)'가 적절하다.

(B) 뇌의 전두엽 앞에 있는 피질이 한 번에 처리할 수 있는 정보량에는 한계가 있으므로, 너무 많은 정보에 근거하여 결정을 하는 것은 오히려 어려움을 자초하는 것이라는 내용이므로, 'trouble(어려움)'이 적절하다.

*prefrontal cortex (뇌의) 전두엽 앞에 있는 피질

19 「1차 세계 대전 동안, 영국 사령관인 Jan Smuts 중장은 독일령 아프리카에서 Paul von Lettow-Vorbeck 대령이 이끄는 훨씬 더 작은 규모의 독일 군대를 향해 진격했다.

(A) Smuts는 빨리 이기기를 원했다. 하지만 von Lettow-Vorbeck은 그와 교전하기를 피하면서 남쪽으로 후퇴했다. Smuts는 추격을 하며 진군했다. Smuts는 그가 von Lettow-Vorbeck을 궁지로 몰아넣었다고 생각했지만, 결과적으로는 그 독일 장교가 불과 몇 시간 전에 이동했다는 것을 알게 되었을 뿐이었다.

(C) 마치 자석에 이끌리듯이, Smuts는 강과, 산과, 숲을 건너 계속해서 von Lettow-Vorbeck을 추격했다. 그들의 보급선은 수백 마일에 걸쳐 확대되었고, 그의 병사들은 실제로 전투 한 번 못해보고 이제 허기와 질병에 취약해졌다.

(B) 그 전쟁이 끝날 무렵, von Lettow-Vorbeck은 주요한 영국군 전력을 완전히 묶어 둔 4년간의 쫓고 쫓기는 추격전으로 용케도 적을 유인했고, 대가로 영국군에게 아무 것도 넘겨주지 않았다.」

Smuts 사령관이 이끄는 영국군이 von Lettow-Vorbeck 대령이 이끄는 소규모 독일 부대를 향해 진격했지만, 독일군이 교전을 피하면서 남쪽으로 후퇴했다는 내용인 (A)가 이어지고, 이러한 추격전이 계속되면서 영국군의 보급선이 확대되어 영국군이 병과 허기에 시달리게 되었다는 내용인 (C)가 나오고, 결국 전쟁이 끝날 때까지 영국군의 주요 병력이 아무런 성과도 없이 4년 동안의 추격전에서 묶이게 되었다는 내용인 (B)가 이어져야 흐름상 자연스럽다.

20 「특정 (신체)활동 유형에 너무 집착한 나머지 건강의 다른 측면들을 무시하지는 않도록 하라. 예를 들어, 많은 장거리 주자들은 (몸통의)중간 부분과 다리는 보통 훌륭한 체형을 유지하지만 비교적 마른 상체를 가지고 있다. 하체 기능에 관련해서도, 달리기가 다리의 뒷부분의 근육보다도 앞부분의 근육에 훨씬 더 큰 도움이 된다. 대조적으로, 자전거 타기나 스키 타기는 다른 형태의 다리 근육 운동을 필요로 하는 반면 수영은 발차기 운동에 집중하지 않는 이상 하체에 미치는 긍정적 영향이 덜하다. 테니스나 라켓볼을 많이 하는 것은 유산소 운동으로는 좋을 수 있지만, 힘의 불균형, 특히 상체의 한쪽 면으로의 불균형을 초래할 수 있다. 반면에 일부 역기로 운동하는 사람들은 유산소운동을 너무 소홀히 하여 짧은 거리를 뛰는 데조차 어려움을 겪는다.」

(A) 앞에는 특정 신체 운동에 너무 집착하여 다른 운동을 소홀히 하지 말라는 내용이 제시되고 그 뒤에는 그러한 경우의 예시로 달리기할 때 신체 근육 발달이 균형적으로 이루어지지 않는다는 내용이 제시되고 있기 때문에 for example이 적절하다.

(B) 앞에서 유산소 운동에 좋은 테니스와 라켓볼의 예시가 제시되고 그 뒤에는 유산소 운동을 소홀히 하는 상반되는 예를 제시하고 있다. 따라서 On the other hand가 적절하다.

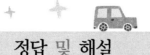

실전 모의고사 9회

Answer

1	2	3	4	5	6	7	8	9	10	11	12	13	14	15	16	17	18	19	20
④	③	④	①	②	①	①	②	④	③	①	②	④	②	④	③	④	④	③	①

1 '~하는 데 기여하다'는 'contribute to ~ing'이므로 contribute to bring을 contribute to bringing으로 고쳐야 한다.

2 ① 관계사가 전치사 to의 목적어 역할을 하고 있으므로 who를 목적격 관계대명사 whom으로 고쳐야 한다.
② 간접의문문의 어순은 '의문사 + 주어 + 동사'이므로 where is the bus stop을 where the bus stop is로 고쳐야 한다.
③ 가정법 문장에서 if를 생략하여 주어와 동사를 바꾼 형태이다.
④ 소유격 대명사가 가리키는 대상이 John's new song이므로 his를 its로 고쳐야 한다.

3 • 자신의 행동에 대한 결과를 처리하기 위해서는 성숙함이 필요하다. (deal with ~을 처리하다)
• 내 지갑을 집에 두고 왔기 때문에, 나는 호주머니에 가지고 있던 약간의 현금으로 임시변통해야 했다. (make do with ~으로 임시변통하다)
• 텔레비전 프로그램들은 대중문화에서 유행하고 있는 것에 따라 변화한다. (in line with ~에 따라)

4 「우리는 우리의 낡은 팩스기가 <u>고장이 났을</u> 때마다 서둘러 복사 가게로 가야 했다.」
① 고장이 난 ② 사용 중인 ③ 제한된 ④ 비축된

5 「그녀는 친구의 조각품에 너무 감명을 받아서 그에게 그것은 <u>이루 말할 수 없는</u> 정도라고 말했다.」
① 애매모호한 ② 놀랄 만한 ③ 실망스러운 ④ 주의 깊은

6 「그의 세심한 성격은 그가 내려야 하는 모든 결정의 모든 가능한 결과를 <u>숙고하게 한다.</u> 」
① 심사숙고하다 ② 강화하다 ③ 중얼거리다 ④ 반박하다

7 「황금비율 직사각형은 수많은 화가들과 건축가들로부터 매력적이라고 여겨졌고, 여러 위대한 미술품과 건축물의 디자인에 사용되었다. 하지만 왜 황금비율 직사각형의 비율이 사람의 눈에 보기 좋은지를 아무도 설명하지 못하고 있다.」
해석상 '여겨졌다'의 수동의 의미이므로 considering을 수동태 형태인 considered로 고쳐야 한다.

8 「A: 나 새 노트북 갖고 싶어. 내 친구가 내가 정말 마음에 드는 것을 샀어.

B: 하지만 네 것은 산 지 몇 달밖에 되지 않았잖아! 그건 거의 새 거나 마찬가지야.

A: <u>남의 떡이 더 커 보이는 법이지.</u> 모두가 아는 사실이잖아.

B: 맞아. 하지만 사람들은 그들이 가지고 있는 것에 대해서도 감사할 줄 알아야 해.」

① 겉만 보고 속을 판단하지 마.

② 남의 떡이 더 커 보이는 법이지.

③ 모든 좋은 일에도 끝이 있기 마련이지.

④ 정직이 최상의 방책이지.

9 「• 코치는 우리를 오후 6시까지 연습하게 했다. (사역동사 make에 대한 목적보어로 목적어와의 관계가 능동이므로 동사원형 practice)

• 그는 마침내 아들이 보조 바퀴 없이 자전거를 타게 했다. (사역동아 get에 대한 목적보어로 목적어와의 관계가 능동이므로 to ride)

• 그는 건축물의 부식된 부분을 점검받게 했다. (사역동사 have의 목적보어로 목적어와의 관계가 수동이므로 과거분사 checked)」

10 「새로운 종류의 향수를 만드는 것은 긴 여정이며, 우리의 연구원들은 성분들의 완벽한 <u>혼합</u>을 시도하여 찾아내기 위해 <u>상당</u>한 양의 시간을 실험실에서 보낸다.」

① 수치스러운 – 변화 ② 무시해도 좋은 – 수 ③ 상당한 – 혼합 ④ 정교한 – 거래

11 「지방, 콜레스테롤, 설탕, 그리고 소금과 같은 특정한 식품 성분의 섭취량은 건강을 위해 제한되어야 한다. 건강한 사람을 위한 주요한 지침은 지방 섭취량을 전체 칼로리의 35퍼센트 아래로 유지하는 것이다. 몇몇 사람들은 이것을 맛있는 비프스테이크나 핫퍼지 선데(버터·우유·설탕·초콜릿 따위로 만든 시럽을 얹은 아이스크림)에 빠져서는 절대로 안 된다는 의미로 받아들이는데, 그들은 잘못된 정보를 받고 있는 것이다. 완전한 금욕이 아닌 절제가 핵심이다. 스테이크와 아이스크림을 먹는 지속적인 식단은 해로울 수 있지만 다른 절제된 식단 계획의 일부로 일주일에 한 번 먹으면 이런 음식이 거의 영향을 끼치지 못할 것이고, 한 달에 한 번 먹는 맛있는 특별식으로 이런 음식은 거의 전혀 영향을 끼치지 못할 것이다. 절제는 또한 제한이 필요하다는 의미인데, 심지어 바람직한 식품 성분일 경우에도 그러하다. 예를 들어, 식품에 들어있는 일정량의 섬유질은 소화기 계통을 건강하게 해 주지만 너무 많은 섬유질은 영양소의 손실을 초래한다.」

음식 섭취에 있어서 극단적인 금욕은 도움이 되지 않으니 적당하게 절제하는 것이 바람직하다는 취지의 글이므로 ① '절제: 식단의 핵심'이 제목으로 가장 적절하다.

12 「큰 정부는 경제에 좋지 않다. 복지 국가는 자유 시장 방식에 의해 끊임없이 요구되는 조정 비용을 부자들에게 지불하게 하려는 바람 때문에 등장하게 되었다. 부자들이 가난한 사람들을 위한 실업 보험, 의료, 기타 복지 정책들을 위해 돈을 지불하도록 과세될 때, 이것은 가난한 사람들을 게으르게 하고 부자들에게서 부를 창출할 동기를 빼앗아갈 뿐만 아니라, 경제를 덜 역동적으로 만든다. 복지 국가의 보호로 인해 사람들은 새로운 시장 현실에 적응할 필요를 느끼지 못하고, 그리하여 역동적인 경제 조정을 위해 필요한 그들의 직업과 업무 패턴에 있어서의 변화를 미루게 된다. 우리는 공산주의 경제의 실패를 언급할 필요조차 없다. 미국의 활력과 대조되는, 지나치게 팽창한 복지 정책을 가진 국가들로 인한 유럽에서의 활력의 결핍을 한번 보아라.」

② 문장의 주어는 this이고 makes와 and로 연결되어 병렬구조를 이루므로 deprive는 deprives가 되어야 한다. 사역동사 make의 목적격보어로 혼동하지 말아야 한다.

13 「멋지게 디자인된 우리의 안내지는 관람객이 축제 현장에 입장할 때 바로 모든 사람의 수중에 들어가서 그들이 하루를 세심히 계획할 때 축제 내내 그들과 함께 합니다. 우리는 지역 사업체들에게 우리의 Edinburgh Mela 안내지로 자신들의 제품을 판촉해서 수가 많고 다양한 우리의 관람객에게 다가가 보라고 정말 권하고 싶습니다. 그것은 아름다운 인쇄물이라는 환경 속에서 Edinburgh의 가장 열성적이고 다양한 관람객에게 직접 호소할 수 있는 훌륭한 기회입니다. 우리 웹 사이트를 방문하시면 작년 안내지가 어떠했는지 보실 수 있습니다. 2014년 안내지는 훨씬 더 아름다울 것이고 8페이지가 넘을 것입니다. 또한, 우리의 요금은 매우 적정합니다. 관심이 있으신가요? 우리 관람객에 대한 정보와 도판을 살펴보시고 홍보 마케팅 담당자인 Laura Dorothy에게 pressassistant@edinburgh-mela.co.uk로 이메일을 보내 주세요.」

축제 안내지에 광고를 싣기 원하는 광고주를 모집하기 위한 글이므로, 글의 목적으로 가장 적절한 것은 ④이다.

14 「상담을 받는 사람(이후 내담자)이 자신이 취해야 할 방향(어떤 선택을 해야 하고, 어떤 접근방법을 사용해야 하는가 등등)과 관련하여 정보를 찾고 있을 때, 상담자의 입장에서 무엇을 해야 할지 그(그녀)에게 말하고 싶은 강한 충동이 늘 존재하는데, 특히 상담자가 내담자의 문제에 대해 최상의 좋은 답을 알고 있다고 느낀다면 더욱 그렇다. 그러나 만약 내담자 자신이 판단을 내리도록 허락된다면 내담자는 힘을 얻을 것이기 때문에 이것은 일반적으로 피해야 하는 것이다. 분명히 상담의 가장 중요한 목표 중의 하나는 내담자가 더 나은 결정을 하게 하는 것이고 이러한 과정은 부분적으로 상담자가 의사 결정과정에서 능동적인 존재가 되는 것을 요구할 수 있다. 하지만 구체적이고 폐쇄적인 응답(선택이 제한된 응답)으로 내담자가 뭔가 결정을 내려야 하는 질문에 대답하는 것은 내담자가 결정을 내릴 수 있을 만큼 충분히 성장할 가능성을 상당히 감소시킨다.」

이 글은 상담할 때 상담자가 주의해야 할 사항에 대한 설명이다. 글의 중반부에 '만약 내담자 자신이 판단을 내리도록 허용된다면 내담자는 힘을 얻을 것이기 때문에 이것은 일반적으로 피해야 하는 것이다.'에서 '이것은'은 내담자가 찾는 정보 또는 문제에 상담자가 답을 말해주는 것이다. 따라서 이 글에서 필자가 주장으로 ② '상담자는 내담자가 스스로 의사 결정을 하도록 도와야 한다.'가 가장 적절하다.

15 「아파치족과 북미 원주민이 아닌 사람들의 초기 접촉은 우호적이었다. 스페인 탐험가 Francisco Vásquez de Coronado는 자신이 1540년에 만난 아파치 부족민을 Querechos라고 불렀다. 그러나 1500년대 후반 즈음에는 아파치 무리가 남쪽으로 휩쓸고 나가 스페인 정착지를 급습했다. 1600년대에 스페인 정착민은 아파치족의 공격으로부터 자신들의 정착지를 보호하기 위해 북부 멕시코를 가로지르는 요새 방어선을 구축했다. 아파치족은 계속해서 급습했으며, 군사들이 효과적인 방어 체계를 결성하기 전에 황야로 사라졌다. 스페인 정착민은 아파치족을 기독교로 개종시키고 그들을 구호 시설로 이동시키려 했지만, 거의 성과가 없었다. 그러나 아파치족은 푸에블로 인디언 부족이 1680년의 성공적인 봉기에서 그랬던 것처럼 조직적인 반란을 시작하지는 않았다. 대신, 아파치족은 약탈을 목적으로, 특히 말과 소를 얻기 위해서 스페인 정착민을 급습하는 것을 좋아했다. 아파치족은 1700년대 내내 그리고 1800년대까지 스페인 정착민을 계속해서 급습했다.」

1680년 성공적인 봉기를 일으킨 푸에블로 인디언 부족과는 달리 아파치족은 조직적인 반란을 시작하지는 않았다(the Apache did not mount an organized rebellion)고 언급하고 있으므로 ④가 글의 내용과 일치하지 않는다는 것을 알 수 있다.

16 「한 실험에서 연구원들은 8명의 대학생들에게 3개 문항으로 구성된 철자 바꾸기 놀이 세트 13개를 제공했다. 13세트를 푸는 중에서 8세트는 참가자들이 분리된 개별 공간에서 혼자서 작업을 하며 자신들의 철자 바꾸기 놀이 문제를 풀었다. 나머지 5세트를 풀 때는, 그들은 일어서서 방의 앞쪽까지 걸어와서, 다른 참가자들이 훤히 볼 수 있는 커다란 칠판 위에다 그 철자 바꾸기 문제를 풀어 보라는 지시를 받았다. 이러한 공개된 시도에서는 철자 바꾸기 문제를 잘 푸는 것이 더욱 중요했는데, 그 이유는 참가자들이 또래들의 감탄이라는 형태로 어떤 사회적 보상을 거두거나, 모두가 보는 앞에서 실패를 하게 되면 창피함을 느끼게 될 것이기 때문이었다. 그들은 자신들의 과제 수행이 보다 중요성을 지녔던 공개석상에서 더 많은 철자 바꾸기 문제를 풀게 될까, 아니면 잘 해야 한다는 사회적인 동기가 전혀 없이 혼자 있을 때 더 많이 풀게 될까? 당신이 아마도 추측했다시피, 참가자들은 공개적일 때보다 혼자 있을 때 두 배나 더 많은 철자 바꾸기 문제를 풀었다.」

우리는 어떤 문제를 해결할 때 남들이 보는 공개석상에서보다 조용히 혼자서 해결할 때 문제 해결 능력을 더 발휘하게 된다는 내용의 글이다. 그러므로 (A)에는 'competence'가, (B)에는 'less successfully'가 와야 적절하다.

17 「사람들은 "I am sorry" 는 표현을 사과와 연관 짓는데, 종종 혼란스러운 결과를 낳는다. 만약 "내가 너의 이모님이 편찮으시다는 말을 들으니 참 안됐구나."라고 말한다면, 나는 사과를 하고 있는 것이 아니다. 나는 이것을 동정의 "I am sorry"라고 부른다. 이 표현은 그것을 초래한 것에 대한 책임을 받아들인다는 의미를 포함하지 않기 때문에 사과가 아니다. <u>반면에</u>, 만약 누군가가 나에게 빌려 준 물건을 내가 잃어버린다면, 나는 "그 물건을 잃어버려서 너무 미안해."라고 말 할 것이다. "sorry"의 이러한 사용은 내가 그것에 대한 책임을 받아들이고 있는 것이기 때문에 사과의 일부다. <u>마찬가지로</u>, 나의 부주의로 인해 내가 누군가와 부딪혀서 그 사람의 장바구니를 땅에 떨어지게 했다면, 그 꾸러미를 주우려는 시도와 함께 내가 "미안합니다."라고 말하는 것은 사과이다.

18 「감각 적응은 대단히 유용하다. 그것은 우리로 하여금 밤에 기차의 경적 소리에 '익숙해져서' 그 소리에도 불구하고 잠을 자는 법을 터득하게 해 준다. 그것은 제지 공장 근처에 사는 사람들로 하여금 그들의 마을을 방문하는 사람에게는 코를 찡그리게 해주는 악취에도 익숙해지게 해 준다. 이런 종류의 (감각) 습관화는 우리가 어떤 변화에 대응해야 할 필요가 있을 경우에는 차이가 나는 부분을 알아차리도록 해 주며, 그리고 나서는 우리가 우리의 주의를 그 밖의 다른 곳으로 돌릴 수 있도록 그것을 무시하게 해 준다. 하지만 그것은 약점이 있다. 우리는 서서히 발생하는 변화를 놓칠 수가 있는데 그 이유는 심지어 그 변화를 깨닫지도 못한 채 우리가 그것에 습관화되어 가고 있기 때문이다. 이것은 기차의 경적에도 불구하고 우리에게 잠을 잘 수 있게 해 주는 동일한 그 감각 습관화가 만약 연기가 방으로 아주 서서히 스며들어오고 있었다면 우리로 하여금 그 연기를 알아채지 못하게 할 수도 있음을 의미하는데, 이는 심각한 피해를 유발할 수도 있다.」

주변 환경에 대한 감각의 적응은 생활의 편리함도 있지만 주변 환경이 서서히 변화하게 되면 감각도 거기에 따라 무디어지게 된다. 예를 들면, 화재 시 연기가 서서히 방으로 스며들어올 경우에는 감각이 서서히 적응되어 이를 감지하지 못하게 되는 위험한 상황이 발생할 수도 있다는 것이 글의 주된 내용이다. 그러므로 (A)에는 'attention'이, (B)에는 'noticing'이 와야 자연스럽다.

19 「개개인으로서 우리는 어떤 활동에 참여할지를 선택할 수 있다. 우리는 우리가 선택하는 어떠한 방식으로든, 그리고 우리 나름대로의 속도로 우리의 환경을 탐색할 수 있다. 어떤 이들은 모험에서 위험을 감수하고, 새로운 도전을 설정하고, 경쟁하기를 소망할 것이다. 또 어떤 이들은 자아를 탐구하는 것을 소망할 텐데, 자기 자신 속으로의 여행을 떠나 자신의 사고 과정과 자신의 주변 세계에 대한 반응을 탐구할 것이다. 개인적 발전은 그러한 활동이 조장하는 일정 수준의 독립을 필요로 한다. 하지만 황야를 탐험하는 데 있어서도 우리는 다른 사람들과 함께 여행을 하고 활동을 즐기는 경향이 있다. 가족이야말로 우리가 그 안에서 여가를 즐기는 맨 첫 번째 집단이자 자연스러운 집단이다. 대가족(또는 다른 집단)은 자유롭게 행동할 수 있게 하면서 얼마간의 추가적인 여가와 오락 활동의 기회를 제공할 것이다.」

글의 전반부에서는 개인이 선택하고 참여를 결정하는 여러 가지 활동들은 개인의 독립성을 조장한다는 내용이 제시되고 접속사 However로 이끌어지는 문장은 이전의 내용과 상반되는, 즉 개인은 자신이 선택하는 활동도 주로 다른 사람들과 같이 하는 경향을 말한다. 그러므로 ③ 'in the company of others(다른 사람들과 함께)'가 빈칸에 적절한 표현이다.

20 「15세기 말 유럽인들이 이용할 수 있었던 가장 중요한 세계지도들 중 하나는 2세기 천문학자였던 Ptolemy의 지도였다. Ptolemy의 「Geography」의 인쇄판들은 그의 세계지도를 포함하고 있었는데 유럽에서 1477년에 통용되었다. 유럽의 학자들은 곧바로 그것을 당시의 가장 정확한 지도로 인정했다. Ptolemy의 지도는 세계를 유럽, 아시아, 아프리카의 세 개의 주요 대륙과 단지 두 개의 대양들로 이루어진 구형으로 나타냈다. 대양들을 대륙들보다 상당히 작게 제시하고 있을 뿐만 아니라, Ptolemy는 또한 지구의 둘레를 엄청나게 과소평가했다. 이것은 Columbus와 다른 모험가들이 유럽에서 아시아까지 서쪽으로 항해하는 것이 가능할 것이라고 믿도록 만들었다.」

Ptolemy의 지도에 그려진 세계의 모습은 모험가들이 서쪽으로 항해하는 것이 가능할 것이라고 믿도록 만들었다(This led Columbus and other adventurers to believe that it would be possible to sail west from Europe to Asia.)고 하였으므로 글의 내용과 일치하지 않는 것은 ① '모험가들이 서쪽 방향으로의 항해를 꺼리는데 일조했다'이다.

실전 모의고사 10회

Answer

1	2	3	4	5	6	7	8	9	10	11	12	13	14	15	16	17	18	19	20
②	④	④	①	②	③	①	③	②	④	④	②	③	③	④	②	②	④	①	④

1 「형편없는 댄스 공연에도 불구하고, 심사위원을 정말로 감동시킨 것은 그녀의 노래였다.」
It is ~that 강조구문을 사용하였으며, was의 보어 자리에는 명사 역할을 하는 동명사(singing)가 올 수 있고, 동명사의 의미상의 주어는 소유격 대명사(her)를 동명사 앞에 쓴다.

2 「조사관은 수사관들이 절도 사건 이후에 은행에서 지문을 발견하지 못했다고 전했다.」
주절의 시제가 과거(reported)이므로 의미상 주절의 시제보다 먼저 일어난 과거완료 시제를 써야 한다. 따라서 had discovered가 맞다.

3 「당신이 공사장이나 공항에서 야외에서 일하는 직업을 가졌다면, 당신은 청력을 손상시킬 가능성이 크다. 비록 시끄러운 소음의 영향을 즉각적으로 느끼지 않는다고 하더라도 청력을 보호하는 것은 중요하다. 여러 해가 지난 후에야 당신은 자신이 얼마나 많은 청력을 잃었는지를 알아낼 수 있다.」
제한을 나타내는 부사구(only after many years)가 문장의 맨 앞에 오면 주어와 동사가 도치되므로 you are를 are you로 고쳐야 한다.

4 「그 회사의 연구원들은 클라우드 자료 저장의 장기적인 이익에 대해 연구해 오고 있다. 또한 그들은 내년 안에 이 시스템의 시험판을 <u>시행할 것을</u> 기대하는 중이다.」
① 시행하다 ② 투옥하다 ③ 연루시키다 ④ 붕괴되다

5 「우유를 마시는 것은 매운 음식의 영향을 <u>완화하는</u> 하나의 방법이다. 캡사이신은 매운 감각을 발생시키기 위해 미뢰에 달라붙는 화학 물질의 이름이다. 우유는 캡사이신에 둘러 감김으로써 이 영향을 방지하여 미뢰를 보호한다.」
① 이주하다 ② 완화하다 ③ 남용하다 ④ 학대하다

6 「그 청년의 부모는 그가 그의 인생에서 방향성을 거의 가지고 있지 않아 보이기 때문에 <u>성공할 수 없을까 봐</u> 걱정한다.」
① 떠나다 ② ~을 설명하다 ③ 성공하다 ④ ~에 도달하다

7 「기자는 그 정치인에게 환경에 관한 그녀의 기사에 그의 인용문을 사용하는 것에 대한 허가를 구했고, 그는 마침내 <u>동의했다.</u> 」
① 동의하다 ② 거절하다 ③ 수여하다 ④ 이야기하다

8 be able to 동사원형 : ~을 할 수 있다 / provide A with B: A에게 B를 제공하다

9 「A: 이 파이 맛있네요! 제가 마지막 조각을 먹어도 될까요?
 B: 그럼요. 그렇게 하세요.」
① 식은 죽 먹기에요. ② 그렇게 하세요. ③ 꾹 참고 견뎌요. ④ 아무것도 아닌걸요.

10 「① A: 실례합니다. 이 셔츠의 더 큰 사이즈를 가져다 주실 수 있나요?
  B: 네, 같은 걸로 주세요.
 ② A: 정말 죄송해서 어떻게 해야 할지 모르겠네요.
  B: 말씀만 하세요.
 ③ A: 저 경찰관이 왜 네 차를 길 한 쪽으로 대게 했어?
  B: 나는 경고만 받았어.
 ④ A: 저 배우의 이름을 기억하니?
  B: 생각이 날 듯 말 듯해.」

11 「성 역할에 관한 생각과 마찬가지로 인종에 관한 생각은 세상 어디에서나 인간관계에 영향을 미친다. 그러나 생물학에 따르면 현재 지구상에 살고 있는 모든 인간은 호모 사피엔스 사피엔스라는 하나의 종에 속한다. 생물학적으로 말하자면, 인종은 무의미한 개념이다. 예를 들어 피부색, 모발의 질감, 얼굴, 몸매와 같은, 우리가 일반적으로 인종 표지로 여기는 특징은 생물학적 범주로서 아무런 의의가 없다. 피부색과 같은, 이른바 '인종적 특성'이라는 것의 어떤 것에 관해서도 인간 집단 내에서 광범위한 차이가 있다. 게다가, 혈액형과 DNA 패턴과 같은 눈에 보이지 않는 많은 생물학적 특징이 피부색 분포와 그밖의 다른 소위 '인종적 속성' 이라는 것에도 영향을 주며 보통 다른 인종으로 여겨지는 것들 전체에 걸쳐 공유된다. 사실 지난 몇 천 년 동안에 주민들 간에 매우 엄청난 유전자 유동이 있어서 현대의 어떤 집단도 보편적인(→ 뚜렷이 구별되는) 일련의 생물학적 특성을 보여 주지 않는다. 우리가 사뭇 달라 보일지 몰라도, 생물학적 관점에서 보면 우리는 모두 밀접하게 연관되어 있다.」
이 글의 중심 생각은 인간이 모두 하나의 종에 속하기 때문에 인종이라는 개념이 생물학적 분류로는 의미가 없다는 것이다. 피부색과 이른바 '인종적 속성'에 영향을 미치는 생물학적 특성들이 어느 인종에나 공유되는 특성이기 때문에, 겉으로 사뭇 달라 보여도 생물학적으로는 우리 모든 인간이 밀접하게 연관되어 있다는 것이다. 따라서 현대의 어떤 인간 집단도 서로 뚜렷이 구별되는 생물학적 특성을 보여 주지 않기 때문에 ④ universal(보편적인)은 distinct나 discrete(뚜렷이 구별되는)로 교체되어야 한다.

12 「니체는 철학자들 중에서 최고의 문예가 중 한 명이다. 많은 독일인들은 독일어 산문을 쓴 모든 작가들 중에서 그를 가장 위대한 작가로 간주한다. 니체가 참으로 많은 창조적 예술가들과 말이 통했던 한 가지 이유는 그 자신도 철학자들 중에서 뛰어난 예술가였기 때문이다. 그는 좋은 시를 썼고, 음악을 작곡했으며, 그의 생애에서 가장 중요한 교우 관계는 작곡가 바그너와의 관계였다. 하지만 이들 어떤 것보다 더 중요한 것은, 그의 문체가 보기 드물게 탁월한 것이었는데, 이는 거의 확실히 다른 작가들을 매료시킬만한 것이었다. 그가 쓴 대부분의 책들은 장황하게 서술된 논증과 반증이 있는 다른 철학 서적들과 같이 만연체 산문으로 쓰여진 것이 아니라, 경구나 성경 구절들 혹은 별도로 번호가 붙은 단락들과 같은 자잘하게 쪼개진 형태로 쓰여져 있다.」
이 글의 중심 생각은 니체가 수려한 문체를 구사하기 때문에 철학자들 중에서 최고의 문예가로 꼽는다는 것이다. 그가 쓰는 책들은 장황하게 서술된 논증과 반증이 있는 만연체 산문이 아니라, 경구나 성경 구절들처럼 자잘하게 쪼개진 형태라는 설명이 명시적으로 적혀 있으므로, ②는 글의 내용과 일치하지 않는다.

13 「그녀는 "꺼짐" 단추를 누르고 마이크를 응시했다. 그녀는 손가락이 얼얼했다. 그녀가 해냈다! 그녀는 사람들이 실제로 알아 보고 부러워할 만한 사람이 될 올해의 거대한 첫발을 내디딘 것이었다. 누가 알겠는가? 아마도 내년에는 사람들이 동창회 의 여왕으로 그녀에게 표를 던질지도 모른다. 그런 생각을 하자 그녀는 매우 떨려왔다. 복도는 사물함을 열기 위해 철커덕 대는 학생들로 가득 차 있었다. 그녀는 1교시 전에 그녀의 사물함으로 가기에는 몇 분밖에 없었다. 그녀의 얼굴은 흥분으로 상기되었다. 그녀는 새로운 사람이 된 것 같은 느낌이었다. 그러나 아무도 그녀를 보고 있는 것 같지 않았다. 그녀가 확성 기를 통해 방금 엄청난 공연을 펼쳤다는 사실은 안중에도 없이 그녀의 주위를 계속 스쳐 지나가는 학생들을 지켜보았다. 사람들이 전부 그녀의 확실한 재능을 너무 질투한 나머지 그녀를 인정할 수 없다는 게 가능한 것인가?」

여자는 방송으로 공연을 끝낸 뒤 자신이 사람들의 인정과 감탄을 받을 거라고 예상했지만, 마지막 부분에서 다른 학생들이 전혀 아는 내색을 하지 않자 의아해 하고 있다. 따라서 여자의 심경은 '흥분하고 들뜬(excited)' 상태에서 '실망한(disappointed)' 상태로 변했음을 알 수 있다.

14 「오늘날의 민주주의는 복잡하다. 모든 사람들에게 이익을 주는 다수결의 원칙으로 민주주의를 정의하는 것은 너무 단순해서 유용하지 않다. 오히려, 민주주의는 한 개인, 집단, 혹은 이해관계자의 지배가 최소로 유지될 수 있도록 제도와 절차를 통 해 권력을 분산하는 체제로서 가장 잘 이해된다. 권력의 비윤리적인 형태인 지배는 본질적으로 정치적이거나 경제적이거나 사회적일 수 있다. 권력, 즉 지배는 소멸될 수 없다. 따라서 권력은 그 어떤 하나의 개인 혹은 기관 안에 구현되지 않도록 체제 전체로 분산되어야 한다. 민주주의 체제는 사람들이 사려 깊고 신중한 자세로 정치에 자발적으로 그리고 전체적으로 참여하도록 유인 요소를 갖고 있다. 모든 사람들이 정치 체제와 그것의 제도를 형성하는 데 참여하기 때문에 아무도 자신 의 권력을 다른 사람에게 과도하게 행사 할 수 없다. 민주주의의 이런 정의는 사람들이 개인별로나 집단별로는 신뢰받을 수 없다는 것을 인정한다. 하지만 전체적으로 사람은 모든 사람에게 이익을 주는 규칙, 제도, 가치를 만들어 낼 수 있다.」

민주주의는 제도와 절차를 통해 한 개인, 집단, 이해관계자의 지배를 최소화 하고 구성원들의 정치 참여를 유 도해서 사회 전체 이익을 보장하려고 한다는 내용의 글이므로 ③이 글의 요지로 가장 적절하다.

15 「대도시 지역 간에 화물을 운반하는 장거리 트럭 운송은 더 낮아진 검색 비용에서 생기는 향상된 배차 연결로 이익을 얻고 있다. 화물을 운반한 트럭은 본거지로 돌아가는 여정에 텅 빈차로 가기보다는 다른 화물을 찾을 필요가 있다. 이것은 트럭 운전기사나 화물 운송회사 사무실이 전화를 많이 해봐야 하는 것을 의미했다. 이제는 인터넷이 트럭 용량이나 잠재적 화물 에 대한 즉각적인 정보를 이용 가능하게 만든다. 사업가들이 그 정보를 제공하는 패스워드로 접속하는 웹사이트를 만들었 고 트럭 운전기사나 운송할 화물이 있는 회사들이 월정액을 내고 그 사이트에 가입할 수 있다. 이제 트럭들이 텅 빈 트레 일러로 본거지로 돌아갈 필요가 거의 없어졌고 20% 혹은 그것을 초과하는 생산성 증가가 보고되고 있다.」

인터넷 사이트가 트럭 운송 서비스 제공자와 운송할 화물을 가진 사람 사이를 신속하게 연결시켜줌으로써 트 럭 운송업의 생산성이 향상되었다는 내용이므로, 제목으로는 ④'인터넷이 화물운송 시장을 재탄생시켰다'가 적 절하다.

16 「많은 사람들이 신체적 장애가 있는 사람들을 제대로 이해하는 것이 어렵다고 생각하는데, 그것은 흔히 그들이 장애가 있는 어떤 사람과도 아무런 개인적인 상호 작용이 없었기 때문이다. 예를 들어, 그들은 이동 장애가 있어서 휠체어를 사용하는 사람에게 무엇을 기대할지 확신이 서지 않을 수 있는데, 그것은 그들이 휠체어 사용자와 결코 시간을 보낸 적이 없기 때문 이다. 이런 이해의 부족은 장애가 있는 사람에게 추가적인 문제를 일으킬 수 있다. 사회가 장애를 가지고 있는 사람들에게 더 적절하게 응원한다면 그들은 결코 그 정도로 많은 문제와 한계를 겪지 않을 것이다. 휠체어를 사용하게 된 사무원들을 생각해 보라. 단지 한 층만 있거나, 층간에 연결용 경사로 혹은 승강기가 있다면 그들은 직장에서 아무 도움도 필요하지 않 을 수도 있다. 다시 말해서, (적합하게) 개선된 근무환경에서는, 그들은 장애가 없는 것이다.」

주어진 문장은 사회가 적절하게 장애인들에게 응하면 장애인들이 많은 문제와 한계를 겪지 않을 수 있다는 내용이다. ② 뒤에서부터는 많은 근무 환경을 개선하여 장애인이 장애를 겪지 않는 사례를 제시하고 있으므 로 주어진 문장이 ②에 들어가야 글의 흐름이 자연스러워 진다.

17 「관광 서비스는 미래의 소비를 위해 오늘 만들어져서 저장될 수는 없다. 예를 들면, 400석 규모인데 빈 좌석이 100개인 비행기는 바로 이 비행기가 다음번에 비행할 때 500석을 파는 식으로 부족분을 보상할 수는 없다. 그 100석은 정상적으로 창출하게 되는 수익과 함께 돌이킬 수 없이 사라져버린 것이다. 이 손실의 일부는 자기들이 예약한 것을 지키지 않은 항공편 승객이나 호텔 손님들의 탓이기 때문에, 대부분의 업체는 과거에 (예약되었다가 결국) 채워지지 않은 평균 좌석수를 근거로 자신들의 서비스 예약을 한도 이상으로 받는다. 관광업의 이러한 특징은 또한 왜 항공사나 다른 관광업체가 막판 세일이나 엄청나게 할인된 금액의 대기자 가격을 제시하는지 설명하는 데 도움이 된다. 그들은 이런 손님들로부터 정상적인 손님들에게서 만큼의 이익을 얻지는 못하겠지만, 최소한의 추가 비용을 들여서 적어도 일부 수익은 회복할 수 있다.」

이 글은 관광업계가 영구히 돌이킬 수 없는 손실을 보존하기 위해 마련한 책략들을 소개하고 있으므로, 글의 주제로 ②의 '관광업에서 돌이킬 수 없는 손실을 최소화하는 전략들'이 가장 적절하다.

① 관광 산업의 개발을 지원해야 할 이유들
③ 관광업을 촉진하는 데 있어서 국제 항공사들의 역할들
④ 관광업의 급속한 팽창이 경제에 미치는 영향들

18 「작은 차이들을 제외하고, 모든 정상급 운동선수들은 그들의 종목이 무엇이든 인간의 움직임을 조정하는 역학적 원리를 최대한 활용하는 것을 바탕으로 하는 뛰어난 기술을 사용한다.

(C) 하지만 정예 선수의 기술에서 여러분이 보는 정교하고 결점이 없는 동작이 우연히 생겨나는 일은 거의 없다는 것을 기억하는 것이 중요하다. 그것들은 대개 여러 시간에 걸친 연습 그리고 보다 중요하게는 스마트한 연습 즉 올바른 방식의 연습으로부터 만들어진다.

(B) 마찬가지로, 어떤 한 방식으로 동작을 수행하는 것이 다른 방식보다 왜 더 나은지를 알고 있는 코치들과 스포츠 과학자들의 도움 없이 운동선수가 세계 최상급의 상태에 도달하는 것은 오늘 날 거의 불가능하다.

(A) 오늘날의 최고의 운동선수들은 그들이 운동하는 모습을 정밀하게 관찰하고 그들에게 무엇이 효율적인 동작이고 무엇이 그렇지 않은지를 말해 주는 정통한 코치들로부터 도움을 받는다. 운동선수의 재능 및 훈련과 더불어 코치의 지식과 스포츠 과학 평가가 안전한, 최고의 경기력을 발휘하는 데 도움이 된다.」

주어진 문장에서 언급한 정상급 운동선수들의 뛰어난 기술이 수많은 시간의 연습의 결과라는 것을 밝히고 있는 (C)가 제일 앞에 와야 한다. 정상급 선수가 되기 위해서는 연습뿐만 아니라 코치와 스포츠 과학자들의 도움이 필요하다는 것을 언급하고 있는 (B)가 그다음에 이어져야 하고 오늘날의 최고의 선수들의 사례를 제시한 후 앞에서 말한 최고의 운동선수가 되기 위한 요건들을 다시 한번 정리해 주고 있는 (A)가 마지막에 와야 한다.

19 「George de Mestral이 시골 지역을 산책한 후에 집에 돌아 왔을 때, 그는 자신의 옷이 작은 가시들로 덮여 있는 것을 알아챘다. 그는 그것들이 그의 옷에 달라붙은 이유를 알아내기로 했다. 자세히 조사해 본 결과 그 가시들이 그것들을 직물에 있는 고리에 쉽게 달라붙게 하는 작은 갈고리들로 덮여 있다는 것이 밝혀졌다. 이 단순한 개념에 영감을 받은 de Mestral은 동일한 아이디어가 다른 표면들을 서로 붙게 하는데 사용될 수 있지 않을까 하고 생각했는데, 그 생각은 결국 그가 벨크로(한쪽은 꺼끌하게 다른 한쪽은 부드럽게 만들어 두 부분을 붙여 떨어지지 않게 하는 여밈 장치)를 발명하는 결과를 가져왔다. De mestral의 이야기는 흔히 창의성의 기초가 되는 가장 중요한 원리들 중 하나에 대한 증거로 인용되는데, 그것은 한 상황에서 나온 아이디어나 기법이 다른 것에도 적용될 수 있다는 깨달음이다.」

② 모든 것은 현재 존재하는 것을 부정하는 것에서 시작해야 한다.
③ 창의적인 생각은 휴식의 순간에 떠오른다.
④ 새로운 아이디어들은 실제로 오래된 것들을 새로운 방식으로 재배열한 것들이다.

20 「교육은 경제 성장을 가속하고, 소득 분배를 개선하며, 빈곤을 줄일 수 있는 강력한 힘이다. 교육은 또한 평균 수명 연장, 유아 사망률 저하, 그리고 보다 결속력 있는 국민적 정체성에 기여함으로써 시민들의 삶의 질을 향상시킬 수 있다. 그러나 교육을 통해 인적 자본에 투자함으로써 이러한 이득을 획득하는 일이 저절로 되는 것은 아니다. 아주 흔히, 교육에 더 많이 투자하는 것이 보다 빠른 경제 성장과는 관련이 없는데, 특히 체제가 수요를 충족시키기 위해서 요구되는 숙련된 노동의 질을 내놓지 못할 때나 수요 자체가 불충분할 때에 그렇다. 마찬가지로, 질 낮은 교육은 실질적으로 교육의 혜택을 부식시켜, 높은 중퇴율, 특히 빈곤층에서의 높은 중퇴율로 이어진다. 마지막으로 사회적 결속을 높이고, 건강 결과를 향상시키고, 국가의 미래 발전 역량을 강화하기보다 교육은 때때로 기득권을 가진 집단들에 의해 보다 큰 공공선을 희생하면서까지 특정 목적을 진척시키기 위해 이용되기도 한다.」

문단의 시작 부분은 교육의 긍정적인 측면에 대해 논하고 있다. 하지만 빈칸 (A)부터는 그러한 긍정적 효과가 저절로 일어나는 것은 아니라고 기술하면서 교육에 대한 투자가 성과가 없을 수 있는 경우나 부정적인 측면에 대해 기술하고 있다. 그러므로 (A)에는 'However'가 와야 자연스럽다. (B)에는 교육의 부정적 측면에 대한 마지막 예를 드는 내용이 이어지므로 'Finally'가 와야 적절하다.

Answer

1	2	3	4	5	6	7	8	9	10	11	12	13	14	15	16	17	18	19	20
①	①	③	③	④	③	②	③	②	④	③	②	①	④	④	③	①	②	③	③

1 「그 내과의사는 병동으로부터 긴급 연락을 받았고 당장 <u>급히 출발해야</u> 했다.」
① 급히 출발하다
② ~을 작성하다, 이해하다
③ ~을 연기하다
④ 단계적으로 중단하다

2 「오늘날 세계 안정에 대한 가장 큰 위협은 증가하는 빈부격차이다. 적은 비율의 인구가 <u>사치스러운</u> 생활을 하는 반면에, 대부분의 사람들은 생존을 위해 싸우고 있다. 그들의 사회적 지위로 인해 이미 빈곤의 <u>지배</u>에 있는 사람들이 이러한 경제적 불균형으로 가장 고통 받고 있는 사람들이다.」
① 사치스러운 – 지배
② 유감스러운 – 영역
③ 만족스러운 – 애착
④ 알맞은 – 경향

3 「• 그 요리사는 원래의 조리법에서 크게 <u>빗나가지</u> 않음에도 불구하고, 그 자신만의 전통 요리를 만든다.
• 나는 내 머리카락을 스스로 염색하려고 할 때 <u>헝클어진</u> 몇 가닥을 항상 빼 먹는다.」
① 뒤집다 ② 매끄럽게 하다 ③ 급증하다 ④ 빗나가다

4 「그는 독자들에게 그의 의견을 명확히 하기 위해 광범위한 단어와 설명적인 언어를 이용하는 것뿐만 아니라 그의 <u>신랄한</u> 기사로도 유명하다.」
① 하찮은 ② 상세한 ③ 신랄한 ④ 졸리는

5 「그는 계속 기다려야 했고, 그의 인내심은 <u>줄어드는</u> 중이었다.」
① 기쁜 ② 오해의 소지가 있는 ③ 숨이 막히는 ④ 줄어드는

6 「A : 좋은 생각 있니? /
B : 어떻든지 간에, 나는 마음의 결정을 내렸어.」

7 「인사부서에 있는 많은 사람들이 하는 흔한 실수는 지원자가 직책에 대한 전문적인 요건을 충족시킨다고 생각되면, 잠재적 직원의 다른 면들을 고려하지 않은 채 채용하는 것이다. 태도, 성격, 심지어 도덕성과 같은 부가적인 자질들이 직원이 일하는 방식에 영향을 미칠 것이란 점을 잊지 말아야 한다. 당신은 이 주제에 대해 훨씬 깊이 있는 세부사항과 그 밖에 많은 것들을 전달하는 내 책을 구매함으로써 현명한 채용 방식에 대하여 더 배울 수 있다.」

(a) 선행사는 applicant이고 'they feel'이라는 삽입절을 빼고 보면 동사 fills에 대한 주어 역할을 해야 하므로 관계대명사 who가 적절하다.

(b) 선행사는 my book이고 뒤 문장은 'I go into greater detail on this subject and much more in my book.'의 형태였으므로 전치사 in과 함께 쓰인 관계대명사 형태로 in which가 적절하다.

8 「• 그는 그의 삶에서 만난 사람들에게 좋은 친구가 되기 위해 전념한다.
• 영화 속 그녀의 연기가 인기 있어서, 그로 인해 다른 영화들에서 더 많은 역할을 맡게 되었다.
• 나는 주말 동안 집안일을 맡아서 하겠다고 제안했다.」
be devoted to ~ing (~에 전념하다) / lead to ~ing (~의 원인이 되다) / offer(제안하다)는 to부정사를 목적어로 취하는 동사이다.

9 regret to 동사원형 (~할 것을 유감스러워하다) / regret ~ing (~했던 것을 후회하다) 따라서, 해석상 to apologize를 apologizing으로 고쳐야 한다.

10 「과학자들은 세계 인구가 원래 추정된 것보다 훨씬 더 빠른 속도로 팽창하고 있다고 걱정한다.」
뒤에 비교급과 함께 쓰이는 than이 와서 비교급 형태를 써야 하며, 비교급 앞에 비교급을 강조하는 부사로 so는 쓸 수 없으며 a lot이 함께 오는 것이 옳다.

11 「우리는 편안한 안락의자의 수출을 네덜란드로 확대하기를 희망하고 있으며 그 나라에서 우리 회사를 대리할 수 있는 대리인을 찾고 있습니다. 뉴욕에 있는 네덜란드 대사관의 Brian Cahill씨가 당신을 강력히 추천하였습니다. 그는 당신이 단단한 목재 구조와 강철 스프링의 특징을 갖고 있는 우리의 고급안락의자를 위한 독점 판매 대리인이 되는 것에 관심이 있을 것이라고 말해주었습니다. 우리 회사는 이미 독일과 덴마크에 광고 지원을 포함해 순수 정가의 10퍼센트 수수료를 받으며 우리 회사를 대리하고 있는 독점 대리인을 가지고 있습니다. 우리 회사의 최신 판매 목록과 가격, 그리고 당신이 살펴보시라고 계약서 초안을 동봉합니다. 우리 회사 대리인 제안을 수락하는 것에 관심이 있으시면, 우리 회사의 판매 부장인 Richard Wallace가 4월 말에 암스테르담에 있는 당신을 방문해서 저희 제안에 대한 계약사항을 논의하면 좋을 것 같습니다.」

12 「나는 눈을 감는다. 나는 해변에 있으며 여름이다. 나는 접이식 의자에 등을 대고 누워있다. 내 피부에 의자 캔버스 천의 꺼끌꺼끌함이 느껴진다. 나는 바다와 파도의 냄새를 깊이 들이마신다. 눈을 감고 있는데도 햇빛은 눈이 부시다. 나는 파도가 해변에서 찰싹이는 소리를 듣는다. 소리는 멀어졌다가 다시 가까워진다. 마치 시간이 그 소리를 떨게 만드는 것처럼. 근처에 누군가 나를 그리고 있다. 그 사람 옆에는 짧은 소매의 밝은 파란색 드레스를 입은 어린소녀가 내 쪽을 응시하며 앉아 있다. 그녀는 생머리에 흰색 리본이 달린 밀짚모자를 쓰고 모래를 퍼내고 있었다. 그녀의 팔이 햇빛에 반짝였다. 자연스러운 미소가 그녀의 입술에 머문다. 나는 잠시 시간이 멈추기를 바란다.」

13 「모든 신화적 존재와 마찬가지로, 용은 문화에 따라 다른 방식으로 인지된다. 그것들은 흔히 파충류로 그려지는데, 알에서 깨어나고, 전형적으로 깃털이 있거나 비늘이 있는 거대한 몸을 가지고 있다. 그러나 그것들이 나타내는 것은 문화마다 다르다. 중국과 동양의 신화는 그것들을 인정이 많은 것으로 묘사한다. 그것들은 용을 자연과 우주의 근본이 되는 힘의 상징으로 여긴다. 용은 또한 지혜와 연관이 있어, 인간보다 더 현명하다고 종종 여겨지며 장수와도 관계가 있다. 사람들은 그것들

이 흔히 어떤 형태의 마법이나 다른 비범한 힘을 가지고 있고, 우물, 비, 그리고 강과 자주 연관된다고 말한다. 그러나 유럽에서 용은 아담과 이브를 유혹한 뱀과 연상되어, 악한 이미지를 가지고 있다.」

글 전체는 dragon을 인식할 때의 동서양의 <u>차이점</u>에 관한 내용이다. 주로 중국을 비롯한 동양에서는 <u>선하고 인정이 많은</u> 대상으로, 유럽을 비롯한 서양에서는 <u>악한</u> 이미지로 묘사되고 있다는 내용의 글이다.

14 「귀납적 추론은 우리의 가장 중요한, 일반적으로 사용되는 문제해결활동이라고 주장될 수 있다. 개념형성, 사례로부터의 일반화, 그리고 예측은 모두 귀납적 추론의 예들이다. 그런데, 귀납적 추론 과업이 너무 기본적이기 때문에, 사람들이 그런 과업에서 사용하는 발견적 지도법이 필수적인 통계적 원리들을 존중하지 않는다는 것을 알게 되는 것은 충격적이다. 사람들은 결국 자신들이 귀납적 추론문제를 해결할 때, 표본크기, 상호관련성, 그리고 기초비율과 같은 통계적 변수들을 간과한다. 사실, 귀납적 추론은 어떤 통계적 원리들을 만족시켜야 한다. 개념은 분별되어야하고 그것들이 좁은 범위의 또렷이 정의된 대상에 적용될 때 더 많은 확신을 가지고 적용되어야만 한다. 일반화는 많은 수의 사례에 기초할 때 더욱 확실해진다. 예측은 정보가 이용 가능한 차원과 예측이 이루어지는 차원 간에 높은 상호관련성이 있을 때 더 확실해진다.」

heuristics 발견적 학습법

15 「오늘날의 부모는 거의 보편적으로 건강에 좋은 음식과 건강에 좋지 않은 음식에 관해 자녀에게 '가르치는' 것이 중요하다고 느낀다. 하지만 아이는 실제로 무엇을 배우는가? Leann Birch와 그녀의 동료들은 아이들을 장난감과 간식이 모두 있는 놀이방에 혼자 내버려 두게 하여 부모가 없을 때 아이들이 어떻게 먹는지 연구해 왔다. 과식하거나 배가 고프지 않은 때에도 (식사 직후) 먹을 가능성이 가장 많은 아이들은 무엇을, 언제, 얼마나 먹어야 하는가에 고나해 가장 통제적인 부모를 가진 아이들이었다고 그들은 보고한다. 아이에게 먹는 것에 대해 정식으로 지시를 내리거나 규칙을 알려 주는 것은 아이가 '나는 지금 배고파' 또는 '나는 지금 배불러'라고 말하는 내부 신호를 알아차리고 그에 대응하는 법을 배우지 못하게 되는 장기적으로 부정적인 결과를 낳는다.」

부모가 아이의 식사를 통제하고 교육하려는 경우 오히려 아이의 식습관 문제를 야기할 수 있다는 내용의 글로 ④ '아이의 식사(행위)를 통제하려고 하지 마라'가 제목으로 가장 적절하다.

① 맛이 좋은 것이 좋은 것이다.
② 어릴 적 식습관이 오래 간다.
③ 아이가 무엇을 먹는지 기록하라.

16 「사람들은 왜 자신이 어떤 결정을 내리고 있는지를 이해할 수 있는 자신의 능력을 과대평가한다. 그들은 심지어 마음속에서 무슨 일이 일어나고 있는지에 대한 어떤 단서도 가지고 있지 못할 때조차도 자기 자신의 행동을 설명하기 위해 이야기를 지어낸다. 결정을 내린 이후에 그들은 왜 그런 결정을 내렸는지에 대해, 그리고 그 결정이 그 상황에서 옳은 것이었는지에 대해 자기 자신을 기만한다. Harvard의 Daniel Gilbert는 우리가 자신의 좋은 자질을 확인해 주는 정보는 과장하고 그 자질에 대해 의혹을 제기하는 정보는 무시하는 심리적 면역 체계를 지니고 있다고 주장한다. 한 연구에서, IQ 테스트를 막 잘 치르지 못했다는 말을 들은 사람들은 훨씬 더 많은 시간을 IQ 테스트의 단점에 관한 신문 기사를 읽는 데 보냈다. 관리자로부터 아주 좋은 평가를 받은 사람들은 그 관리자가 얼마나 똑똑하고 현명한가에 대한 기록을 읽는 데 관심을 증가시켰다.」

(A) 첫 번째 문장에서 사람들은 왜 자신이 어떤 결정을 내리고 있는지를 이해할 수 있는 능력을 과대평가한다고 기술하고 있는데, 이것이 이 글의 요지이다. (A)가 속한 문장은 이 요지에 대한 부연에 해당한다. 자신의 능력을 과대평가하는 것은 결국 자기 자신을 기만하는 것과 일맥상통하므로 lie가 적절하다. (B) 우리가 지니고 있는 심리적 면역 체계는 우리 자신의 좋은 자질을 확인시켜 주는 정보는 과장하고 그것에 대해 의심하는 정보는 무시하는 것이므로 ignores가 적절하다. accepts는 '받아들이다'의 뜻이다. (C) 우리의 심리적 면역 체계에 따르면, 관리자로부터 아주 좋은 평가를 받은 사람들은 그 칭찬을 과장하게 마련이다. 그러한 과장의 행동으로 그들은 자신을 칭찬한 관리자의 능력과 품성에 대한 관심을 높일 것이다. 따라서 increased가 적절하다.

17 「몇몇 경우에 있어서, 본문에 대한분석은 남성과 여성이 서로 다른 글쓰기 스타일을 가지고 있는 경향이 있다는 것을 보여 주고 있다. 무엇보다도 그들이 사용하는 인칭대명사의 양이 다르다. 예를 들면, 여성들이 남성들보다 I, you, 그리고 she와 같은 대명사를 사용하는 경향이 더 많다. 반면, 남성들은 여성들이 사용하는 것보다 a, the, that, 그리고 these와 같은 단어를 더 많이 사용하는 경향이 있다. 그들은 또한 more나 several 같은 수나 양을 나타내는 단어를 더 많이 사용하는 경향이 있다. 여성들과는 대조적으로, 남성들은 하나의 단어보다는 오히려 구를 가지고 명사를 더 쉽게 수식한다. 예를 들어, 여성들은 대개 rose garden을 쓰는 반면, 남성들은 garden of roses를 사용한다는 것이다.」

글을 쓸 때 여성은 남성보다 인칭대명사를 더 많이 사용하고, 남성은 여성보다 a, the, that, these, more, several과 같은 단어를 더 많이 사용하고 구를 가지고 명사를 수식하는 방법을 더 많이 사용한다는 내용이므로, 빈칸에 들어갈 말로는 ① '스타일'이 가장 적절하다.

② 장르 ③ 분위기 ④ 제목

18 「공기는 보이지 않기 때문에 공기가 실제로 있는 것이고 공간을 차지한다는 사실을 이해하기가 어려울지도 모른다. 다음 실현에서 풍선의 몸체를 병 속에 넣고 풍선의 목을 병 주둥이 둘레로 잡아당겨 놓는다. 물론 병에는 공기가 가득 차 있고 풍선은 사실상 병을 밀봉한다. 풍선 속으로 압착하기 때문에 풍선은 약간 팽창한다. 그러나 그 압착된 공기가 풍선이 더 팽창하지 못하게 하면서 다시 풍선을 밀치기 때문에 팽창은 거기까지만 갈 뿐이다. 병 속에 구멍이 있다면 풍선 속으로 바람을 불어넣을 때 병 속의 공기는 밖으로 밀려나올 수 있다. 그러나 병이 밀봉되었기 때문에 공기가 탈출할 수 없고 <u>풍선은 팽창 할 수 없다</u>.」

병 속에 공기가 가득 차 있고 병이 밀봉되어 있<u>으므로 병 속에 들어 있는 풍선에 바람을 불어넣으려고 해도 풍선은 팽창하지 못할 것이다</u>

① 풍선은 멀리 날아갈 수 없다.

② 병은 고기로 가득 채워질 것이다.

④ 병은 목 부분에서 깨질 것이다.

19 「읽기는 수동적인 행위가 아니다. 예를 들어, 당신이 신문 사설을 읽을 때, 당신은 단순히 작가의 요점을 이해하려고 노력하는 것이 아니다. 당신은 그 논증을 분석하고, 평가하며, 반응하는 정교하고 지적(知的)이며 사회적인 활동에 종사하기도 하는 것이다. 당신이 더 주의 깊게 그렇게 하면 할수록, 그 논증에 대한 당신의 참가는 더 실재적이 될 것이고 논의 중인 그 문제에 대한 당신의 이해는 더 좋아질 것이다. 이상적으로, 논증을 읽는 것은 논증을 쓰는 것만큼 이나 주의 깊은 또한 정교한 활동이어야 한다. 필자들이 그들의 논증을 구성함에 있어 사용하는 방책들에 대해 더 많이 알면 알수록, 당신은 그만큼 더 잘 그 논증들을 분석하고 평가할 수 있을 것이다. 덧붙여, 당신이 독자로서 당신 자신에 대해 더 많이 알면 알수록, 당신이 의문스럽거나 결함이 있을 수 있는 호소 또는 추론 부분들을 식별하는 것이 더 쉬워질 것이다.」

20 「청자들은 화자들이 그들이 이미 알고 있고 그들이 알고 싶어 하는 것과 관련된 정보를 전달할 것이라고 가정한다. 그들은 그들이 속해 있는 공통의 사회적 상황을 바탕으로 그 발언을 해석할 수 있다. (B) 그것은 그들로 하여금 막연하고 애매모호한 말들의 의미를 정확히 짚어내고 발언되지 않은 논리적 단계들을 채우도록 행간의 의미를 알아듣는 것을 가능하게 한다. 화자와 청자는 서로의 지식, 관심사, 성향을 알고 있다. (C) 이러한 상호 이해, 이를테면 '동의하는' 상태가 글로 표현된 의사소통에서는 종종 결여된다. 독자가 알고 있다고 저자가 가정하고자 하는 정보는 글 속에 포함되어야 한다. (A) 다시 말해서, 저자들은 비판적인 독자의 온전한 이해를 보장하기 위해 자신들의 성향을 명확하게 해야 한다. 그리고 몸짓 언어를 읽을 수 없는 독자들은 글 속에 내재되어 있는 태도나 성향을 '읽어내기'위해 글을 면밀하게 검토해야 한다.」

Answer

1	2	3	4	5	6	7	8	9	10	11	12	13	14	15	16	17	18	19	20
④	③	②	①	②	④	③	①	③	②	④	④	②	④	④	①	①	①	③	③

1 「A : 안녕, 마틴, 나야. 나 오늘 보스턴에 도착하지 못할 것 같아.

B : 무슨 일이야? 너의 항공편이 취소됐니?

A : 아니, 비행기가 불시착했어. 기계 결함 때문에 이곳에서 꼼짝도 못하고 있어.

B : 세상에, 정말? 너 지금은 어디에 있니?

A : 시카고. 그들이 모든 사람들을 내일로 다시 예약해줬어.

① 저렴한 항공편들은 잠시 동안의 중간 기착을 포함하고 있어.

② 내 여정을 변경하는 데에는 수수료가 발생했어.

③ 이 티켓은 내 탑승 마일리지로 샀어.

④ 기계 결함 때문에 이곳에서 꼼짝도 못하고 있어.

2 「A : 안녕하세요, 저를 좀 도와주실 수 있나요?

B : 물론이죠. 물건을 교환하러 오셨나요?

A : 상자를 열었을 때 이 선풍기가 손상되어 있어서 다시 가져왔어요.

B : 아, 그렇군요. 제가 상자를 볼 수 있을까요?

A : 네, 돈을 돌려받을 수 있으면 좋겠네요.

B : 음, 영수증을 가져오신 한, 그것은 문제가 되지 않을 거예요.

A : 네, 바로 여기 있습니다.

B : 현금과 신용카드에 돈이 예금되는 것 중 어떤 것을 선호하시나요?

A : 현금이 좋겠어요.

③ 그는 구매에 대해 환불을 받고자 한다.

3 「심리학자들은 사람들이 그들의 감정을 억누르는 것에 대해 종종 경고하며 그것들을 표출할 건전한 방법을 찾을 것을 권고한다.

① 상기하는 것 ② 억누르는 것 ③ 변화시키는 것 ④ 자백하는 것

4 「학교 공부를 끝마치지 않고 친구와 놀기로 한 그 소녀의 성급한 결정은 그녀의 부모님께 눈에 띄지 않고 넘어갈 수 없었다.

① 성급한 ② 필사적인 ③ 까다로운 ④ 의식하지 못하는

5 「그 어린 체조 선수는 세계 선수권 대회에서 우승한 후 하룻밤 사이에 슈퍼스타가 되었다. 그의 인기 덕에, 체조에 대한 전국적인 관심이 급속히 커지기 시작했다. 초등학교들은 그것을 체육 수업에서 가르치기 시작했고, 강습을 받고 싶어 하는 아이들의 급증이 있었다.
① 분할 ② 급증 ③ 마찰 ④ 공백

6 be accustomed to ~ing (~에 익숙하다)이므로 drink를 drinking으로 고쳐야 한다.

7 「Emily는 자신의 생일이 크리스마스 날인 것을 싫어했는데, 왜냐하면, 사람들이 기억하기는 쉬울지라도, 모든 사람들이 가족과 함께 보내고 있는 날 생일 파티를 여는 것이 어려웠기 때문이다.
③ to부정사의 의미상의 주어로 일반적으로 'for + 목적격'형태를 쓰고, 앞에 오는 형용사가 사람을 판단하는 형용사일 때 'of + 목적격' 형태를 써야 하므로 by를 for로 고쳐야 한다.

8 「• 그는 강사의 계획에 대해 결점을 지적하는 것을 주저했다.
• 나는 내가 입체 음향 시스템에 그렇게 많은 돈을 들일 준비가 되었는지 확신이 서지 않았다.
• 그녀는 바비큐 파티에 자신의 이웃들을 초대했고 누구도 배제시키지 않도록 확실히 했다.
point out (~을 지적하다) / shell out (~에 거금을 들이다) / leave out (~을 배제시키다)

9 seem이나 appear는 '~인 것 같다'라는 뜻으로 진행형을 쓸 수 없는 동사이며, ask는 4형식 동사로 간접목적어(them)와 직접목적어(what~)의 어순을 취한다.

10 ① 선행사가 the town이고, 관계사 뒤에 완전한 절이 왔으므로 장소를 나타내는 관계부사 where이나 in which를 써야 한다.
② 관계절의 동사 was based는 전치사 on과 짝을 이루어 on which의 형태가 가능하다.
③ 선행사는 a Spanish author로 사람이고, 삽입절인 I think를 빼면 동사 is의 주어 역할을 해야 하므로 whom을 who로 고쳐야 한다.
④ 선행사는 a hotel이고 관계사절에 동사 has에 대한 주어가 와야 하므로 주격 관계(대명사 which나 that이 와야 한다.

11 「현재 세계의 전기의 대부분은 화석연료를 사용하여 생산된다. 어떤 견해에 따르면 석유는 50년 이내에 그리고 석탄은 25년 이내에 고갈될 수 있음을 시사한다. 따라서 우리는 새로운 에너지원을 찾거나 전폭적인 핵에너지 사용으로 전환하기 시작해야 할지도 모른다. 그러나 화석연료자원이 얼마나 오래 지속될 것인지에 대한 평가는 지난 수 십 년 동안 불변한 채로 남아있었다. 새로운 매장물들이 발견될 수 있고 사용 정도가 정확히 예측될 수 없기 때문에 이러한 연료들이 언제 고갈될지를 예측하는 것은 사실상 불가능하다. 게다가 어떤 전문가들은 세계가 350년 동안 사용할 수 있는 양의 천연가스를 가지고 있다고 평가한다. 우리는 현재로서는 새로운 동력원을 찾을 필요성이 없다. 그러한 탐사에 사용되는 돈은 발전소들에서 나오는 결과물을 깨끗이 할 기술을 만드는 데에 더 잘 사용될 수 있을 것이다.

12 「일부 가수들과 배우들이 자신들이 대통령 선거에서 누구에게 지지표를 던지느냐에 영향력을 행사할 수 있다는 자기 자신에 대한 지나치게 부풀린 생각을 갖는 이유를 설명해 줄 사람이 있는가? 그들은 자신들의 음악이나 연기 분야의 성취에 대한 지나친 자부심 때문에 중요성에 대한 보증되지 않은 분별력을 경험하고 있는 듯하다. 그들은 자신들이 그저 가수 또는 배우라는 것을 깨닫지 못하는가? 사람들이 인정하는 것은 그들에게서 예술적 재능이 있다는 것이지, 그들이 예리한 정치적

통찰력을 지니고 있다는 것이 아니다. 한 연예인의 신념에 근거하여 우리나라의 대통령을 뽑기 위해 투표를 하거나 자신의 결정을 바꾸는 사람은 자신의 결정을 다시 생각해야 한다. 연예인들은 그들 자신의 직업에 충실해야 하고 정치적 결정은 교육받은 유권자에게 맡겨야 한다.

13 「통증을 느끼는 능력 없이 태어난 사람들은 보통 사람보다 더 많은 부상을 당한다. 예를 들어, 이런 질병을 가진 어떤 사람들은 골절로 인한 고통을 느낄 수 없기 때문에 (통증 속에서도) 부러진 다리로 걸으려 노력한다. 다른 사람들은 자신도 모르게 화상을 입었다. 이와 같은 부상과 관련된 감염과 손상은 심각한 장애와 죽음으로 이어질 수 있다. 다행히도, 우리 대다수는 통증을 느끼는 능력을 지니고 태어난다. 그래서 우리는 나중에 뼈가 부러지면, 의사에게 가서 치료 과정을 시작할 것이다. 난로에 닿게 되면, 우리는 더 이상의 피해를 입기 전에 손을 뗀다. 다치고 있는 것 혹은 다쳤다는 것을 아는 것은 매우 중요하다. 그것은 우리에게 다치는 것을 멈추기 위한 어떤 일련의 조치를 취하게 하고, 그것은 우리가 치료 과정을 시작하도록 해준다.

통증을 느끼지 못하는 질병을 가진 사람의 예를 들어 우리 몸의 통증을 느끼는 것이 더 큰 위험을 막아주는 중요한 요소임을 설명하고 있다. 글의 제목으로는 ②'통증을 느낄 때 감사하라'가 적절하다.

14 「원자와 관련이 있는 두 가지 매우 중요한 숫자는 '원자 번호'와 '질량수'이다. 스포츠팬들이 야구의 통계 수치들을 외워두는 것처럼 화학자들은 흔히 이 숫자들을 외워두는 경향이 있지만, 화학을 공부하는 머리가 좋은 학생들은 아주 중용한 주기율표를 마음대로 이용할 수 있을 때에는 암기에 의존할 필요가 없다. 원자 번호와 질량수에 관한 기본사항들을 제시해 보겠다. 원자 번호는 원자 핵 속에 있는 양성자의 수이다. 양성자 수는 원 속에 독특한 정체성을 부여해주는 것이기 때문에 원자 번호는 원소와 동일한 것으로 간주된다. 양성장의 수를 변화시키면 원소의 정체성이 달라진다. 원자 번호는 원소의 화학 기호 왼쪽 아래쪽에 표시된다. 질량수는 원자의 핵 속에 들어 있는 양성자 수와 중성자 수를 합친 것이다. 질량수에서 원자 번호를 빼면 원자의 핵 속에 들어 있는 중성자의 수를 알 수 있다.

원자 번호는 양성자의 수이며 질량수는 양성자의 수와 중성자의 수를 합친 것이라고 했으므로, 질량수에서 원자 번호를 빼면 중성자의 수를 알 수 있을 것이다. 이러한 글의 흐름으로 보아, 빈칸에는 neutrons(중성자)가 들어가는 것이 가장 적절하다.
① 원자   ② 양성자   ③ 미립자

15 「우리는 소비를 개인의 욕구를 만족시키고 집단적 행동을 통해 경제를 움직이는 경제적 현상으로 여기는 경향이 있지만, 또한 소비라는 것은 말 그대로 자원을 소비하는 물리적 과정이기도 하다. 우리가 무엇을 먹는지, 집을 어떻게 따뜻하게 하는지, 그리고 즐거움을 위해 어떻게 여행을 하는지 등이 우리 자신 이외 다른 사람들과는 상관이 없는 것처럼 보일지도 모른다. 하지만, 그러한 소비 결정들의 전체적인 결과와 우리의 필요가 충족되는 방법들은 전 세계에 걸쳐있는 사람들과 국가들, 그리고 생명체들에 영향을 미치게 되는 기후변화의 주된 동력인 것이다. 어떤 경우에는 이러한 관계가 더욱 더 명확하게 드러나는데, 아프리카 코뿔소의 뿔이 중동에서는 단검의 손잡이로, 아시아에서는 전통 약품으로 높게 평가되고 있기 때문에 아프리카 코뿔소가 멸종의 위기로 내몰리고 있는 경우가 그러하다. 전통적인 마케팅에서는 개인 소비자들의 소비의 장점에 주로 초점이 맞춰졌었다. 하지만, 오늘날의 마케팅에서 이런 관점들은 전체적인 사회적, 환경적 비용에 대한 고려로 인해 균형이 맞춰지고 있다.

16 「무대 위에 있는 동안 여러분은 매 순간을 그것이 처음 일어나는 것처럼 연기하면서'나는 지금 존재한다.'라는 상태에 끊임없이 머물러 있어야 하는데, 그것은 19세기의 배우였던William Gillette가 '맨 처음의 환상'이라고 불렀던 것이다. 인생에서처럼 여러분이 맡은 인물들은 장래를 내다볼 수 없다. 그들이 미래를 '알 수는' 없다. 한번은 어떤 사람이 20세기의 전설적인 배우였던 Laurence Olivier 경에게 어떻게 그가 Hamlet에 나오는 모든 그의 대사를 기억하는지 물었다. 그는 "나는 모든 대사를 기억하지는 않아요. 나는 그저 그 다음 대사를 기억할 뿐이죠." 라는 말로 대답했다. Gillette와 Olivier와 같은 위대한 배우들의 동료들은 그들(Gillette와 Olivier)이 늘 연극 속의 사건에 의해 놀라는 것 같았다고 전하고 있다. 그들은 현재에 살았다. 무대 위에 있는 동안에는 비록 여러분이 그다음 대사를 '알고 있고' 여러분이 맡은 인물의 연기를 셀 수 없이 여러

번 해왔다고 해도, 여러분이 그 다음에 무슨 일이 일어날지 진정으로 '알 수는' 없다. 다른 사람의 연기를 예상해 보는 것은 단지 여러분이 인위적인 인상을 주면서 지시된 움직임을 표현하는 것을 초래할 뿐이다. 따라서 여러분도 또한 현재에 머무르면서 순간순간 각 장면을 연기해야 한다.

배우가 연기할 때 매 순간이 처음 일어나는 것처럼 연기해야 연기하는 순간을 현실로서 충실하게 연기할 수 있다는 내용의 글이므로, 빈칸에 들어갈 가장 적절한 말은 ① '현재에 머무르면서'이다.

17 「멕시코인의 혈통을 지닌 사람들 대부분은 어려서부터 멕시코와 그 국민들이 스페인인과 원주민의 유산인 메스티소의 소산이라고 배워 오고 있다. 멕시코인들이 메스티소라는 이 통념이 사실일까? 멕시코에서 어떤 사람이 원주민 지역 사회에서 산다면 그는 오직 원주민이다. 원주민이 그들의 지역 사회를 떠나자마자 그들은 메스티소로 간주된다. 멕시코에서 메스티소는 인종의 구성이 아니라 사람들의 문화이다. 따라서 멕시코 국민들은 메스티소가 아니다. 그것은 원주민의 나라이다. 멕시코 국민들의 대부분은 원주민 자손들이며, 아마도 그 범위는 80퍼센트에 달할 것이다. 물론, 멕시코는 스페인과 다른 유럽 국가들로부터 이민을 받아들였다. 하지만 멕시코와 그 국민들은 메스티소가 아닌 원주민들이 지배적으로 많다.

(A) 멕시코에서 메스티소란 인종적인 것이 아니라 문화적인 것이어야 하므로 instead가 적절하다. (B) 멕시코가 다른 나라에서 오는 이민자들을 받아들이고는 있지만, 국민의 지배적 구성원은 원주민들이므로 역접의 연결사 however가 적절하다.

18 「수익의 원리는 지금 '한정 수량만 이용 가능하다거나 제품에 대한 '마감시한' 설정과 같은 압박감이 심한 판매 기법에서 볼 수 있다. 그런 판매 기법들은 사람들에게 수량 혹은 시간이 제품에 대한 이용을 제한한다는 것을 납득시키려고 한다. 이 원리는 두 가지 이유로 인해 유효하다. 얻기 힘든 물건들은 일반적으로 가치가 더 크다. 그리고 어떤 물건이나 경험이 이용 가능하다는 것은 그것의 품질을 나타내는 손쉬운 단서나 신호로 가능할 수 있다. 그 원리는 또한 정보가 평가되는 방식에 적용된다. 연구는 어떤 메시지에 대한 접근을 제한하는 행위가 개인들로 하여금 그것을 더 원하게 하고, 그것에 점점 더 호의적으로 된 정보가 더 설득력이 있다는 것이 가장 흥미로운 것 같다.

상품, 서비스, 또는 정보의 (A) 희소성은 종종 그것들에 대한 (B) 긍정적인 평가로 이어진다.

19 「자연재해가 일어난 후에, 각계각층의 정부기관에서는 피해와 복구에 대해 그 지역공동체와 자산 소유자들을 재정적으로 지원해 줄 것을 때때로 요구받는다.

(B) 그런데, 비록 그러한 재정적 지원이 부여된다 할지라도 정부보조금은 모든 손실들을 감당할 수 없다. 이차적 거주, 필수품이 아닌 가구나 가전제품 그리고 오락용 차량에 대한 지원은 재난구조지원프로그램 하에서는 불가능하다. 홍수나 침식과 같은 재난에 대한 개인 보험은 집소유자들에게는 또한 이용가능하지 않다. (C) 결과적으로, 많은 개인과 지역공동체는 단순히 그러한 정부보조금을 주기보다는 정부가 직접 개입하여 피해를 입은 사람들에게 더 적극적이고 직접적인 재난구호를 해주기를 원한다. 사실, 자연재해에 의해 야기된 많은 손실들은 금전상의 값으로 계산하는 것이 불가능한 것이다. (A) 예를 들어, 상업적이고 경제적인 활동은 개인의 손실에 따라 일할 수 없는 피고용인들, 또는 상품과 서비스의 수송을 막는 도로와 고속도로의 폐쇄를 포함하는 어떤 범위의 충격들에 의해 영향을 받을 수 있다. 이러한 손상들은 재정적 지원에 의해서는 복구될 수 없을 수 있다. 그러나 정부로부터의 더 즉각적인 도움은 이후 오랫동안 지역공동체 전체가 심각하게 붕괴되지 않도록 방지할 수 있다.

20 「수요일 밤이었고, 모든 것은 정상적이었으며, 별들은 제자리에 있었고 매일 밤 그러하듯이 반짝거리고 있었다. 나의 베개는 내가 원하는 것만큼 편안했다. 나는 깊은 잠에 빠져들었다. 몇 분 후, 나는 쾅 하는 소리를 들었다. 잠에서 깬 나는 내 방의 창문이 온통 물에 젖고 뿌연 상태가 되었음을 알았다. 강한 바람과 동시에 엄청난 양의 빗물이 창문을 강하게 때렸다. 대단한 폭풍우였다. 창가에서 폭풍우를 지켜보고 있는 동안, 나는 우리 집 테라스에 물이 가득 고였다는 점과 테라스 아래에 주방이 있다는 점을 알아냈다. 나는 아래층으로 내려가서 주방을 점검한 후, 진열장 위의 천장에 물새는 틈이 한 군데 있음을 알았다. 테라스에 더 많은 물이 고임에 따라 물은 점점 더 강한 힘으로 새고 있었다.

실전 모의고사 13회

정답 및 해설

Answer

1	2	3	4	5	6	7	8	9	10	11	12	13	14	15	16	17	18	19	20
③	②	②	①	①	①	②	④	④	③	③	④	③	②	②	③	④	③	④	④

1 「좋은 쌍안경은 캠핑이나 도보 여행을 갈 때 <u>쓸모가 있을</u> 수 있다.
① 비싸다 ② 무관하다 ③ 쓸모가 있다 ④ 부담스럽다

2 「나의 엄마는 내가 수업에 너무 많이 빠진 것으로 인해 수학 과목에서 낙제한 것을 알았을 때 <u>격노하셨다</u>.
① 경계를 확장하다 ② 화내다 ③ 바닥으로 떨어지다 ④ 전력을 다하다

3 ① as ~ as 사이에는 원급의 형용사나 부사가 와야 하고 형용사가 명사와 함께 올 때 뒤에 오는 명사에 따라 선택하는데, time은 불가산 명사로 many를 쓸 수 없으므로. much로 고쳐야 한다.
③ 배수사 비교는 '배수사 + as 원급 as' 형태이어야 하므로 as expensive as twice를 twice as expensive as로 고쳐야 한다.
④ than과 함께 비교급 형태가 와야 하므로 greatly를 비교급 형태인 greater로 고쳐야 한다.

4 「A: 너를 오랫동안 못 봤구나. 우리가 저녁 식사를 함께 해서 정말 기뻐.
B: 나도 그래. 우리 계산서 받고 커피 마시러 가자.
A: 잠깐만... 이런! 나 지갑을 집에 두고 온 것 같아.
B: 걱정하지 마. <u>이건 내가 살게</u>.
① 이건 내가 살게.
② 그렇긴 해.
③ 나는 기력이 다했어.
④ 헐값에 샀어.

5 「그가 학교에 서로 다른 두 신발을 신고 왔다는 것을 깨달았을 때, 그는 친구들이 그를 놀리지 않도록 그것을 <u>일부러</u> 했다고 말했다.
① 일부러 ② 무료로 ③ 온당한 범위 내에서 ④ 어중간하게

6 「Jenny는 소풍 올 때 종이 접시를 가져오는 것을 잊어버렸다. 그녀는 늦어서 이곳에 오기 위해 서둘러야 했기 때문에 그것을 <u>잊어버린 것</u>이 틀림없다.
① 잊어버리다 ② 화를 내다 ③ 애를 쓰다 ④ 크게 발전하다

7 「1907년 12월 6일, 미국 역사상 최악의 채굴 재앙으로 여겨지는 사건이 버지니아 주에서 발생했다. 그날 아침, 두 차례의 폭발이 Monongah에 있는 탄광을 뒤흔들었고 250명 이상의 광부들의 목숨을 앗아갔다. 무엇이 천 명의 아버지 없는 아이들을 남겨지게 한 그 비극을 야기했는지는 굉장한 논쟁거리였다. 그 사건을 조사한 후에, 많은 운동가들은 광산에서의 안전 문제를 해결하기 위한 법률 개혁을 요구했다.

② occur는 자동사이므로 수동태로 쓰일 수 없다. 따라서, 능동태 형태인 occurred로 고쳐야 한다.

8 '현실에서 더없이 동떨어진 것이다'는 원급 관련 표현 'as ~ as can be(더없이)'를 사용하여 나타낼 수 있으므로 as divorced from reality as can be의 표현이 옳다.

9 「일부 교수들은 당신이 언어에서 유창성을 얻고자 한다면 정확한 발음은 필수적이라고 주장한다. 비록 정확한 문법과 광범위한 어휘도 중요하지만, 단어가 자연스럽게 발음되고 제대로 굴절되지 않는다면 원어민들에게 유창성은 인정되지 않을 것이다. 이 정도로, 발음은 때때로 언어 학습에서 가장 필수적인 측면으로 여겨진다.

① 자발적인 ② 끔찍한 ③ 관습적인 ④ 필수적인

10 「• 그 아이는 접시 보관함에 닿기에는 키가 너무 작았다.
• 모든 팀 멤버들이 그들의 리더에게 저항했다.
• 내가 계획을 제안하였고, 아무도 그것을 반대하지 않았다.
• 그가 전화를 받았을 때, 발신자가 전화를 끊었다.

동사 reach, resist, oppose, answer는 전치사 없이 목적어를 취하는 타동사이고, 동사 arrive, rebel, object, reply는 목적어를 취하기 위해 전치사와 함께 arrive at, rebel against, object to, reply to의 형태로 쓰여야 하는 자동사이다.

11 「미래에 대해 어떤 확실성을 가지고 말하기는 정말 힘들다. 우리는 우리의 후손들이 혹시 화성에 살게 될지 아닐지 알지 못한다. 우리가 우리의 죽음을 소생시킬 수 있을지 없을지 또한 알지 못한다. 약 70명의 사람들이 섭씨 영하196도의 온도까지 냉동되어있는 액화질소 탱크 안에서 미래를 기다리고 있다. 복제의 마법 즉, 단지 몇 개의 세포에서 온전한 한 마리의 양을 만들어냈던 과학기술을 통해서 이 활기를 잃은 생명체가 언젠가 23세기 판의 허슬춤을 출지도 모른다는 사실이 기대된다. 설사 우리가 노예 로봇과 타임머신을 가질지라도 우리는 언제 그것들을 가지게 될지 모른다. 그러나 다음 천년이 어떤 기적들을 낳게 되든지 우리는 그 모든 기적이 동일한 램프의 요정인 바로 컴퓨터에 의해서 만들어지게 될 것이라는 것은 알고 있다.

12 「나는 언젠가 한 연구자가 역사상 가장 훌륭한 야구 타자들을 찍은 사진을 연구한 책을 본 적이 있다. 그는 최고의 타자들이 공을 향해 스윙하는 사진들과 보통 타자들의 사진을 비교하였다. Ted Williams, Mickey Mantle, 그리고 Henry Aaron 같은 위대한 타자들은 스윙할 때 눈을 공에 고정시키고 있었다. 다른 타자들의 눈은 대체로 투수나 1루, 또는 공이 아닌 다른 곳을 보고 있었다. 야구에서 진리인 것은 인생에서도 진리다. 당신이 어떤 일을 잘 하고 싶다면 당신은 눈을 공에 고정시켜야 한다. 이런 종류의 집중은 그 주제에 완전히 몰입하는 것에서 비롯된다. 유명한 심리학자인 Maslow 박사는 이런 특성을 문제 중심화라고 불렀다. 나는 이것이 자기의 능력을 최고로 발휘하는 사람들이 가진 가장 중요한 특성 중 하나라고 믿고 있다.

13 「어떤 인상을 만들어 내기 위해서 말이 중요하다는 것은 우리 모두가 인식하고 있는 반면에 제스처는 덜 중요한 것으로 간주되고 있다. 하지만 제스처는 가장 지루한 연설에서조차도 필수적인 부분으로, 그 연설을 행상시켜주고 청자가(연설을) 듣는 동안에 볼 수 있는 뭔가를 제공해준다. 어느 대학의 한 학급이 그 규모가 너무 커서 분리되었을 때, 듣는 것과 동시에 보는 것의 진가가 드러났다. 한 그룹은 훌륭한 확성기 아주 가까이에 있는 교실에 배치되었다. 강사의 목소리의 뉘앙스가 분명하게 들릴 수 있었다. 하지만 자신들의 주의를 기울일 대상이 아무도 없었기 때문에 그들은 곧 극단적으로 지루한 기색을 드러냈다. 대부분의 학생들이 노곤해져서는 그들의 머리를 책상 위에 뉘었다. 시각적 의사소통과 청각적인 의사소통을 분리시킨 것이 학습 과정을 저하시키는 경향을 보였다. 듣기만 한 그룹은 강사의 말을 들을 수 있었을 뿐만 아니라 그를 볼 수도 있었던 학생들이 받은 것보다 더 낮은 점수를 받았다.

앞뒤의 내용이 모두 보는 것과 듣는 것을 동시에 하는 것이 효과적이라고 말하고 있으므로 빈칸에는 ③이 와야 가장 적절하다.
① 혼란스러운 제스처 없이 강의하는 것
② 교실에서 확성기를 사용하는 것
④ 많은 시각적 교재를 제공하는 것

14 「정치적 안정은 국제적 형태의 관광업에 영향을 미친다. 유럽의 국제 관광업이 1945년 이래로 매우 크게 발전한 이유 중 하나는 2차 대전이 끝난 이후로 그 지역에 중대한 정치적, 군사적 갈등이 거의 전적으로 없었다는 것이다. 그 전쟁으로부터 유발된 하나의 중대한 분수령은 대체로 공산주의 체제의 동유럽과 자본주의 체제의 서유럽 사이의 분할인데, 이는 실제로 관광업의 지형도에 뚜렷한 경계를 만들었다. 서유럽에는 급속한 발전이 있었고 동유럽에는 비교적 국제 관광이 미미했다. 동유럽국가의 공산주의 지배가 허물어지기 시작하자마자, 이 지역으로의 그리고 이 지역으로부터의 관광이 뒤따랐다. 유럽연합의 확장과 회원국 사이의 이동 통제에 대한 점진적인 소멸은 국제 관광이 장려되기도 하고 촉진되기도 하는 지역(의 범위)을 아마 한층 더 넓히게 될 것이다.

이 글의 중심 생각은 정치적 안정이 국제적 형태의 관광업에 영향을 미친다는 것이다. 이를 뒷받침하는 문장에 포함된 빈칸의 단어 선택은, 따라서, 이 중심 생각의 방향과 일치해야 할 것이다. (A) 중심 생각의 방향에 맞추어, 정치·군사적 갈등이 '없었기(absence)' 때문에 관광업이 발전했을 것이다. (B) 바로 뒤에 이어지는 문장 내용에 따르면 두 진영 간 관광업의 지형에 '뚜렷한(clear)' 경계가 있었을 것이다. (C) 중심 생각에 따르면, 통제의 소멸은 관광업이 촉진되는 영역을 '넓힐(extend)' 것이다.

15 「Ennio Flaiano는 Federico Fellini 감독과 함께 로마의 국제 사회와 밤 생활에 관한 영화를 작업하고 있었다. 주인공은 항상 함께 다니는 동료가 있는 기자로, 그 동료는 시내에서 유명인들의 사진을 몰래 찍으며 살아가는 뻔뻔한 새로운 유형의 사진사를 바탕으로 한 인물이었다. 문제는 그를 뭐라고 부르는 가였다. Flaiano는 완벽한 이름, 즉 그 인물이 활기를 띠게 만들 이름을 절실히 원했다. 우연히 그는 Gissing의 1901년의 여행 책자인 'By the Ionian Sea'의 새로운 이탈리아 번역본을 아무 페이지나 펼쳤는데 한 호텔 주인의 특이한 성을 보게 되었다. 그의 이름은 Coriolano Paparazzo였다. "Paparazzo", Flaiano는 그의 노트에 적었다. "사진사의 이름은 'Paparazzo'가 될 거야." Fellini의 영화 'La dolce Vita'는 대단한 성공을 거두었고, 이탈리아어의 복수형으로 'paparazzi'라는 그 단어는 전 세계 어휘목록에 등록되었으며, 나이든 Coriolano에게 그가 결코 예상치 못한 명성을 안겨 주었다.
① 파파라치의 어두운 면 ③ 작가들을 위한 인물 이름 짓기 조언 ④ 사진사들의 역할과 책임

16 「다수의 세계 기후 과학자들은 지구의 기후가 변하고 있고, 인류의 관점에서 그 변화는 악화되는 방향이고, 그 원인은 이산화탄소와 같은 온실효과 가스를 과다하게 방출하는 형태로 인간이 활동하기 때문이라고 스스로 확신할 뿐만 아니라 정치적 힘을 갖고 있는 일부의 사람들을 포함하여 수많은 비전문가들을 납득시켰다. 하지만 소수는 회의적이다. 몇몇 사람들은 지구의 평균 기온이 상승하고 있다는 것을 암시하는 최근의 근거 데이터는 태양 방사열에서의 자연스러운 변화에 의해 설명될 수 있고, 이런 경향은 끝나가고 있다고 생각한다. 다른 사람들은 현대의 기온이 수십만 년 동안보다 더 높다는 장기간의 증거는 실제로 너무 미미해서 유의미하지 않다고 주장한다.」

빈칸 다음에 다수의 지구 온난화론자들의 의견에 반대하는 소수의 논거가 나오므로 '하지만 소수자들은 (다수의 기후 과학자들의 의견에)회의적 (skeptical)' 이라는 내용이 적절하다.
① 철학적인 ② 사려분별이 있는 ④ 미신적인

17 「많은 작곡가들이 작곡은 가르칠 수 없다고 생각하는 경향이 있는데 그 이유 중 일부는 그들의 입장에서 보건대 작곡을 하는 법을 배운 과정이 의식적인 것이 아니었다는 것이다. 우리가 기타 연주하는 법을 배울 때, 손가락을 지판의 어디에 두는지를 어떤 다른 사람이 우리에게 보여주며, 심지어 정식 레슨을 받는 사람도 많다. 반면에 작곡은 우리 대부분이 결국 스스로 이해해 가는 것이다. 시행착오와 끝없는 연습, 그리고 다른 사람의 음악을 주의 깊게 많이 듣는 모든 것이 교육에 기여한다. 결국 얻게 되는 것은 일련의 지도법으로 써내려갈 수 있는 방법이 아니라, 언제 우리의 아이디어들이 잘 돌아가는지 우리에게 말해주며 그런 아이디어들을 발전시켜나가는 방법을 제시해주는 일련의 막연한 느낌이다. 그럼에도 불구하고 그것은 여전히 우리가 어떻게 하는지를 배워야 하는 것이고, 그 말은 무의식적인 방법뿐만 아니라 의식적인 방법으로 독학하는 것이 가능하다는 것을 의미한다.」

18 「고객을 유치하고 영업시간을 연장하기 위해 전기조명을 도입한 최초의 미국 백화점은 1878년에 필라델피아의 Wanamaker's였다. 1895년에 이르자, 해가 진후에는 전기 간판이 뉴욕 시의 대부분의 지역들을 밝혔다. 백열전등은 낮을 밤까지 연장시켰고, 지역 전체를 밝혔다. 새로운 조명은 산업체들이 근무 시간을 연장하고 가정들이 사교 활동을 하거나 책을 읽기 위해 해가 진후에도 오랫동안 있다가 자는 것을 가능케 했다. 길어진 낮이 경제적 생산성에 활력을 불어넣고, 경제 번영을 증대시킨 한편, 길어진 저녁 시간은 가족들 상호간의 대화를 증진시키도록 사회적 담론을 변화시켰다. 공장에서 증기력을 사용하는 것에서 전력을 사용하는 것으로의 변화는 1890년에서 1940년 사이의 기간에 생산성에 있어서 300퍼센트의 증가를 초래했다.」
① 전기를 얻기 위한 다양한 에너지원
② 전기를 이용해 공공장소 꾸미기
④ 가정에서 전기를 덜 소비하는 방법

19 「꽤 많은 양의 석유 매장량이 발견되면, 그 석유 매장을 개발하기 위해서 유정이 시추된다. 땅 속의 석유는 암반층에서 습기가 흐르는 것과 대략 동일한 속도로 흐르는데, 한 가지 중요한 차이는 석유는 훨씬 더 높은 압력으로 갇혀 있다는 것이다. (C) 새로운 유정이 시추되면, 개방된 시추공은 압력에 의해 갇혀 있는 인접 지역에 있는 석유가 자유롭게 통과할 수 있게 해주는데, 그러면 이것은 표면으로 솟구친다. (B) 그렇지만, 일단 압력이 시추공 인접 지역의 압력과 같아지면, 펌프를 이용하여 석유를 암석층이나 퇴적층을 통과하여 유정으로 보내는 데 점점 더 많은 양의 에너지가 필요하다. (A) 마침내 석유로부터 얻을 수 있는 에너지와 같은 양의 에너지를 석유를 펌프로 뽑아내기 위해 들여야 하는 시점에 도달하게 될 것이다. 이 시점에 도달할 때에, 생산은 끝나고 유정은 영구적으로 폐쇄된다.」
땅 속의 석유는 높은 압력에 갇혀 있다는 내용의 주어진 글 다음에, 처음에는 시추공을 통해 석유가 솟구친다는 (C)가 온 다음, 압력이 주변과 같아지면 석유를 뽑아내는 데 에너지가 필요하다는 내용의 (B)가 와야 하며, 마지막으로 석유를 빼내는 데 경제성이 없어지면 유정을 폐쇄하게 된다는 내용의 (A)가 와야 한다.

20 「대부분의 건물들은 특정한 목적을 위해 지어졌는데, 그것이 항상 첫눈에 명백한 것은 아닐 수 있다. 외부는 우리가 보통 첫 번째로 보는 것이고 단지 정면에만 집중하기가 쉽다. 이는 건물에 대한 다소 피상적인 이해로 이어질 수 있는데, 초점이 그 것의 형태와 장식에 대한 한 사람의 개인적 반응에 맞추어지는 경우에 특히 그러하다. 우리는 많은 이유로 건물을 짓는데, 비바람으로부터의 대피와 소음으로부터의 보호, 절도, 파손 혹은 화재에 대비한 안전, 그리고 사생활이 있다. 작업, 오락, 가족 양육, 그리고 예배와 같은 상이한 활동들은, 아마도 특별한 장소에, 다양한 공간, 환경, 그리고 형태를 가진 상이한 종 류의 건물들을 필요로 한다. 건물의 기능은 흔히 복합적이며, 실용적인 목적에 부합한다는 의미에서, 모두 실용성만을 중히 여기는 것은 아니다. 많은 것들은 감정을 표현하거나 아이디어를 상징하기 위해서 설계되며, 이것은 그 건물의 최종적인 형 태에 영향을 미칠 수 있다.」

(A) 건물의 외관만을 보고 그 건물의 특정한 목적을 대략적으로 추측하는 상황이므로 superficial이 들어가야 한다.

(B) 건물이 실용적인 목적으로만 설계되는 것이 아니라 감정을 표현하거나 아이디어를 상징하기 위해 설계될 수 있다고 했으므로 functions가 들어가야 한다.

정답 및 해설

실전 모의고사 14회

Answer

1	2	3	4	5	6	7	8	9	10	11	12	13	14	15	16	17	18	19	20
④	③	①	①	③	②	④	②	②	③	③	③	①	②	③	①	④	③	③	②

1 '~하자마자'의 표현은 'no sooner ~ than'을 쓰며, 'no sooner'의 부정어구가 문장 앞에 오면 주어, 동사가 도치된다. 따라서 'No sooner did I finish mopping ~ than the kids ran~'으로 나타낸다.

2 「그녀는 팔에 멍이 든 채로 대중에게 모습을 보이는 것이 창피했다.」
'with + 목적어(her arms) + 분사(~한 채로)'의 구문으로 '팔에 멍이 들게 되다'의 수동의 의미이므로 분사는 과거분사 형태를 쓰는 것이 옳다.

3 「배심원단은 사건에 대해 공평한 평결을 내리는 것이 중요하다.」
① 공평한 ② 충동적인 ③ 철저한 ④ 성급한

4 「사장이 그들의 웹사이트를 다룰 수 있는 다른 어떤 컴퓨터 프로그래머도 고용할 수 없었기 때문에, 그는 그 소기업의 없어서는 안 되는 일원이었다.」
① 없어서는 안 되는, 필수적인 ② 설명할 수 없는 ③ 보조의 ④ 독창적인

5 「• 그 오래된 외양간은 새 페인트 작업이 몹시 필요했다.
• 그녀는 팔에 난 상처에 붕대를 감았다.」
① 강타 ② 경우 ③ 상처 ④ 자국

6 ① 동사 explain은 분사구문 자리에 올 수 없고, 주절의 주어와 능동 관계이므로 explaining이 와야 한다.
③ 주절의 주어 the image와 분사구문이 '그림이 보여지다'라는 수동의 관계이므로 현재분사 Seeing을 과거분사 Seen으로 고쳐야 한다.
④ 해석상 신나는 하루를 보낸 것보다 놀이공원에 간 것이 더 이전에 일어난 일이므로 완료분사구문 형태인 Having gone을 써야 한다.

7 「A : 잘 지내고 있어요?
  B : 더없이 좋아요. 직장에서 3년 동안 일한 뒤에 드디어 승진했어요.
  A : 그거 잘 됐네요! 당신이 쏟은 모든 노고를 생각하면 당신은 충분히 그럴 자격이 있어요.」
  ① 사는 게 쉽지 않네요.
  ② 그때가 좋았죠.
  ③ 어림도 없는 소리에요.
  ④ 더없이 좋아요.

8 「A : 네 생일을 위해 어떤 계획을 세웠니?
  B : 나는 시간이 남아돌아.」

9 「전체 컴퓨터 시스템을 작동되지 앙ㄴㅎ는 상태가 되게 만든 정전이 일어난 다음에, 회계사들은 그 파일의 예비 복사본이
  없어 처음부터 다시 시작해야 한다는 것을 깨달았다.」
  ① 순식간에 ② 처음부터 ③ 적자로 ④ 우연히

10 「감자 칩이나 쿠키를 간식으로 먹는 것은 하루 치의 건강한 식사와 운동을 망치는 빠른 길이다. 당신의 몸에 고칼로리의 음
  식을 허용치 말고, 대신에 많은 채소를 섭취해 보아라.」
  (A) 주어 자리에는 명사 역할을 하는 것이 와야 하므로 동명사 Snacking
  (B) 동명사가 주어일 경우에는 단수 취급하므로 is
  (C) deprive + 목적어 + of + 명사 : ~에게서 ~를 빼앗다.

11 「Le Corbusier는 30세부터 살았던 파리에서 건축에 대한 일련의 선언문을 쓰고 발표했다. 그것들로 인해 그는 유명해졌지만
  설계 의뢰는 거의 없었다. 1927년 그는 제네바의 새 국제 연맹 센터의 설계를 위한 경연대회에 참가했다. 세계 최초로, 그는
  거대한 정치 조직을 위하여 신고전주의 양식의 전당이 아닌 기능적인 관청 건물을 제출했다. 전통적인 건축가들로 이루어진
  심사위원회는 충격을 받았고 규정에 의해 명시된 대로 먹물로 그려지지 않았다는 이유를 들어 그 설계를 실격시켰다. Le
  Corbusier는 분개했지만, 그 날 이후로 세계 어느 곳에서도 관청 본부로 신고전주의 양식의 전당이 지어지는 일은 설사 있
  다손 치더라도 거의 없었다. 제네바에서의 완전한 실패에 뒤이어, Le Corbusier에게 대규모 도시 계획을 설계하기 위한 다
  른 의뢰들이 빈번하게 들어왔다. 그 건물들이 항상 지어진 것은 아니지만, 그 설계들은 전 세계적으로 원칙이 되었다.」
  심사위원회는 설계도가 규정에 의해 명시된 대로 먹물로 그려지지 않았다는 이유를 들어서 Le Corbusier의
  설계를 실격시켰다(~ disqualified the design on the grounds that it was not rendered in India ink,
  as specified by the rules.)고 했으므로 ③ '규정을 지키지 않았다는 이유로 경연에서 실격 당한 적이 있었
  다.'가 글의 내용과 일치한다.
  ① 30세부터 살았던 파리에서 건축에 관한 선언문을 발표하였다. (In Paris, where he lived from the age
    of thirty ~.)
  ② 1927년의 한 경연에서 관청 건물을 위해 최초로 기능을 강조한 설계를 제출했다. (For the first time
    anywhere, he proposed an off ice building for a great political organization that was functional
    ~.)
  ④ 관청건물들이 신고전주의적 양식에서 벗어나는데 영향을 끼쳤다. (~ but few, if any, neoclassical
    temples were built for office headquarters anywhere in the world after that date.)

12 「캘리포니아의 아몬드 꽃가루받이는 유럽 꿀벌에 의존하며 동남아시아의 기름야자나무 꽃가루받이는 한 종의 수입된 아프리카 딱정벌레에 의존한다. 그렇지만, 생물 종의 개체 수가 매우 현저한 감소를 겪어서 모든 작물의 꽃가루받이를 해줄 수 없을 것이므로 오직 한 가지 종의 생물에만 의존하는 꽃가루받이 기능 수행을 관리하는 것은 위험 부담이 큰 전략이다. 최근의 연구들은 신뢰할 수 없는 현상으로 인해 작물이 손실을 입지 않도록 보장하기 위해서 생물의 다양성을 높일 필요가 있다는 것을 강력하게 암시한다. 서로 다른 꽃가루받이 생물들은 또한 서로 다른 공간적인, 시간적인, 조건적인 활동 범위를 차지하므로, 오직 다양한 집단의 꽃가루받이 생물들이 있어야만 높은 품질과 많은 양의 기능 수행으로 이어지게 된다. 이러한 사실들은 다양한 상황 하에서 그리고 다양한 공간과 시간에 걸쳐서 꽃가루받이 기능 수행이 이루어지는 것을 보장하기 위해서 농업 지역에서 꽃가루받이 생물의 다양성이 보호받거나 복원되어야 한다는 것을 암시한다.」
식물의 꽃가루받이가 실패 없이 안정적으로 이루어지려면 꽃가루받이 기능을 수행하는 생물들이 다양하게 존재해야 한다는 내용의 글이므로, ③이 글의 요지로 가장 적절하다.

13 「우리는 기차를 타고 제네바를 떠나 툰 호수로 향했다. 우리는 아침 식사가 제공되는 숙박 시설로 개조된 고택에서 머물 예정이었다. 우리가 도착했을 때, 비가 세차게 내리고 있었지만, 알프스 산맥의 숨 막히는 경치가 눈앞에 펼쳐졌다. 그 집의 맞은편에는 산비탈의 포도밭들이 물가까지 이어지고 있는 반짝반짝 빛나는 호수가 있었다. 우리가 여관으로 서둘러 들어갔을 때 그것은 우리가 상상했던 것 이상이었다. 우리는 그 집의 모든 것이 마음에 들었다. 식당에는, 스위스 산비탈의 소떼를 그린 풍경화가 걸려 있었다. 가구는 박물관에 있는 것들을 닮았는데, 마치 촬영장에서 빠져나온 것 같았다. 침대들은 한 번 누워보고 싶은 마음이 들게 했으며, 침대 끝에 커다랗고 푹신한 오리털 이불이 개켜져 있었다. 그리고 심지어 베개마다 맛있는 스위스 초콜릿이 올려져있었다! 우리는 침대 위에서 깡충깡충 뛰었다.」
숙소 주변의 아름다운 경치와 멋진 숙소 내부를 보면서 느끼는 필자의 ① '기쁘고 흥분한(happy and excited)' 심경이 잘 드러나 있다.

14 「가뭄과 개발로 인해 세력을 얻은 서부 지역의 들불이 더 커지고 더 거세지면서, 너무나도 위험하여 소방관들이 집을 구하느라 생명을 거는 것을 점점 더 꺼리는 상황이 되어 가고 있다. 특히 집주인들이 그들의 재산을 보호하기 위해 아무 일도 하지 않는다면 더욱 그러하다. California주 남부에서 Montana주에 이르기까지, 전년도에 비해 급격히 증가하여 400채 이상을 파괴한 불길과 싸우느라 2007년도에 일곱 명의 소방관들이 목숨을 잃었다. 울퉁불퉁한 서부 지역에 걸쳐 지어지고 있는 집들과 별장들(그 중 일부는 국유림 안에 있다.)의 강습으로 인해 소방관들의 일은 더욱 위험해지고 있다. 1982년 이후 국유림의 30마일 이내에 어림잡아 860만 채의 집들이 지어지고 있다. "사람들이 그들의 집들을 돌보지 않는 것을 보면 좌절감이 생깁니다. 왜 우리가 그것을 해야만 하죠?"라고 Montana주 Fairfield의 소방 도급자로서 외딴 집들을 보호하기 위해 750갤런 용량의 소방차를 사용하고 있는 John Watson은 말한다.」
본문은 서부 지역에서 점점 더 격렬해지는 들불과 그것을 진압하는 과정에서 소방관들이 생명의 위협을 느끼고 있지만, 정작 가옥 소유주들이 자신들의 자산을 보호하기 위한 조치가 미흡하다는 현실을 이야기하고 있으므로 ②가 적절하다.

15 「문학적인 글을 비문학적인 글과 구별 짓는 주된 특질 중 하나는 바로 형식과 아이디어 사이의 밀접한 관계성 – 실제로는 하나로 섞여 있지만 – 이다. 때때로 우리는 우리가 한 작품의 형식에서 의미를 떼어낼 수 있는 것처럼 말한다. 그러나 우리는 이것이 작품 전체를 이해하기 위한 예비단계라는 사실과 그 추출된 "의미"는 그 문학작품 전체보다 훨씬 적은 부분이라는 사실을 기억하는 것이 좋겠다. 드라마와 소설은 둘 다 의미 있는 형식을 가지는데 왜냐하면 사건의 배치, 문체, 세부적인 내용의 선정들이 모두 작품의 의미를 이루는 부분들이기 때문이다. 그러나 시라는 장르에서는, 형식과 내용의 결합이 너무 긴밀해서 주제를 분리시키는 것이 다른 장르에 비해 만족스럽지 못할뿐더러 훌륭한 시에서는 주제를 분리시키는 것이 거의 불가능하기까지 하다. 시란 문장들로 짜여 진 바구니에 실린 하나의 생각이 아니다. 그것은 하나의 유기체인데 그것은 유기체가 갖는 형태와 분리시켜서 존재하지 못하는 본질을 가지고 있다.」

16 「외국의 원조가 몇몇 개발도상국들에 있어서는 현저하게 성공적이었던 것처럼 보인다. 예를 들어, 브라질에 있는 Ceara 주 정부에게 세계 은행이 준 7천만 달러의 차관은 2001년 6월에 결정되었다. 이 차관은 토지를 개혁하고, 농촌 지역에 전기 공급 및 급수 시설을 확충하는 데 있어서 혁신적인 국가 주도 사업을 시작하는 데 도움을 주었다. 세계 은행과 다른 원조 기관의 상당한 관여로 우간다와 같은 나라도 전국적인 성공 사례를 얻었다. 원조와 관련한 좀 더 초기 성공 사례들로는 대한민국과 타이완이 있다. 게다가, 천연두의 근절, 가족계획과 평균 수명의 전반적인 상승, 그리고 유아 사망률의 감소와 같은 다른 성공 사례들도 있는데, 이들 사례에서도 역시 외국의 원조가 어느 정도 역할을 했다.」

17 「행복한 부부와 불행한 부부들 사이의 결정적인 차이점들 중 일부는 그들이 원인으로 돌리는 것들에 근거를 두고 있다. 확고하고 행복한 관계에서, 배우자들은 대게 서로에 대해 미심쩍은 점을 기꺼이 선의로 해석하는 듯하다. 예를 들어, Holtzworth-Muntoe와 Jacobson은 사람들에게 배우자가 멋진 일을 했을 때와는 상반되는 불쾌한 어떤 행동을 했을 때 어떻게 반응할 것인지를 물었다. 행복한 부부들은 배우자의 불쾌한 행동을 어떤 외부적인 요인 탓으로 돌렸는데, 예를 들면 그 사람이 직장에서 분명 스트레스를 받고 있다고 생각했다. 대조적으로, 배우자가 기분 좋은 일을 했을 때, 행복한 부부의 구성원은 이것을 그 배우자가 얼마나 좋은 사람인가에 대한 또 다른 증거라고 여기는 경향이 있었다. 요컨대, 좋은 행동은 배우자의 내적 자질 덕분으로 여겨진 반면에, 나쁜 행동은 외부 요인 때문인 것으로 처리해 버렸다.」

18 「과거에는 많은 공공 부문 레크리에이션 공급 기관이 다양한 여가 활동을 위한 시기를 조절하기 위해 사람들에게 무료입장을 허가하거나 허가증에 비용을 부과하였다. 그러나 정부는 경관에 대한 수요 증대에 대처하기 위해 부지와 시설을 보존하기 위한 자금을 유지하는 것이 어려워지고 있음을 깨닫고 있다. 이러한 비용을 벌충하는 데 도움을 주기 위해 적절한 서비스를 이용하는 방문객에게 비용을 부과할 기회가 하나의 해결책으로 고려되고 있다. 이는 모든 사람이 비용 없이 야외로 나갈 수 있게 하는 것이 매우 소중한 권리이기 때문에 민감한 사안이다. 또한 공공기관으로서는 여가 시설이 이미 공공의 자금으로 제공되고 있는 또 하나의 난감한 상황이 있으며 그렇기에 납세자가 이중으로 비용을 부담하고 있다는 주장이 있을 수 있다. 따라서 공공 기관은 무료 개방 제공에 명백하게 추가적인 서비스에만 비용 부과가 확실하게 이루어지도록 주의를 기울일 필요가 있다.」

(A) 자연을 즐기려는 방문객의 증가에 의한 비용을 벌충하기 위해 서비스 시설 방문객에게 비용을 부과하는 (charge) 것이 해결책이지 지원하는(support) 것은 비용 해소에 도움이 되지 않는다.

(B) 여가를 즐길 수 있는 시설의 이용에 대해 비용을 부과하는 것은 이미 그러한 시설이 공공의 자금으로 운영되고 있기 때문에 납세자에게 이중으로 부담을 준다는 난감한 상황(dilemma)이지 문제에 대한 해결 (solution)이 아니다.

(C) 공공 단체가 서비스에 대해 비용을 부과할 때는 기존의 무료사용의 제공에 추가적으로 제공하는 부가적 (additional)인 서비스에만 적용되어야 한다는 내용이며 기존의 무료 사용의 제공에 핵심적인(central) 서비스에만 적용된다는 것은 맞지 않다.

19 「새로운 팀 리더로서 할 필요가 있는 작은 일은 자신의 팀 구성원에 대한 100퍼센트 신뢰와 함께 시작하는 것이다. 반대의 증거가 없는 한, 그들 각자가 그 일을 맡아 하면서 필요한 어떤 결정도 내릴 수 있도록 신뢰해야 한다. 그들이 (회사의) 규정을 어기거나 고객에게 10센트를 쓸 수 있도록 허락을 구하기 위하여 매 5분마다 달려오게 할 필요가 없어야 한다. 사실, 중요한 지출 외에는 그 어떤 것에도 허락을 내릴 필요가 없어야 한다. 이상적으로는, 팀 구성원이 어디에서 일하고, 누구에게 이야기하고, 일반적으로 어떻게 자기의 업무를 처리하는지 뿐만 아니라, 자기 자신의 작업 시간, 자기 자신의 식사 시간도 선택하도록 권한이 주어져야 한다. 그것이 완전한 해방이다.」

이 글의 중심 생각은 팀의 지도자는 구성원을 신뢰하여 최대한 자율권을 주어야 한다는 것이다. 따라서 제목으로 가장 적절한 것은 ③ '신뢰를 통해 사람들을 자유롭게 하라'이다.

① 법의 테두리 안에서 일하라 ② 끝이 좋으면 만사가 좋다 ④ 리더십에의 더 높은 우선순위

20 「자신이 1980년에 쓴 책, 「The Sinking Ark」에서 옥스퍼드대학의 생태학자 Norman Myers는 이틀 간격으로 하나의 종이 멸종될 것이라고 추정했다. 「Seattle Times」의 Paul Van Develder는 1999년에 다음과 같이 적었다: "20년 후에, 동물학자들과 식물학자들이 인간의 다양한 활동이 멸종 속도를 가속화시켜서 하루에 무려 75종까지나 멸종하게 될 것이라고 추정할 것임을 우리는 알고 있다." 그것은 일 년으로 치면 27,375종에 이른다. 곧 그 수치는 일 년에 40,000종을 잃는 것으로 부풀려졌다. 지금, 여러분은 직관과 상식으로 그것이 사실일 리가 없음을 알고 있다. 하지만 그 수치는 미디어에서 반복해서 등장한다. 그 수치는 어떤 근거에 바탕을 둔 것이 아니라, 1979년의 한 기사에서 제기한 1975년과 2000년 사이에 백만 종이 사라질 것이라는 Myers 박사의 근거 없는 주장에 바탕을 두고 있는데, 그것이 연간으로 치면 40,000종이 된다. 그 40,000이라는 수치는 미디어에서 끝도 없이 무비판적으로 반복되고 있다.

미디어에서 종의 멸종률에 관한 한 생태학자의 근거 없는 추정을 아무런 검증도 없이 계속해서 <u>중요하게 다루고 있다</u>.」

많은 종이 멸종할 것이라는 한 생태학자의 근거 없는 주장을 미디어에서 무비판적으로 반복해서 다루고 있다는 내용이므로 (A)에는 '중요하게 다루는 것(featuring)'이, (B)에는 '추정(estimation)'이 들어가야 한다.

실전 모의고사 15회

Answer

1	2	3	4	5	6	7	8	9	10	11	12	13	14	15	16	17	18	19	20
③	②	②	④	①	④	①	④	②	④	②	③	①	②	④	④	④	④	②	④

1 「내가 내 차로 돌아왔을 때, 나는 측면에 커다란 긁힌 자국이 나 있는 것을 알아챘다.」
동사 notice(알아차리다)는 지각동사로 목적격 보어로 동사원형, 현재분사, 과거분사를 취할 수 있는데, 목적어 the side와 목적보어 자리 '표시되다'가 수동의 관계이므로 과거분사 marked가 와야 한다.

2 「너는 성인이니까, 그에 걸맞게 행동하려고 해야 한다.」
빈칸은 '주어 + 동사'형태의 완전한 절이 와야 하며, 의미상 now that(~이므로)의 접속사가 와야 한다.

3 ① 이 영화는 팬들이 오랫동안 기다려 온 영화이다.
관계사절의 동사 wait과 짝을 이루어 wait for가 '~를 기다리다'이므로 to which를 for which로 고쳐야 한다.
③ 그들은 자동차 엔진에 문제를 유발한 부분을 찾아냈다.
선행사 the part를 받고, 뒤에 동사 caused가 왔으므로 주격 관계대명사 which나 that을 써야 한다.
④ 기내식을 준비하는 사람은 곧 교체될 것이다.
관계대명사 뒤에 동사형태가 와야 하므로 arranging을 arranges로 고쳐야 한다.

4 「A : 그거 알아? Rita와 내가 드디어 결혼을 할 거야!
B : 정말이야? 축하해! 그 기쁜 날이 언제야?
A : 12월 20일에 시내에 있는 Wellington 호텔이야.
B : 우와! 그렇게 빨리? 겨우 몇 주 뒤잖아.
A : 갑작스런 통지라는 것은 알지만, 올해가 끝나기 전에 하고 싶었어. 너 올 거지, 그렇지?
B : 꼭 갈게.」
① 우리에겐 이 날만 가능하겠어.
② 우리를 축하하러 와주어야 해.
③ 그곳에서 너를 만나길 바래.
④ 꼭 갈게.

5 「한 조사에서, 많은 사람들은 온라인에서 그것에 대한 많은 안 좋은 평을 읽었기 때문에 그 회사의 새 휴대용 컴퓨터를 사는 것에 <u>거리낌을 느낀다</u>고 대답했다.」
① 거리낌을 느끼다 ② 풍파를 일으키다 ③ 교대로 하다 ④ 가만히 있다.

6 「스위스 군용 칼은 지금까지 만들어진 가장 <u>다용도인</u> 도구들 중 하나로 길로 유명한 명성을 지니고 있다. 그것은 야영객과 등산객들뿐만 아니라, 그것의 다양한 기능을 사용하는 군인들도 자주 가지고 다닌다.」
① 의기양양한   ② 정해진   ③ 허물어져 가는   ④ 다면적인

7 「정부 관리들은 국가가 직면한 골칫거리가 되는 사안을 논의하고 그것에 대한 최종 결정을 내리기 위해 밤늦게 <u>비밀</u> 회의에 참석했다.」
① 비밀의   ② 명백한   ③ 자발적인   ④ 비공식의

8 「우리가 뉴욕에서 머문 호텔의 단 한 가지 결점은 한밤중에 우리의 잠을 방해한 바깥 소음이었다.」
① 경치 – 능가하다   ② 혜택 – 갈라지다
③ 촉진 – 방해하다   ④ 결점 – 방해하다

9 「우리 동네 유일한 영화관에서 단지 몇 구역 떨어진 곳에 나의 가장 친한 친구가 살고 있다.」
빈칸은 문장의 주어와 동사 자리이다. 장소를 나타내는 부사구(Just a couple~)가 강조되어 문장의 맨 앞으로 나오면 주어와 동사가 도치되어야 한다.

10 「나는 드디어 휴대전화를 샀다. 내 가족, 친구들, 그리고 동료들은 내가 휴대전화가 없다는 것을 참지 못했으며, 내가 다른 문명인들과 함께 21세기에 합류해야 할 때라고 생각했다.」
'It's high time + 주어 + 과거동사(~해야 항 때이다)'

11 「통찰 과정은 정교하게 정신적인 균형을 맞추는 행위이다. 처음에 두뇌는 하나의 문제에 주의를 기울인다. 그러나 일단 두뇌가 충분히 집중하게 되면, 그것은 우반구에서 보다 멀리 있는 연상을 찾아내기 위해 느긋해져야 하는데, 그것이 통찰을 제공할 것이다. "휴식 단계는 중요합니다."라고 인지 신경 과학자인 Mark Jung-Beeman은 말한다. "그것이 아주 많은 통찰이 따뜻한 물로 샤워를 하는 동안에 일어나는 이유입니다." 과학자들에 따르면, 통찰을 위한 또 다른 이상적인 순간은 잠에서 깨어난 직후인 이른 아침이다. 졸린 두뇌는 이완되어 있고 무질서해서, 모든 종류의 판에 박히지 않은 생각에 열려 있다. 우반구도 타한 평소와 달리 활동적이다. 만약 우리가 어려운 문제에서 벗어나지 못하고 있다면, 침대에 누워서 곰곰이 생각할 시간을 갖기 위해서 알람시계를 몇 분 일찍 맞춰 놓는 것이 낫다.」
뇌가 느긋한 상태이며 휴식 단계에 있을 때 즉, 따뜻한 물로 샤워를 하거나 잠에서 막 깨어난 직후에 통찰이 일어날 가능성이 높다는 내용이므로 글의 주제로는 ② '통찰을 얻기 위한 적절한 순간'이 가장 적절하다. ① 하나의 문제에 집중하는 방법 ③ 인지에 있어서 우반구의 역할 ④ 인습에 얽매이지 않는 생각의 중요성

12 「이메일은 통신의 편리한 방법이며, 우리들 중 많은 이들이 그것을 다른 이들과의 일상적인 연락에서 당연한 것으로 사용한다. 그리고 그것은 확실히 당신의 보험 손해 사정인과의 통신에서 자리를 잡고 있다. 하지만 그 자리는 제한적이다. 우리는 이메일을 여러분의 차량에 대한 검사 시기를 정하거나 손해 사정인에게 여러분의 요구서가 가고 있는 중임을 알리는 것과 같은 사소한 업무 관리상의 문제들을 위해서만 사용할 것을 권장한다. 이메일을 신고서나 요구서를 위해 사용하지 말라. 여러분과 손해 사정인이 합의한 사항을 확인하는 이메일을 보낸다면 뒤이어 정규 서신을 보내라. 그리고 일반적으로 여러분의 협상을 전화로 수행하도록 노력하라. 직접적인 접촉이 이메일보다 당신의 요점을 이해시키는 데 훨씬 더 효과적이다.」
보험 손해 사정인과 연락을 주고받을 때 편리한 이메일을 사용하는 것이 흔하지만 정작 중요한 서류는 이메일 사용을 피하고 정기 서신을 이용하라는 조언을 담은 글이다. that place is limited, Don't use email for a letter of notification or a demand letter. 등에서 '보험 관련 주요 서신에는 이메일을 사용하지 마라.' 가 글의 주장으로 가장 적절하다는 것을 알 수 있다.

13 「일반적으로 말해서, 일 중독자들은 직장에서 팀 플레이어가 아니다. 통제하고자 하는 욕구 때문에 그들이 협조적으로 문제를 해결하고 도움을 주고받는 상황에 참여하는 것이 어려워진다. 그들은 자신들의 접근 방법과 스타일이 가장 좋다고 믿으므로, 덜 완벽한 해결 방법을 생각할 수 없다. 한 사람의 좁은 소견이 지배하게 될 때에 자발적인 행동은 줄어들고 창의력은 질식해 버린다. 대리할 사람에게 맡기지 못하므로, 많은 일 중독자들은 자신에게 과중한 짐을 지워서, 성을 내고, 짜증을 내며, 참을성이 없어지게 된다. 불같이 화를 내며 노여움이 폭발하는 일이 드물지 않다. 그들의 기준을 그들 자신이나 또는 그들의 동료들이 충족시키는 것은 불가능하다. 불협화음이 지배하고, 집단의 근로 의욕은 곤두박질친다. 그들이 더 많은 양의 일을 더 짧은 시간에 채워 넣으려고 할 때에, 그들과 그들의 지휘를 받는 사람들에게 심한 피로감이 발생한다.」

일 중독자들은 자신의 방식과 스타일만을 고집하여, 모든 것을 자신이 해결하려고 하며, 과중한 업무로 인해 화를 잘 내기 때문에 동료들과 화합하기가 어렵다는 내용이 뒤에 이어지고 있다. 그러므로 빈칸에 들어갈 말로 ①이 가장 적절하다.

② 열심히 일하는 사람들 ③ 완벽주의자들 ④ 업무 수행 능력이 형편없는 사람들

14 「마술사가 탄산음료가 가득 들어 있는 잔에 셔츠의 단추를 떨어뜨린다. 그것은 바닥으로 가라앉는다. 잠시 후에, 마술사가 잔 위에서 손을 흔들고 "단추야, 올라가라!"라고 말한다. 단추는 천천히 표면으로 떠오른다. 마술사가 손가락을 튕겨서 딱 소리를 내고 "단추야, 가라앉아라!"라고 말할 때 단추는 다시 아래로 내려간다. 이 놀라운 재주는 작고 가벼운 물체는 어느 것에서나 자동으로 일어난다. 그것이 잔 밑에 있을 때 작은 이산화탄소 거품들이 그 주위에 모여 들기 시작한다. 거품들이 그 물체의 무게에 대항할 만큼 충분하게 모였을 때, 그 거품들이 그 물체를 표면으로 올라가게 한다. 표면에서 거품들이 터지고 물체의 무게가 다시 그것을 밑으로 가게 한다. 이와 같은 위아래로의 이동은 액체에 탄산가스가 있는 한 계속된다.」

(A)는 앞 문장에서 지능지수가 높다는 내용을 받는 것이 아니라, 범위를 말하고 있음으로 대상의 다른 특징을 나타내는 However가 온다. (B)는 직업별 지능지수의 분포를 구체적 수치를 통해 보여주고 있음으로 예시인 For example이 오는 것을 알 수 있다.

15 「과학과는 달리 기술은 그 전 5백 년 동안의 특정한 발견, 개념, 수학 방정식을 기다릴 필요가 없었다. 사실 바로 정확히 그것 때문에 1500년의 중국이 많은 측면에서 유럽이나 중동의 상대자들(나라들)보다 더 선진적인 것처럼 보였다. 설득력 있는 과학 이론이나 잘 통제된 실험이 없이도 완벽하게 작동하는 (심지어 정교하기까지 한) 시계나 화약이나 나침반을 만들거나 의학적 치료를 행할 수 있다. 하지만 일단 과학이 급격히 발전하게 되면, <u>그것(과학)의 기술과의 연계는 훨씬 더 강해진다.</u> 우리 시대의 과학이 없이 핵발전소나 초음속 항공기나 컴퓨터를 보유할 수 있거나 여러 가지의 효율적인 의학적, 외과적 도움을 얻을 수 있는 것은 거의 상상할 수 없다. 과학이 없는 그런 사회는 기술 혁신이 없는 채로 있어야 하거나 그것(기술 혁신)을 이뤄온 사회로부터 단순하게 모방해야만 한다.」

문단의 앞에서는 초기의 기술 발달은 과학적 바탕이 없이도 진행되어 왔다고 언급되어있다. '하지만(however)'에 의해 문맥의 방향이 바뀐 뒤에 빈칸의 뒤에서는 과학의 토대가 없이 최근의 수준 높은 기술발달은 거의 불가능하다고 언급되어 있다. 따라서 빈칸에는 ④ '그것(과학)의 기술과의 연계는 훨씬 더 강해진다.(its link to technology becomes much tighter)'가 적절하다.

16 「귀사(貴社)의 베스트셀러인 직업명칭 사전은 어떤 서점에서도 찾을 수 있습니다. 그것이 2만 개의 직명(職名)에 대한 설명을 수록하고 있어서 직업과 관련된 전문가들은 그것을 사용할 것을 항상 권합니다. 그렇지만 저는 그것이 정말 도움이 되지 않는 책이라는 것을 알게 되었습니다. 화학자로서, 제 생각은 이렇습니다. 그 책이 2010년에 맞추어 개정되었다고 주장하기는 하지만 제가 찾아본 모든 설명은 1990년에 마지막으로 개정되었다는 점을 발견했습니다. 현재의 제 직업에 대한 설명을 읽어 봤습니다. 거기에서 설명한 것을 제가 하고 있다면 얼마나 좋을까 하고 생각할 뿐입니다. 대부분의 회사들이 연구를 덜 강조하고 있는 상황에서 요즘 저희 화학자들은 어려움을 겪고 있습니다. 저는 이 책이 2년마다 개정된다고 읽었습니다. 그 노력을 환영합니다만 그 노력이 표지 사이의 내용물이 아니라 표지 디자인에 더 초점이 맞춰지는 점이 우려스럽습니다.」

17 「작고 선명한 초록빛의 호주 깡충거미는 큰 먹잇감을 사냥한다. 힘차게 4인치를 뛰어오른 후, 자신의 송곳니를 잠자리의 목에 박아 넣는다. 이 거대한 곤충이 날아오른다 해도, 이 거미는 자신의 독이 작용하여 잠자리가 부딪혀 떨어질 때까지 꽉 붙잡고 놓지 않는다. 4인치 점프가 그다지 높지 않게 보일지 모르지만, 0.5인치 길이의 동물에게는 엄청난 거리이다. 그것은 키가 5피트 되는 사람이 일렬로 세워진 여섯 대의 차를 한 끝에서 다른 끝으로 뛰어넘은 것과 같은 것이다. 호주 깡충거미는 뛰어오를 때 마치 수영하는 사람이 출발대로부터 도약하듯이 강한 뒷다리로 땅을 밀어붙인다. 호주 깡충거미는 방랑자라서, 거미 줄, 덫 또는 올가미를 만들지 않는다. 그러나 알을 두기 위한 요람이나 잠자기 위한 그물을 만들기 위하여 거미 명주실을 이용한다.」

Australian jumping spider는 방랑자(wanderer)라서 거미줄을 만들지 않는다고 설명하고 있으므로 ④는 내용과 일치하지 않는다.

18 「부유함의 확산, 1인 가구, 텔레비전과 컴퓨터의 발명은, 이전 세대들에게는 상상할 수도 없는 개인적인 생활을 할 수 있게 만들었다. 우리는 더 이상 이웃들과 가까운 지역에 살지 않는다. 우리는 버스나 기차에 몰려 타지 않고서도 여기 저기 돌아다닐 수 있다. 그리고 우리는 극장에 가거나 이웃들과 취미를 함께 나눌 필요도 없다. 하지만, 우리를 많은 사람들로부터 떼어놓는 데 일조하는 바로 그 과학 기술이 또한 우리의 행동을 감시하고 기록하는 것을 가능하게 한다. 비록 우리 삶을 잘 알고 있는 사람들이 점점 더 적어지지만, 대부분 우리가 모르는 많은 사람들이 우리에 관한 중요한 것을 알고 있다. 우리를 대중 사회로부터 자유롭게 해줄 것이라고 가정했던 바로 그 과학 기술이 정보의 고속도로인 것만큼이나 유리 어항과 같다는 것이 입증되어 왔다. 현대 사회에서 <u>자유롭다는 것을 또한 흔히 적나라하게 드러난다는 것을</u> 의미한다는 것을 알게 되었다.」

19 「학습된 무력감은 여러분의 개인적인 행동이나 능력이 성과나 결과와 아무런 관계가 없다는 근원적인 확신에 바탕을 두고 있다. 간단히 말하자면, 학습된 무력감은 내가 하는 것이 어쨌든 통하지 않을 것이기 때문에 그것이(내가 하는 일이) 중요하지 않다는 믿음이다. (B) 이 문장이 친숙하게 들리는가? 걸음마 단계의 아이가 혼자서 노는 모습을 지켜보면, 당신은 아이가 자신의 주변에서 발견하는 것은 무엇이든지간에 그것을 가지고 실험을 하면서 즐거워하는 모습을 보게 될 것이다. (A) 커튼 뒤에 숨을 장소를 발견하거나, 냄비 뚜껑으로 소리를 내거나, 의자 위에 올라서면서 아이는 즐거워한다. 그런데 탐구해서 발견하고자 하는 이런 타고난 충동을 당신이 방해하면서, '그것을 내버려 둬.', '내려놓아라.', '안 돼. 그것은 너무 어려워서 네가 할 수 없을 거야'라는 말을 해버린다. (C) 그러면 당신의 딸은 낙담하고 풀이 죽을 것이다. 이내 그 아이는'아무리 열심히 시도해도 내가 이것을 할 수 없을 거야'라고 생각하기 시작할 것이다. 바로 그때 학습된 무력감이 시작된다.」

20 「어떤 마법의 알약도 복용돼서 한 사람의 지혜를 전문가와 필적할 수 있게 만들어 줄 수는 없다. 하지만 오랜 경험을 통해서 실험실 과학자의 관점을 어느 정도 이해하는 것, 즉 과학자의 방법들과 그가 문제에 대해 생각하는 방식을 어느 정도 이해하는 것은 가능하다. 상당수의 시민들은 많은 일들이 벌어지는 세상에서 자신들이 하는 활동들과 결부된 현대 과학의 어떤 양상에 관해서 독학의 과정을 통해 스스로 과학적인 일에 대한 지적인 비평가가 되어 왔다. 일련의 사건들은 고정점(기준점) 역할을 하는 영구적인 인상(흔적)들을 그들의 마음속에 남겨 놓았는데, 그것은 그들이 실험실에서 나오는 어떤 새로운 제안들을 조회해 볼 수 있는 일종의 지도이다.」

(A) 전치사(of) 앞이면서, 동사 acquire의 목적어가 되어야 하므로 명사(understanding)가 와야 한다. some understanding ~ a problem은 some appreciation ~ laboratory scientist를 부가 설명하는 동격 명사구로 볼 수 있다.

(B) connected 이하는 some phase of modern science를 수식하는 분사구이다. connected 앞에 '주격 관계대명사+be동사(which is)'가 생략된 것으로 볼 수 있다.

(C) 뒤의 문장이 완전하기 때문에 which는 올 수 없다. 'refer A to B' 구문으로, 원래 문장은 They may refer any new proposal from the laboratory to a sort of map.인데, a sort of map이 which로 바뀌었기 때문에 to가 남아 있어야 한다.

최근기출문제분석

영어

2019. 4. 6 인사혁신처 시행
2019. 6. 15 제1회 지방직 시행
2019. 6. 15 제2회 서울특별시 시행

※ 밑줄 친 부분의 의미와 가장 가까운 것을 고르시오. 【1~2】

1

> *Natural Gas World* subscribers will receive accurate and reliable key facts and figures about what is going on in the industry, so they are fully able to <u>discern</u> what concerns their business.

① distinguish   ② strengthen

③ undermine   ④ abandon

> NOTE subscriber : 구독자 accurate : 정확한 reliable : 믿을 만한 figure : 수치, 숫자 discern : 알다, 식별하다 concern : 관련시키다, 영향을 미치다
> ① 구별하다, 알아보다
> ② 강화하다
> ③ 약화시키다
> ④ 포기하다
> 「Natural Gas World 구독자들은 산업에서 무슨 일이 일어나고 있는지에 대해 정확하고 믿을 만한 중요한 사실과 수치를 받게 될 것입니다. 그래서 그들은 그들의 사업과 관련된 것을 충분히 <u>알 수 있습니다</u>.」

2

> Ms. West, the winner of the silver in the women's 1,500 m event, <u>stood out</u> through the race.

① was overwhelmed   ② was impressive

③ was depressed   ④ was optimistic

> NOTE event : 경기 stand out : 두드러지다
> ① 압도되었다
> ② 인상적이었다
> ③ 우울했다
> ④ 낙관적이었다
> 「여자 1,500미터 경기에서 은메달을 딴 West는 경기 내내 <u>두각을 나타냈다</u>.」

3 두 사람의 대화 중 가장 어색한 것은?

① A : I'm traveling abroad, but I'm not used to staying in another country.

　B : Don't worry. You'll get accustomed to it in no time.

② A : I want to get a prize in the photo contest.

　B : I'm sure you will. I'll keep my fingers crossed!

③ A : My best friend moved to Sejong City. I miss her so much.

　B : Yeah. I know how you feel.

④ A : Do you mind if I talk to you for a moment?

　B : Never mind. I'm very busy right now.

> **NOTE** be used to N : ~에 익숙해지다
> get accustomed to N : ~에 익숙해지다
> keep one's fingers crossed : 행운을 빌어주다
>
> 「① A : 나는 해외 여행을 할 계획이지만, 나는 다른 나라에 머무르는 게 익숙하지 않아.
> 　B : 걱정하지마, 곧 익숙해질 거야.
> ② A : 나는 사진 콘테스트에서 상을 받고 싶어.
> 　B : 네가 받게 될 거라고 확신해. 행운을 빌어줄게.
> ③ A : 친한 친구가 세종시로 이사했어. 나는 그녀가 매우 그리워.
> 　B : 그래, 네가 어떤 느낌인지 알겠어.
> ④ A : 잠깐 당신과 얘기 좀 나눌 수 있을까요?
> 　B : 네, 괜찮습니다. <u>나는 지금 매우 바쁩니다.</u>」

ANSWER _ 1.① 2.② 3.④

4 밑줄 친 부분에 들어갈 말로 가장 적절한 것은?

A : Would you like to try some dim sum?

B : Yes, thank you. They look delicious. What's inside?

A : These have pork and chopped vegetables, and those have shrimps.

B : And, um, _____?

A : You pick one up with your chopsticks like this and dip it into the sauce. It's easy.

B : Okay. I'll give it a try.

---

① how much are they   ② how do I eat them

③ how spicy are they   ④ how do you cook them

NOTE dim sum : 딤섬 pork : 돼지고기 chop : 잘게 썰다 dip : 담그다 sauce : 소스
　① 그것들은 얼마나 많은가요
　② 이것들을 어떻게 먹나요
　③ 그것들은 얼마나 맵나요
　④ 어떻게 요리하나요

「A : 딤섬 좀 드시겠습니까?
B : 네, 감사합니다. 맛있어 보이는군요. 안에 뭐가 들어 있나요?
A : 이것들은 돼지고기와 잘게 썬 야채가 들어 있고, 저것들은 새우가 들어 있습니다.
B : 음, 그러면 이것들을 어떻게 먹나요?
A : 이렇게 젓가락으로 하나를 들어서 소스에 찍어서 먹으면 됩니다. 쉽습니다.
B : 알겠습니다. 한번 먹어보죠.」

※ 우리말을 영어로 잘못 옮긴 것을 고르시오. 【5 ~6】

5　① 제가 당신께 말씀드렸던 새로운 선생님은 원래 페루 출신입니다.

　　　 →The new teacher I told you about is originally from Peru.

　② 나는 긴급한 일로 자정이 5분이나 지난 후 그에게 전화했다.

　　　 →I called him five minutes shy of midnight on an urgent matter.

　③ 상어로 보이는 것이 산호 뒤에 숨어 있었다.

　　　 →What appeared to be a shark was lurking behind the coral reef.

　④ 그녀는 일요일에 16세의 친구와 함께 산 정상에 올랐다.

　　　 →She reached the mountain summit with her 16-year-old friend on Sunday.

lurk : 잠복하다   coral reef : 산호초   summit : 정상

① I told you about이 the new teacher를 수식하고 있다. about의 목적어인 the new teacher가 선행사로 가고 관계대명사(who/whom)가 생략되어 있는 형태이다.

② shy of는 '~이 부족한, 모자라는'의 뜻이다. five minutes shy of midnight은 '자정이 되기 5분 전'으로 해석될 수 있으므로 보기 지문의 '5분이나 지난 후'라는 뜻과 맞지 않다.

③ what appeared to be a shark가 주어로 쓰였다. what(=the thing which)은 선행사 없이 관계사절을 이끌 수 있다. appear (to)는 '~인 것 같다'는 뜻으로 쓸 수 있다.

④ reach는 타동사로 '~에 닿다, 도달하다' 뜻을 가진다. 따라서 전치사 없이 목적어를 바로 취해야 한다. 16-year-old는 명사 friend를 수식하는 형용사구로 쓰였다. 복수형태 years로 쓰지 않도록 주의한다.

6

① 개인용 컴퓨터를 가장 많이 가지고 있는 나라는 종종 바뀐다.

→The country with the most computers per person changes from time to time.

② 지난여름 나의 사랑스러운 손자에게 일어난 일은 놀라웠다.

→What happened to my lovely grandson last summer was amazing.

③ 나무 숟가락은 아이들에게 매우 좋은 장난감이고 플라스틱 병 또한 그렇다.

→Wooden spoons are excellent toys for children, and so are plastic bottles.

④ 나는 은퇴 후부터 내내 이 일을 해 오고 있다.

→I have been doing this work ever since I retired.

NOTE wooden : 나무로 된, 목재의   retire : 은퇴하다

① per person은 '1인당'이라는 뜻이다. 개인용 컴퓨터는 personal computers이다.

② 동사는 was이며 그 앞까지 what절이 명사절로서 주어 역할을 하고 있다. what 절 안에는 불완전한 문장이 와야 하는데 주어가 나타나 있지 않으므로 옳은 문장이다.

③ 앞 문장에 긍정하면서 '~도 그러하다'는 뜻을 나타내기 위해 'so+동사+주어'의 표현을 쓴다. and 이하의 원래 문장은 plastic bottles are excellent toys for children, too이다. and so are plastic bottles에서 주어가 복수(plastic bottles)이므로 동사 are를 맞게 썼으며, 순서가 도치되어 맞는 표현이다.

④ since가 '~이후로'의 의미로 쓰였고, 은퇴 이후 계속 해오고 있으므로 현재완료진행형으로 썼다. since 구/절은 특정 과거 시점을 나타내는 표현으로 쓴다.

※ 밑줄 친 부분 중 어법상 옳지 않은 것을 고르시오. 【7~8】

7

Domesticated animals are the earliest and most effective 'machines' ①available to humans. They take the strain off the human back and arms. ②Utilizing with other techniques, animals can raise human living standards very considerably, both as supplementary foodstuffs (protein in meat and milk) and as machines ③to carry burdens, lift water, and grind grain. Since they are so obviously ④of great benefit, we might expect to find that over the centuries humans would increase the number and quality of the animals they kept. Surprisingly, this has not usually been the case.

NOTE domesticated : 길들인 take off : 제거하다 strain : 무거운 짐 utilize : 이용하다 considerably : 상당히 supplementary : 보충의, 추가의 foodstuff : 식료품 burden : 짐

① "형용사/부사"를 묻는 문제이다. 앞에 있는 machines를 수식할 수 있는 형용사가 오는 것이 적절하다. available앞에 "which are"가 생략된 것으로 볼 수 있다.

② "능동태/수동태"를 묻는 문제이다. utilize의 목적어가 없는 것으로 봐서 수동태의 형태가 오는 것이 적절하다. utilized로 고쳐야 한다.

③ 앞에 있는 machines을 수식해주는 to carry의 형태가 적절하다. to 부정사의 형용사적 용법이다.

④ "of + 추상명사"는 형용사의 역할을 한다. 따라서 of great benefit은 very beneficial과 같은 의미이다.

「가축은 인간에게 이용 가능한 가장 초기의 그리고 가장 효과적인 '기계'이다. 그들은 인간의 등과 팔의 무거운 짐을 덜어준다. 다른 기술들과 함께 이용될 때, 동물들은 보충 식량제(육류에서의 단백질과 우유)로서 그리고 물건을 나르고 물을 길어 올리고 곡식을 갈기 위한 기계로서 매우 상당히 인간의 삶의 수준을 향상시킬 수 있다. 그들은 너무 명백하게 유용했기 때문에, 우리는 인간이 수 세기 동안 그들이 보유한 동물의 수와 품질을 향상시켰을 거라고 기대할지도 모른다. 놀랍게도, 이것은 대개 그럴지만은 않았다.」

8

A myth is a narrative that embodies – and in some cases ① helps to explain – the religious, philosophical, moral, and political values of a culture. Through tales of gods and supernatural beings, myths ② try to make sense of occurrences in the natural world. Contrary to popular usage, myth does not mean "falsehood." In the broadest sense, myths are stories – usually whole groups of stories– ③ that can be true or partly true as well as false; regardless of their degree of accuracy, however, myths frequently express the deepest beliefs of a culture. According to this definition, the *Iliad* and the *Odyssey*, the Koran, and the Old and New Testaments can all ④ refer to as myths.

> **NOTE** narrative : 이야기 embody : 구현하다 philosophical : 철학적인 moral : 도덕적인 political : 정치적인
> supernatural : 초자연적인 occurrence : 사건 contrary to : ~와 반대로 usage : 사용, (단어의) 용법
> falsehood : 거짓 regardless of : ~와 상관없이 accuracy : 정확성 frequently : 빈번히 refer to A as
> B : A를 B로 부르다(지칭하다)
> ① helps의 주어는 a myth로서 3인칭 단수 주어로 받아서 helps가 되는 것이 적절하다.
> ② try to v 는 '~하려고 노력하다'라는 의미로서 적절한 표현이다.
> ③ that은 주격 관계대명사로서 앞에 첫 번째 하이픈 앞에 있는 strories를 선행사로 받는 것으로서 적
>   절한 표현이다.
> ④ refer to A as B는 'A를 B로 부르다'라는 표현으로서 문장에 있는 주어(일리아드와 오디세이, 코란,
>   구약과 신약)가 '불려지는' 것이기 때문에 수동태 be referred to as로 고쳐야 한다.

「신화는 문화의 종교적, 철학적, 도덕적, 정치적인 가치를 구현하는 – 몇몇 경우에 있어서는 이를 설명하는
데 도움을 주는 – 이야기이다. 신과 초자연적인 존재에 대한 이야기를 통해서, 신화는 자연에서 사건을 이해
하려고 노력한다. 대중적으로 사용되는 의미와는 다르게, 신화는 거짓을 의미하지 않는다. 가장 넓게 보면,
신화는 사실이거나 혹은 부분적으로 거짓이기도 하며 부분적으로 사실일 수도 있는 이야기 – 대개는 이야기
들의 전체적인 묶음들 – 이다. 하지만 그들의 정확함의 정도와 상관없이, 신화는 빈번하게 한 문화의 가장
깊은 믿음을 표현한다. 이러한 정의에 따르면, 일리아드와 오디세이, 코란, 구약과 신약 모두 신화로 간주될
수 있다.」

ANSWER _ 7.② 8.④

9 다음 글의 제목으로 가장 적절한 것은?

Mapping technologies are being used in many new applications. Biological researchers are exploring the molecular structure of DNA ("mapping the genome"), geophysicists are mapping the structure of the Earth's core, and oceanographers are mapping the ocean floor. Computer games have various imaginary "lands" or levels where rules, hazards, and rewards change. Computerization now challenges reality with "virtual reality," artificial environments that stimulate special situations, which may be useful in training and entertainment. Mapping techniques are being used also in the realm of ideas. For example, relationships between ideas can be shown using what are called concept maps. Starting from a general or "central" idea, related ideas can be connected, building a web around the main concept. This is not a map by any traditional definition, but the tools and techniques of cartography are employed to produce it, and in some ways it resembles a map.

① Computerized Maps vs. Traditional Maps

② Where Does Cartography Begin?

③ Finding Ways to DNA Secrets

④ Mapping New Frontiers

NOTE application : 응용 프로그램 molecular : 분자의 genome : 유전체 geophysicist : 지구물리학자 core : 핵 oceanographer : 해양학자 imaginary : 가상의 hazard : 위험 computerization : 컴퓨터화 virtual reality : 가상현실 artificial : 인공의 realm : 영역 cartography : 지도 제작법 definition : 정의 employ : 이용하다 resemble : ~을 닮다 frontier : 경계, 한계

① 컴퓨터화된 지도 대 전통적인 지도

② 지도제작법은 어디서 시작되었나?

③ DNA 비밀로 가는 길을 찾아서

④ 새로운 미개척 분야들의 매핑

첫 번째 문장 'Mapping technologies are being used in many new applications.'을 통해서 ④번 '새로운 미개척 분야들의 매핑'이 정답이라는 것을 알 수 있다.

「매핑(mapping) 기술은 많은 새로운 응용분야에 사용되고 있다. 생물학 연구자들은 DNA의 분자 구조를 분석("유전체 지도 작성")하고 있고, 지구물리학자는 지구의 핵의 구조를 지도화하고 있고, 해양학자는 해양 바닥을 지도화하고 있다. 컴퓨터 게임은 규칙, 위험, 그리고 보상이 바뀌는 다양한 가상의 땅과 고도를 가지고 있다. 컴퓨터화는 이제 특별한 상황을 불러일으키는 인공적인 환경인 "가상 현실"로 현실세계에 도전하는데, 이는 훈련과 오락에 유용할지도 모른다. 매핑 기술은 생각의 영역에서도 사용된다. 예를 들어서, 생각들 간의 관계가 개념지도라고 불리는 것을 통해서 표현될 수 있다. 일반적이거나 중심적인 사고로부터 시작해서 관련 아이디어들이 연결될 수 있고, 주된 개념 주위에 망을 만든다. 이것은 어떤 전통적인 정의에 의한 지도는 아니지만, 지도 제작법의 도구와 기법이 그것을 만들어 내기 위해서 이용되고 있고 어떤 면에 있어서 그것은 지도를 닮아 있다.」

10 다음 글의 요지로 가장 적절한 것은?

When giving performance feedback, you should consider the recipient's past performance and your estimate of his or her future potential in designing its frequency, amount, and content. For high performers with potential for growth, feedback should be frequent enough to prod them into taking corrective action, but not so frequent that it is experienced as controlling and saps their initiative. For adequate performers who have settled into their jobs and have limited potential for advancement, very little feedback is needed because they have displayed reliable and steady behavior in the past, knowing their tasks and realizing what needs to be done. For poor performers – that is, people who will need to be removed from their jobs if their performance doesn't improve – feedback should be frequent and very specific, and the connection between acting on the feedback and negative sanctions such as being laid off or fired should be made explicit.

① Time your feedback well.

② Customize negative feedback.

③ Tailor feedback to the person.

④ Avoid goal-oriented feedback.

> **NOTE** performance : 수행   recipient : 받는 사람   estimate : 추정치   frequency : 빈도   prod A into B : A를 재촉해서 B하게 하다   corrective : 바로잡는   sap : 약화시키다   initiative : 진취성   adequate : 적당한 settle into : 자리잡다   advancement : 발전   reliable : 믿을 만한   steady : 꾸준한   sanction : 제재   lay off : 해고하다   fire : 해고하다   explicit : 명백한
>
> ① 피드백의 시기를 잘 맞춰라
> ② 부정적인 피드백을 그 사람에게 맞춰라
> ③ 피드백을 그 사람에게 맞춰라
> ④ 목표 지향적인 피드백을 피하라
>
> 첫 번째 문장(When giving performance feedback, you should consider the recipient's past performance and your estimate of his or her future potential in designing its frequency, amount, and content.)을 통해서 정답이 ③번 "피드백을 그 사람에게 맞춰라"라는 것을 알 수 있다.
>
> 「수행 결과에 대한 피드백을 줄 때, 당신은 그것의 빈도, 양, 내용을 설계하는 데 있어서 (피드백을) 받는 사람의 과거 수행과 그 또는 그녀의 미래 잠재력에 대한 추정치를 고려해야 한다. 성장을 위한 잠재력을 가지고 있는 높은 수행자들에게는, 피드백이 그들을 재촉해서 수정할 수 있는 조치를 취할 정도로 충분히 빈번해야만 하지만, 그것이 통제하는 것으로 받아들여지고 그들의 진취성을 약화시킬 정도로 빈번해서는 안된다. 일에 자리잡고 발전에 제한된 잠재력을 가지고 있는 적당한 정도의 수행자들에게는 매우 적은 피드백만이 필요하다. 왜냐하면 그들은 자신의 일을 알고 어떤 일이 수행되어야 할지 알고 있으며, 과거에 믿을 만하고 꾸준한 행동을 보여 왔기 때문이다. 형편없는 수행자, 즉 만약 그들의 실적이 향상되지 않는다면 해고될 필요가 있을 사람들에게, 피드백은 빈번하고 매우 구체적이어야 하고, 피드백대로 행동하는 것과 휴직이나 해고와 같은 부정적인 제재 사이의 관계는 명확해야 한다.」

11 다음 글의 내용과 일치하지 않는 것은?

> Langston Hughes was born in Joplin, Missouri, and graduated from Lincoln University, in which many African-American students have pursued their academic disciplines. At the age of eighteen, Hughes published one of his most well-known poems, "Negro Speaks of Rivers." Creative and experimental, Hughes incorporated authentic dialect in his work, adapted traditional poetic forms to embrace the cadences and moods of blues and jazz, and created characters and themes that reflected elements of lower-class black culture. With his ability to fuse serious content with humorous style, Hughes attacked racial prejudice in a way that was natural and witty.

① Hughes는 많은 미국 흑인들이 다녔던 대학교를 졸업하였다.
② Hughes는 실제 사투리를 그의 작품에 반영하였다.
③ Hughes는 하층 계급 흑인들의 문화적 요소를 반영한 인물을 만들었다.
④ Hughes는 인종편견을 엄숙한 문체로 공격하였다.

> **NOTE** pursue : 추구하다   academic discipline : 학과   publish : 출판하다   experimental : 실험적인
> incorporate : 포함시키다 authentic : 진짜의 dialect : 방언 adapt : 각색하다, 조정하다 poetic : 시적
> 인 embrace : 포용하다 cadence : 억양 character : 등장인물 lower-class : 하층 계급 fuse : 융합하
> 다 racial : 인종적인 prejudice : 편견 witty : 재치있는
> 마지막 문장에서 인종편견을 자연스럽고 재치 있는(natural and witty) 방식으로 공격하였다고 하였다.
>
> 「Langston Hughes는 Missouri주, Joplin에서 태어났고, 많은 아프리카계 미국 학생들이 학업을 추구하는
> 링컨 대학을 졸업하였다. 18살의 나이에, Hughes는 그의 가장 잘 알려진 시집 중 하나인, "Negro Speaks
> of Rivers(흑인, 강에 대해 말하다)."를 출간했다. 창의적이고 실험적인 Hughes는 그의 작품에 진짜 방언을
> 포함시켰으며 블루스와 재즈의 억양과 분위기를 포용하기 위해 전통적인 시적 형태를 각색하였고 하층민의
> 흑인들의 문화 요소를 반영하는 등장인물과 주제를 만들어 내었다. 유머러스한 스타일과 진지한 내용을 융
> 합할 수 있는 그의 능력으로, Hughes는 자연스럽고 재치 있게 인종 편견을 공격하였다.」

12 밑줄 친 부분 중 글의 흐름상 가장 어색한 것은?

In 2007, our biggest concern was "too big to fail." Wall Street banks had grown to such staggering sizes, and had become so central to the health of the financial system, that no rational government could ever let them fail. ①Aware of their protected status, banks made excessively risky bets on housing markets and invented ever more complicated derivatives. ②New virtual currencies such as bitcoin and ethereum have radically changed our understanding of how money can and should work. ③The result was the worst financial crisis since the breakdown of our economy in 1929. ④In the years since 2007, we have made great progress in addressing the too-big-to-fail dilemma. Our banks are better capitalized than ever. Our regulators conduct regular stress tests of large institutions.

> **NOTE** concern : 관심, 우려 staggering : 믿기 어려운 rational : 이성적인 status : 지위 make a bet : 내기 (도박)를 하다 excessively : 과도하게 risky : 위험한 complicated : 복잡한 derivative : 파생상품 virtual : 가상의 currency : 화폐, 통화 crisis : 위기 breakdown : 붕괴 make progress : 발전하다 address : 다루다 capitalize : 자본화하다 regulator : 규제자
> 위의 글은 은행들이 너무 커져서 생기는 문제점에 관한 글로 ②번은 비트코인과 이더리움과 같은 가상화폐에 관한 글로 주제와는 거리가 멀다.
>
> 「2007년에, 우리의 가장 큰 염려는 "실패하기엔 너무 크다"는 것이었다. Wall Street에 있는 은행들은 믿기 어려운 규모까지 성장했고 금융 시스템의 건전성에 너무 중요해져서, 어떠한 이성적인 정부도 그 은행들이 실패하도록 놔둘 수 없었다. ① 그들의 보호받는 지위를 알고, 은행들은 주택시장에서 과도하게 위험한 도박을 하고 더 복잡한 파생상품을 만들어 냈다. (② 비트코인과 이더리움과 같은 새로운 가상 화폐는 돈이 어떻게 작동할 수 있고 어떻게 작동해야 하는지에 대한 이해를 빠르게 바꿔놓고 있다.) ③ 그 결과는 1929년의 경제 붕괴 이후 최악의 금융 위기로 나타났다. ④ 2007년 이후로 몇 년 동안, 우리는 너무 커서 실패할 수 없는 딜레마를 다루는 데 큰 발전을 이뤄왔다. 은행들은 이전보다 더 자본주의화되었다. 우리의 규제 당국은 거대 기관들을 대상으로 정기적인 스트레스 테스트를 수행한다.」

ANSWER _ 11.④ 12.②

13 다음 글의 주제로 가장 적절한 것은?

Imagine that two people are starting work at a law firm on the same day. One person has a very simple name. The other person has a very complex name. We've got pretty good evidence that over the course of their next 16 plus years of their career, the person with the simpler name will rise up the legal hierarchy more quickly. They will attain partnership more quickly in the middle parts of their career. And by about the eighth or ninth year after graduating from law school the people with simpler names are about seven to ten percent more likely to be partners – which is a striking effect. We try to eliminate all sorts of other alternative explanations. For example, we try to show that it's not about foreignness because foreign names tend to be harder to pronounce. But even if you look at just white males with Anglo–American names – so really the true in–group, you find that among those white males with Anglo names they are more likely to rise up if their names happen to be simpler. So simplicity is one key feature in names that determines various outcomes.

① the development of legal names

② the concept of attractive names

③ the benefit of simple names

④ the roots of foreign names

NOTE pretty : 꽤 over the course of~ : ~하는 동안 hierarchy : 계급, 서열 attain : 획득하다 eliminate : 제거하다 alternative : 대안 explanation : 설명 foreignness : 이질성 pronounce : 발음하다 simplicity : 단순함 feature : 특징 determine : 결정하다 outcome : 결과

① 법률상의 이름의 발달
② 매력적인 이름의 개념
③ 단순한 이름의 이점
④ 외국 이름의 근원

We've got pretty good evidence that over the course of their next 16 plus years of their career, the person with the simpler name will rise up the legal hierarchy more quickly.의 문장을 통해서 ③번 "단순한 이름의 이점"이 정답임을 알 수 있다.

「두 사람이 같은 날 법률회사에서 일을 시작한다고 상상해 봐라. 한 사람은 매우 단순한 이름을 가지고 있다. 다른 사람은 매우 복잡한 이름을 가지고 있다. 우리는 그들의 다음 16년간 경력의 과정 동안 더 단순한 이름을 가지고 있는 사람이 더 빨리 법조계 서열을 올릴 만한 꽤 타당한 증거를 가지게 된다. 그들은 그들의 경력을 쌓는 중간쯤에 더 빨리 파트너십을 얻게 된다. 그리고 로스쿨을 졸업한 후 대략 8년 또는 9년이 지났을 쯤에 더 단순한 이름을 가지고 있는 사람들은 파트너가 될 가능성이 7~10퍼센트 더 많은데, 이것은 놀라운 효과이다. 우리는 모든 종류의 다른 대안적 설명을 제거하려고 노력한다. 예를 들어서 우리는 외국 이름들은 발음하기에 더 힘든 경향이 있기 때문에 그것이 이질성에 대한 것이 아니라는 것을 보여주려고 노력한다. 하지만 비록 당신이 정말로 진정한 내집단에 있는 영미의 이름을 가진 백인 남성을 볼지라도, 당신은 백인의 이름을 가진 그러한 백인 남성들 중에서 만약에 그들의 이름이 우연찮게 더 단순하다면 그들이 더 올라갈 가능성이 있다는 것을 발견한다. 그래서 단순함은 이름에 있어서 다양한 결과를 결정하는 하나의 중요한 특징이다.」

※ 밑줄 친 부분의 의미와 가장 가까운 것을 고르시오. 【14 ~15】

14

> Schooling is <u>compulsory</u> for all children in the United States, but the age range for which school attendance is required varies from state to state.

① complementary　　　　　② systematic

③ mandatory　　　　　　④ innovative

>　NOTE　compulsory : 강제적인　attendance : 출석　vary : 다양하다
>　　　① 보완적인
>　　　② 체계적인
>　　　③ 강제적인
>　　　④ 혁신적인
>　「학교교육은 미국에서 모든 아이들에게 강제적이지만, 학교 출석이 요구되는 나이의 범위는 주마다 다르다.」

15

> Although the actress experienced much turmoil in her career, she never <u>disclosed</u> to anyone that she was unhappy.

① let on　　　　　　　② let off

③ let up　　　　　　　④ let down

>　NOTE　turmoil : 혼란　disclose : 말하다, 폭로하다
>　　　① 말하다
>　　　② 발사하다
>　　　③ 약해지다
>　　　④ 내리다
>　「비록 그 여배우는 그녀의 경력에 있어서 많은 혼란을 경험했지만, 그녀는 결코 누구에게도 그녀가 행복하지 않다는 것을 폭로하지 않았다.」

ANSWER _ 13.③ 14.③ 15.①

16 밑줄 친 (A), (B)에 들어갈 말로 가장 적절한 것은?

Visionaries are the first people in their industry segment to see the potential of new technologies. Fundamentally, they see themselves as smarter than their opposite numbers in competitive companies – and, quite often, they are. Indeed, it is their ability to see things first that they want to leverage into a competitive advantage. That advantage can only come about if no one else has discovered it. They do not expect, ___(A)___, to be buying a well-tested product with an extensive list of industry references. Indeed, if such a reference base exists, it may actually turn them off, indicating that for this technology, at any rate, they are already too late. Pragmatists, ___(B)___, deeply value the experience of their colleagues in other companies. When they buy, they expect extensive references, and they want a good number to come from companies in their own industry segment.

	(A)	(B)
①	therefore	on the other hand
②	however	in addition
③	nonetheless	at the same time
④	furthermore	in conclusion

NOTE visionary : 선지자 segment : 분야 fundamentally : 기본적으로 competitive : 경쟁하는 leverage : 차입금을 이용하여 투자하다 come about : 발생하다 discover : 밝혀내다 extensive : 광범위한 reference : 참조 turn off : 끄다, 잠그다 indicate : 나타내다 at any rate : 어쨌든 pragmatist : 실용주의자 value : 소중하게 여기다

「선견지명이 있는 사람들은 그들의 산업 분야에서 새로운 기술의 잠재력을 볼 수 있었던 최초의 사람들이다. 기본적으로 그들은 그들 자신을 경쟁 회사에서의 상대방보다 더 똑똑하다고 여긴다. 그리고 꽤 자주, 그들은 실제로 그러하다. 사실, 그들이 경쟁력 있는 이점으로 이용하여 투자하려고 했던 것이 바로 사물을 처음으로 볼 수 있는 그들의 능력이었다. 그 이점은 오직 어느 누구도 그것을 발견하지 못한 경우에서만 생길 수 있다. 그러므로 그들은 광범위한 목록의 산업계에서 검증한 참조를 가지고 있는, 잘 검증된 상품을 사는 것을 기대하지 않는다. 사실 만약 그러한 참조 기반이 존재한다면, 그것은 사실 어쨌든 이러한 기술에 대해 그들은 이미 늦었다는 것을 나타내며, 그들을 기능하지 못하게 만들지도 모른다. 반면에, 실용주의자들은 다른 회사에 있는 그들의 동료들의 경험을 매우 소중하게 여긴다. 그들은 구매할 때, 광범위한 참조를 기대하고 굉장히 많은 수의 상품이 그들 자신의 산업 분야에 있는 회사에서 나오기를 원한다.」

17 주어진 문장이 들어갈 위치로 가장 적절한 것은?

> Some of these ailments are short-lived; others may be long-lasting.

> For centuries, humans have looked up at the sky and wondered what exists beyond the realm of our planet. (①) Ancient astronomers examined the night sky hoping to learn more about the universe. More recently, some movies explored the possibility of sustaining human life in outer space, while other films have questioned whether extraterrestrial life forms may have visited our planet. (②) Since astronaut Yuri Gagarin became the first man to travel in space in 1961, scientists have researched what conditions are like beyond the Earth's atmosphere, and what effects space travel has on the human body. (③) Although most astronauts do not spend more than a few months in space, many experience physiological and psychological problems when they return to the Earth. (④) More than two-thirds of all astronauts suffer from motion sickness while traveling in space. In the gravity-free environment, the body cannot differentiate up from down. The body's internal balance system sends confusing signals to the brain, which can result in nausea lasting as long as a few days.

> **NOTE** ailment : 질병   short-lived : 일시적인   long-lasting : 장기간 지속되는   wonder : 궁금하게 여기다   realm : 영역   astronomer : 천문학자   sustain : 유지하다   extraterrestrial : 외계의   astronaut : 우주비행사   atmosphere : 대기   physiological : 생리학의   psychological : 심리학의   motion sickness : 멀미   gravity : 중력   differentiate : 구별하다   nausea : 메스꺼움
>
> physiological and psychological problems를 주어진 문장에서 some of these ailments로 이어지기 때문에 ④번에 들어가는 것이 가장 적절하다.
>
> 「수 세기 동안 인간들은 하늘을 올려다보고 지구의 영역 위에 무엇이 존재하는지 궁금하게 여겼다. 고대 천문학자들은 우주에 대해 더 많은 것을 알고자 희망하면서 밤 하늘을 연구했다. 더 최근에는, 어떤 영화들은 외계의 생명체의 형태가 우리의 행성을 방문했는지 의문을 제기한 반면에, 몇몇 영화들은 바깥 세계에서 인간의 삶을 유지할 수 있는 가능성을 탐구했다. 우주 비행사 Yuri Gagarin이 1961년에 우주를 여행한 최초의 인간이 된 이래로, 과학자들은 지구 너머의 상태가 어떤 상태일지, 그리고 우주여행이 인간 신체에 어떤 영향을 미칠지를 연구해 왔다. 비록 대부분의 우주 비행사들이 단지 몇 개월 미만의 시간을 우주에서 보내지만, 많은 우주비행사들은 지구에 돌아올 때 심리적인 그리고 생리적인 문제들을 경험한다. <u>몇몇 이런 질병은 잠깐 지속이 되지만 다른 질병들은 오래 지속될지도 모른다.</u> 모든 우주비행사들의 3분의 2 이상이 우주에서 이동하는 동안 멀미로 고통 받는다. 중력이 없는 환경에서, 신체는 위아래를 구분할 수 없다. 신체의 내부 균형 체계는 혼란스러운 신호를 뇌로 보내고, 그 결과 며칠씩이나 지속되는 멀미를 야기한다.」

ANSWER _ 16.① 17.④

18 밑줄 친 부분에 들어갈 말로 가장 적절한 것은?

Why bother with the history of everything? _____.
In literature classes you don't learn about genes; in physics classes you don't learn about human evolution. So you get a partial view of the world. That makes it hard to find *meaning* in education. The French sociologist Emile Durkheim called this sense of disorientation and meaninglessness *anomie*, and he argued that it could lead to despair and even suicide. The German sociologist Max Weber talked of the "disenchantment" of the world. In the past, people had a unified vision of their world, a vision usually provided by the origin stories of their own religious traditions. That unified vision gave a sense of purpose, of meaning, even of enchantment to the world and to life. Today, though, many writers have argued that a sense of meaninglessness is inevitable in a world of science and rationality. Modernity, it seems, means meaninglessness.

---

① In the past, the study of history required disenchantment from science

② Recently, science has given us lots of clever tricks and meanings

③ Today, we teach and learn about our world in fragments

④ Lately, history has been divided into several categories

> **NOTE** fragment : 조각   literature : 문학   gene : 유전자   physics : 물리학   evolution : 진화   sociologist : 사회
> 학자   disorientation : 혼미   meaninglessness : 무의미함   anomie : 사회적 무질서   despair : 절망
> suicide : 자살   disenchantment : 각성   unified : 통일된   enchantment : 황홀감   inevitable : 피할 수
> 없는   rationality : 이성   modernity : 현대성
> ① 과거에, 역사 연구는 과학으로부터의 각성을 요구했다.
> ② 최근에, 과학은 우리에게 많은 기발한 비법과 의의를 주었다.
> ③ 오늘날, 우리는 우리의 세계를 부분으로 가르치고 배운다.
> ④ 최근에, 역사는 여러 개의 범주로 나누어진다.
> 빈칸문장 뒤에 나오는 So you get a partial view of the world.라는 문장을 통해서 ③번이 정답이라는
> 것을 알 수 있다.

> 「왜 모든 역사에 대해서 신경을 쓰는가? 오늘날 우리는 우리의 세계에 대해서 단편적으로 가르치고 배운다.
> 문학 수업에서 당신은 유전자에 대해서 배우지 않는다. (마찬가지로) 물리학 수업에서 당신은 인간의 진화
> 에 대해서 배우지 않는다. 그래서 당신은 세상을 부분적인 시각으로 보게 된다. 그것이 교육에 있어서 '의미'
> 를 찾는 것을 어렵게 만든다. 프랑스 사회학자 Emile Durkheim은 이 혼미와 무의미함을 아노미(사회적 무
> 질서)라고 불렀고 그는 그것이 절망과 심지어 자살을 초래할 수 있다고 주장했다. 독일 사회학자 Max
> Weber는 세계의 각성에 대해서 얘기했다. 과거에 사람들은 대개 그들 자신의 종교적 전통의 기원이 되는
> 이야기에 의해 제공된 시각인, 그들의 세계에 대한 통일된 시각을 가졌다. 그 통일된 시각은 목적, 의미, 그
> 리고 심지어 세상과 삶에 대한 각성에 대한 의미를 주었다. 하지만, 오늘날 많은 작가들은 무의미에 대한
> 의식이 과학과 이성의 세계에서 불가피하다고 주장한다. 현대성은 무의미함을 의미하는 것처럼 보인다.」

19 주어진 문장 다음에 이어질 글의 순서로 가장 적절한 것은?

South Korea boasts of being the most wired nation on earth.

(A) This addiction has become a national issue in Korea in recent years, as users started dropping dead from exhaustion after playing online games for days on end. A growing number of students have skipped school to stay online, shockingly self-destructive behavior in this intensely competitive society.

(B) In fact, perhaps no other country has so fully embraced the Internet.

(C) But such ready access to the Web has come at a price as legions of obsessed users find that they cannot tear themselves away from their computer screens.

① (A) − (B) − (C)   ② (A) − (C) − (B)

③ (B) − (A) − (C)   ④ (B) − (C) − (A)

NOTE boast of : ~을 뽐내다, 자랑하다   wired : 네트워크를 사용할 수 있는 환경의   addiction : 중독   drop dead : 급사하다   exhaustion : 탈진   for days on end : 여러 날 동안   shockingly : 깜짝 놀랄 만큼   self-destructive : 자기 파괴적인   intensely : 심하게   competitive : 경쟁적인   embrace : 포용하다   come at a price : 대가가 따르다   legion : 군단, 부대, 무리   obsessed : 중독된, 빠진   tear away : 떼어 놓다

주어진 문장에 인터넷이 가장 잘 보급된 내용이 제시되고 (B)에서 다른 나라들은 이러한 인터넷을 갖추지 못했다는 내용이 이어진다. 또 (C)에서는 이러한 인터넷의 많은 보급이 온라인 게임에 중독된 사용자들에 대해 언급하고 (A)에서 그것이 사회적인 문제가 된다는 내용으로 마무리가 된다.

「남한은 지구상에서 인터넷이 가장 잘 보급된 나라가 된 것을 자랑스럽게 여긴다. (B) 사실, 아마 다른 어떤 나라들도 그렇게 완전하게 인터넷을 포용하진 않았을 것이다. (C) 하지만 많은 중독된 사용자들이 그들의 컴퓨터 스크린으로부터 그들 자신을 떼어낼 수 없다는 것을 발견하면서 그러한 즉각적인 웹 접근성은 대가가 따르게 되었다. (A) 사용자들이 며칠 동안 쉬지 않고 온라인 게임을 한 후에 지쳐서 급사하기 시작하면서, 이러한 중독이 최근 몇 년 동안 한국에서 국가적 문제가 되었다. 점점 더 많은 학생들이 인터넷에 접속해 있기 위해 학교를 빠지고 있는데, 이는 이렇게나 심각한 경쟁적인 사회에서 말도 안 되게 자기 파괴적인 행동이다.」

ANSWER _ 18.③ 19.④

20 다음 글의 내용과 일치하지 않는 것은?

The earliest government food service programs began around 1900 in Europe. Programs in the United States date from the Great Depression, when the need to use surplus agricultural commodities was joined to concern for feeding the children of poor families. During and after World War II, the explosion in the number of working women fueled the need for a broader program. What was once a function of the family − providing lunch − was shifted to the school food service system. The National School Lunch Program is the result of these efforts. The program is designed to provide federally assisted meals to children of school age. From the end of World War II to the early 1980s, funding for school food service expanded steadily. Today it helps to feed children in almost 100,000 schools across the United States. Its first function is to provide a nutritious lunch to all students; the second is to provide nutritious food at both breakfast and lunch to underprivileged children. If anything, the role of school food service as a replacement for what was once a family function has been expanded.

① The increase in the number of working women boosted the expansion of food service programs.

② The US government began to feed poor children during the Great Depression despite the food shortage.

③ The US school food service system presently helps to feed children of poor families.

④ The function of providing lunch has been shifted from the family to schools.

> **NOTE** Great Depression : 대공황 surplus : 과잉(의) agricultural : 농업의 commodity : 상품 explosion : 폭발 fuel : 가속화하다 shift : 옮기다 federally : 연방 차원에서 steadily : 꾸준히 function : 기능(하다) nutritious : 영양분이 풍부한 underprivileged : 불우한 if anything : 오히려 replacement : 대체(물)
> ① 일하는 여성 수의 증가가 음식 서비스 프로그램의 확장을 촉진시켰다.
> ② 미국 정부는 음식 부족에도 불구하고 대공황 동안 가난한 아이들을 먹이기 시작했다.
> ③ 미국 학교 음식 서비스 시스템은 현재 가난한 가정의 아이들을 먹이는 데 도움을 준다.
> ④ 점심을 제공하는 기능은 가정에서 학교로 옮겨져 왔다.

두 번째 문장인 Programs in the United States date from the Great Depression, when the need to use surplus agricultural commodities was joined to concern for feeding the children of poor families.에서 음식 부족이 아닌 과잉의 음식을 사용하기 위해서 가난한 아이들을 먹였다는 것을 알 수 있다.

「가장 초기의 정부 음식 서비스 프로그램은 유럽에서 대략 1900년도에 시작되었다. 미국에서의 프로그램은 대공황으로 거슬러 올라가는데, 그때 과잉의 농업 상품을 사용하고자 하는 필요가 가난한 집 아이들을 먹이고자 하는 관심과 결합되었다. 제2차 세계대전 기간 동안 그리고 그 후에, 노동할 수 있는 여성의 수가 폭발적으로 증가하면서 더 광범위한 프로그램의 필요성이 대두되었다. 한때 가족의 기능이었던 것-점심을 제공하는 것-이 학교 음식 서비스 시스템으로 옮겨왔다. 전국적인 학교 급식 프로그램이 이러한 노력들의 결과이다. 그 프로그램은 취학 나이의 아이들에게 연방 차원에서 지원받는 식사를 제공하도록 설계되었다. 제2차 세계 대전이 끝날 때부터 1980년대 초까지, 학교 급식 서비스에 대한 자금조달이 꾸준히 확대되었다. 오늘날 그것은 미국 전역에서 거의 10만 개 학교의 아이들을 먹이는 데 도움을 준다. 그 첫 번째 기능은 모든 학생들에게 영양이 풍부한 점심을 제공하는 것이다. 두 번째 기능은 혜택을 못 받는 아이들에게 아침과 점심에 영양이 풍부한 음식을 제공하는 것이다. 오히려, 한때 가족의 기능을 위한 대체물이었던 학교의 음식 서비스의 역할이 확대되어 왔다.」

ANSWER _ 20.②

※ 밑줄 친 부분의 의미와 가장 가까운 것을 고르시오. 【1～2】

1

I came to see these documents as relics of a sensibility now dead and buried, which needed to be <u>excavated</u>.

① exhumed   ② packed

③ erased   ④ celebrated

> **NOTE** relic : 유물, 유적 sensibility : 감성, 정서 buried : 파묻힌 excavate : 발굴하다 exhume : 파내다, 발굴하다 pack : (짐을)꾸리다
>
> 「나는 이 문서들을 이제 죽어서 파묻힌 감성의 유물로서 보게 됐는데, 그것은 발굴될 필요가 있었다.」

2

Riding a roller coaster can be a joy ride of emotions: the nervous anticipation as you're strapped into your seat, the questioning and regret that comes as you go up, up, up, and the <u>sheer</u> adrenaline rush as the car takes that first dive.

① utter   ② scary

③ occasional   ④ manageable

> **NOTE** joy ride : 폭주 anticipation : 기대 strap : ~를 끈으로 묶다 sheer : 완전한, 순전한
> ① 완전한
> ② 무서운
> ③ 가끔
> ④ 관리할 수 있는
>
> 「롤러코스터를 타는 것은 감정의 폭주일 수 있다. 다시 말해서, 당신이 좌석벨트를 맬 때의 초조한 기대감, 당신이 높이, 높이, 높이 올라갈 때 오는 의문과 후회, 그리고 롤러코스터가 첫 번째 하강할 때의 <u>완전한</u> 아드레날린의 쇄도와 같은 것들 말이다.」

3 두 사람의 대화 중 가장 어색한 것은?

① A : What time are we having lunch?

　B : It'll be ready before noon.

② A : I called you several times. Why didn't you answer?

　B : Oh, I think my cell phone was turned off.

③ A : Are you going to take a vacation this winter?

　B : I might. I haven't decided yet.

④ A : Hello. Sorry I missed your call.

　B : Would you like to leave a message?

> **NOTE** ① A : 우리 몇 시에 점심 먹나요?
> 　B : 정오 전에는 준비가 될 거예요.
> ② A : 제가 당신에게 여러 번 전화했었어요. 왜 안 받았어요?
> 　B : 아, 제 핸드폰이 꺼졌던 것 같아요.
> ③ A : 올 겨울에 휴가 가실 건가요?
> 　B : 아마도요. (하지만) 아직 결정하지 않았어요.
> ④ A : 여보세요. 전화를 못 받아서 미안해요.
> 　B : 메시지를 남기시겠습니까?

ANSWER ＿ 1.① 2.① 3.④

4 밑줄 친 부분에 들어갈 말로 가장 적절한 것은?

A : Hello. I need to exchange some money.
B : Okay. What currency do you need?
A : I need to convert dollars into pounds. What's the exchange rate?
B : The exchange rate is 0.73 pounds for every dollar.
A : Fine. Do you take a commission?
B : Yes, we take a small commission of 4 dollars.
A : _____?
B : We convert your currency back for free. Just bring your receipt with you.

---

① How much does this cost

② How should I pay for that

③ What's your buy-back policy

④ Do you take credit cards

> **NOTE** exchange : 환전하다 currency : 통화 exchange rate : 환율 commission : 수수료
> ① 이거 얼마입니까?
> ② 제가 그것을 어떻게 결제하면 됩니까?
> ③ 재매입 방침은 어떻게 되나요?
> ④ 신용카드도 되나요?
>
> 「A : 안녕하세요. 제가 돈을 좀 환전해야 해요.
> B : 그래요. 어떤 통화가 필요하세요?
> A : 달러를 파운드로 바꿔야 해요. 환율이 어떻게 되죠?
> B : 환율은 달러당 0.73파운드입니다.
> A : 좋아요. 수수료를 받으시나요?
> B : 네, 우리는 4달러의 약간의 수수료를 받습니다.
> A : <u>재매입 방침은 어떻게 되나요?</u>
> B : 우리는 당신의 통화를 무료로 바꿔드려요. 그냥 영수증만 가져오세요.」

5 밑줄 친 부분 중 어법상 옳지 않은 것은?

> Each year, more than 270,000 pedestrians ①lose their lives on the world's roads. Many leave their homes as they would on any given day never ②to return. Globally, pedestrians constitute 22% of all road traffic fatalities, and in some countries this proportion is ③as high as two thirds of all road traffic deaths. Millions of pedestrians are non-fatally ④injuring – some of whom are left with permanent disabilities. These incidents cause much suffering and grief as well as economic hardship.

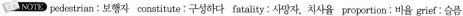 **NOTE** pedestrian : 보행자 constitute : 구성하다 fatality : 사망자, 치사율 proportion : 비율 grief : 슬픔
 ① 주어 more than 270,000 pedestrians가 복수 주어이기 때문에 복수형 동사인 lose가 올바르다.
 ② never to는 '결코 ~하지 못하다'라는 뜻으로, to부정사의 부사적 용법 중 결과를 의미한다. 올바른 표현이다.
 ③ as ~ as 사이에 들어갈 수 있는 품사는 형용사와 부사의 원급이다. high가 올바르게 쓰였다.
 ④ 주어인 millions of pedestrians가 부상을 당하는 것이므로 능동(injuring)이 아니라 수동(injured)이 되어야 한다.

「매년 270,000명 이상의 보행자들이 전 세계의 도로에서 생명을 잃는다. 많은 사람들은 어떤 날에 (평소처럼) 떠나듯이 그들의 집을 나서지만 결코 집에 돌아오지 못한다. 전 세계적으로, 보행자들은 모든 도로 교통 사망자 중에 22%를 차지하고, 몇몇 국가에서는 이 비율이 모든 도로 교통 사망자의 3분의 2만큼 높다. 수백만 명의 보행자들이 치명상을 당하지는 않는다 – (하지만) 그들 중 일부에게는 영구적인 장애가 남게 된다. 이런 사고들은 경제적 어려움뿐만 아니라 많은 고통과 슬픔을 야기한다.」

6 어법상 옳은 것은?

① The paper charged her with use the company's money for her own purposes.

② The investigation had to be handled with the utmost care lest suspicion be aroused.

③ Another way to speed up the process would be made the shift to a new system.

④ Burning fossil fuels is one of the lead cause of climate change.

> **NOTE** utmost : 극도의, 최고의 suspicion : 의심, 혐의 arouse : 불러일으키다
>
> ① use → using
> charge A with B는 'B라는 이유로 A를 비난하다'라는 뜻이며 전치사 with 뒤에는 명사가 와야 한다. 보기 지문에서 use가 the company's money를 목적어로 취하고 있어 동사 역할도 하고 있으므로 동명사 형태 using으로 써주어야 한다.
>
> ② 부사절 접속사인 lest는 'lest S(주어) (should)+동사원형'의 형태로 사용되어 '~하지 않도록 하기 위해'라는 부정의 의미를 나타낸다. 보기 지문에서는 should가 생략되고 be동사가 원형의 형태로 남았다. 올바른 표현이다.
>
> ③ made → to make
> be made를 수동태로 본다면 the shift가 목적어로 남게 되어 문법상 틀리게 되며, 해석 또한 어색하다. to부정사 형태를 취해 be동사의 보어로 오게 할 수 있으며 'S(주어)+be동사+to부정사' 형태가 되어 'S는 ~이다/~하는 것이다' 뜻이 된다.
>
> ④ one of the lead cause → one of the leading causes
> 'one of 복수명사'로 써주어야 한다. cause는 셀 수 있는 명사이므로 복수형이 가능하다. lead는 causes라는 명사를 수식하므로 형용사 형태인 leading으로 쓰는 것이 적절하다.
>
> 「① 그 신문은 그녀를 그녀 자신의 목적을 위해 회사의 돈을 사용한 것으로 기소했다.
> ② 그 조사는 의심을 사지 않기 위해서 매우 주의 깊게 다뤄져야만 했다.
> ③ 그 과정의 속도를 높이는 또 다른 방법은 새로운 체계로의 변화를 만드는 것일 것이다.
> ④ 화석연료를 태우는 것이 기후변화의 주요한 원인들 중 하나다.」

7 주어진 글 다음에 이어질 글의 순서로 가장 적절한 것은?

There is a thought that can haunt us: since everything probably affects everything else, how can we ever make sense of the social world? If we are weighed down by that worry, though, we won't ever make progress.

(A) Every discipline that I am familiar with draws caricatures of the world in order to make sense of it. The modern economist does this by building *models*, which are deliberately stripped down representations of the phenomena out there.

(B) The economist John Maynard Keynes described our subject thus: "Economics is a science of thinking in terms of models joined to the art of choosing models which are relevant to the contemporary world."

(C) When I say "stripped down," I really mean stripped down. It isn't uncommon among us economists to focus on one or two causal factors, exclude everything else, hoping that this will enable us to understand how just those aspects of reality work and interact.

① (A) — (B) — (C)　　　　　　② (A) — (C) — (B)

③ (B) — (C) — (A)　　　　　　④ (B) — (A) — (C)

> **NOTE** haunt : 출몰하다, 괴롭히다　weigh down : 무겁게 짓누르다　discipline : 학문, 훈련, 훈육　deliberately : 고의로　strip down : 해체하다, ~를 벗겨내다　representation : 설명, 발표　phenomenon : 현상　relevant : 관련있는　contemporary : 동시대의　causal : 인과관계의　exclude : 배제하다　interact : 상호작용하다.
>
> 주어진 문장의 the social world를 (A)의 make sense of it에서 it으로 받고 있다. (A)의 후반부에 나오는 stripped down을 (C) 첫 문장에서 에서 다시 언급하고 있고 (B)에서 경제학자 John, When I say "stripped down,"이라는 말로 풀어 설명하는 것으로 (C)가 뒤따름을 알 수 있다. (B)에서 경제학자 John Mavnard Kevnes의 말을 인용해 마무리를 짓고 있다.
>
> 「우리를 괴롭힐 수 있는 생각이 있다: 모든 것들이 아마도 다른 모든 것들에 영향을 주고 있는데 어떻게 우리가 사회 세계를 이해할 수 있을까? 그러나 만약 우리가 그런 걱정으로 짓눌린다면, 우리는 나아가지 못할 것이다. (A) 내가 익숙한 모든 학문들은 그것(세상)을 이해하기 위해 세상의 캐리커처를 그린다. 현대의 경제학자들은 모델(모형)을 만듦으로써 세상을 이해하는데, 여기에는 바깥 세상의 현상들에 대한 설명이 의도적으로 배제되어 있다. (C) 내가 "벗겨냈다(배제했다)"라고 말할 때, 나는 정말 '벗겨냈다'는 걸 뜻하는 거다. 우리 경제학자들 사이에서는 우리가 현실의 바로 그러한 측면들이 어떻게 작용하고 상호작용하는지 이해할 수 있게 해주기를 바라면서, 한두 개의 인과 관계에만 초점을 맞추고, 다른 것들을 배제하는 것은 드문 일이 아니다. (B) 경제학자 John Maynard Keynes는 우리의 주제를 다음과 같이 묘사했다: "경제학은 동시대와 관련있는 모델을 선별하는 기술과 연관되어 있는 모델 관점으로 사고하는 과학이다."」

8 다음 글의 내용과 일치하는 것은?

Prehistoric societies some half a million years ago did not distinguish sharply between mental and physical disorders. Abnormal behaviors, from simple headaches to convulsive attacks, were attributed to evil spirits that inhabited or controlled the afflicted person's body. According to historians, these ancient peoples attributed many forms of illness to demonic possession, sorcery, or the behest of an offended ancestral spirit. Within this system of belief, called *demonology*, the victim was usually held at least partly responsible for the misfortune. It has been suggested that Stone Age cave dwellers may have treated behavior disorders with a surgical method called *trephining*, in which part of the skull was chipped away to provide an opening through which the evil spirit could escape. People may have believed that when the evil spirit left, the person would return to his or her normal state. Surprisingly, trephined skulls have been found to have healed over, indicating that some patients survived this extremely crude operation.

*convulsive: 경련의 *behest : 명령

---

① Mental disorders were clearly differentiated from physical disorders.

② Abnormal behaviors were believed to result from evil spirits affecting a person.

③ An opening was made in the skull for an evil spirit to enter a person's body.

④ No cave dwellers survived trephining.

NOTE prehistoric : 선사시대의   distinguish : 구분하다   disorder : 장애   abnormal : 비정상의 inhabit : 살다
afflicted : 고통받는 demonic possession : 악령 빙의 sorcery : 마법, 마술 behest : 명령, 훈령 offend
: 기분 상하게 하다 ancestral : 조상의   demonology : 귀신학   misfortune : 불운   surgical : 외과의
trephine : 머리수술을 하다 chip away : 조금씩 잘라내다 crude : 막된, 대충의
① 정신 장애들은 신체장애와 분명히 구분되었다.
② 비정상적 행동들은 사람에게 영향을 미치는 악령으로부터 기인한다고 믿겨졌다.
③ 악령이 들어올 수 있도록 두개골에 구멍이 만들어졌다.
④ 어떤 동굴 거주자들도 머리수술로부터 생존하지 못했다.
① 첫 번째 문장에서 정신 장애와 신체장애는 명확히 구분되지 않았다고 했다.
③ 다섯 번째 문장에서 악령이 들어오는 게 아니라 나가도록 구멍을 뚫었다고 했다.
④ 마지막 문장에서 생존한 경우가 발견되었다고 하였다.

「약 오십만 년 전쯤의 선사시대의 사회들은 정신적 질환과 신체적 질환들을 정확히 구분하지 못했다. 단순한 두통에서 경련성 발작까지의 비정상적인 행동은 고통 받는 사람의 몸에 살거나 통제하는 악령들의 탓으로 여겨졌다. 역사가들에 따르면, 이 고대 사람들은 많은 형태의 질병들을 악령 빙의, 마법, 또는 화가 난 조상의 영혼의 명령 탓으로 돌렸다. 귀신학이라고 불리는 이런 신념 체계 안에서, 희생자는 대개 최소한 부분적으로 그 불행에 대한 책임이 있었다. 석기시대의 동굴 거주자들은 행동 장애를 trephining(머리수술)이라고 불리는 외과적 (수술) 방법으로 치료했을지도 모르는데, 그 외과 수술에서 두개골의 일부가 악령이 도망갈 수 있는 구멍을 만들어 내기 위해 잘려졌다. 사람들은 악령이 떠날 때, 그 사람이 정상 상태로 돌아올 것이라고 믿었을지도 모른다. 놀랍게도, 두개골 시술을 받은 두개골들이 치료된 것으로 밝혀졌는데, 이것은 일부 환자들이 이렇게 극도로 조잡한 수술에서 생존했었다는 것을 나타낸다.」

9 다음 글의 주제로 가장 적절한 것은?

> As the digital revolution upends newsrooms across the country, here's my advice for all the reporters. I've been a reporter for more than 25 years, so I have lived through a half dozen technological life cycles. The most dramatic transformations have come in the last half dozen years. That means I am, with increasing frequency, making stuff up as I go along. Much of the time in the news business, we have no idea what we are doing. We show up in the morning and someone says, "Can you write a story about (pick one) tax policy/immigration/climate change?" When newspapers had once-a-day deadlines, we said a reporter would learn in the morning and teach at night – write a story that could inform tomorrow's readers on a topic the reporter knew nothing about 24 hours earlier. Now it is more like learning at the top of the hour and teaching at the bottom of the same hour. I'm also running a political podcast, for example, and during the presidential conventions, we should be able to use it to do real-time interviews anywhere. I am just increasingly working without a script.

① a reporter as a teacher

② a reporter and improvisation

③ technology in politics

④ fields of journalism and technology

NOTE upend : 근본적인 영향을 주다 frequency : 빈도 immigration : 이주, 이민 at the top of the hour : 매 정시에 at the bottom of the hour : 매시 30분에 presidential : 대통령의 convention : 전당 대회, 관습
① 교사로서의 기자
② 기자와 즉흥성
③ 정치학에서의 기술
④ 저널리즘과 기술의 분야들
마지막 문장인 I am just increasingly working without a script.를 통해서 정답이 ②번이라는 것을 알 수 있다.

「디지털 혁명이 전국적으로 뉴스룸에 근본적으로 영향을 주면서, 여기 기자들을 위한 나의 충고들이 있다. 나는 25년 동안 기자여 왔다. 그래서 여섯 번의 기술적 라이프 사이클을 겪었다. 가장 극적인 변화들은 마지막 6년 동안에 왔다. 그것은 내가 점점 증가하는 빈도로 순조롭게 진행하면서 무엇인가를 만들어가고 있다는 것을 의미한다. 뉴스 업계에서의 많은 시간 동안, 우리는 우리가 하고 있는 것에 관해 모른다. 우리가 아침에 나타나면, 누군가 "세금 정책, 이민, 기후변화 중 하나 골라서 글을 써 주실 수 있나요?"라고 말한다. 신문이 하루에 한 번씩 마감이 있었을 때, 우리는 기자가 아침에는 배우고 밤에는 가르칠 것이라고들 말했다 — 24시간 전에는 그 기자도 전혀 알지 못했던 주제에 관해 내일의 독자에게 알려줄 수 있는 이야기를 기사로 쓰는 것이다. 이제 이것은 마치 매 정시에 배워서 같은 시간 30분마다 가르치는 것과 같다. 예를 들어, 나는 정치 팟캐스트도 운영하고 있는데, 대선 전당대회 기간 동안 실시간 인터뷰를 하기 위해서 어디에서든 그것을 이용할 수 있어야만 한다. 나는 점점 더 대본 없이 일하고 있다.」

ANSWER _ 8.② 9.②

10 글의 흐름상 가장 어색한 문장은?

Children's playgrounds throughout history were the wilderness, fields, streams, and hills of the country and the roads, streets, and vacant places of villages, towns, and cities. ①The term *playground* refers to all those places where children gather to play their free, spontaneous games. ②Only during the past few decades have children vacated these natural playgrounds for their growing love affair with video games, texting, and social networking. ③Even in rural America few children are still roaming in a free-ranging manner, unaccompanied by adults. ④When out of school, they are commonly found in neighborhoods digging in sand, building forts, playing traditional games, climbing, or playing ball games. They are rapidly disappearing from the natural terrain of creeks, hills, and fields, and like their urban counterparts, are turning to their indoor, sedentary cyber toys for entertainment.

> **NOTE** wilderness : 황무지 stream : 시내, 개울 vacant : 텅빈 spontaneous : 자발적인 vacate : 비게 하다
> roam : 배회하다 creek : 개울 counterpart : 상대물 sedentary : 앉은 채 있는
> 자연 속에서 뛰어 놀던 과거와는 달리 현대 사회의 아이들은 실내 오락에 파묻혀 있다는 내용의 글이다.
> 따라서 모래를 파는 것과 같은 전통적인 게임을 한다는 ④번의 내용은 주제와 거리가 멀다.
>
> 「전 역사에 걸쳐서 아이들의 놀이터는 시골의 황야와 들판, 개울, 언덕이었고 마을과 도시의 도로, 거리, 공터였다. ① 놀이터라는 용어는 아이들이 그들의 자유롭고 자발적인 게임을 하기 위해서 모이는 모든 장소들을 일컫는다. ② 아이들이 비디오 게임, 문자 메시지, 소셜 네트워크에 대한 그들의 커져가는 과도한 사랑을 위해서 자연의 놀이터를 비워둔 것은 단지 지난 몇십 년에 불과했다. ③ 심지어 미국 시골에서도 어른과 함께하지 않고는 자유롭게 돌아다니는 아이들이 거의 없다. (④ 학교 밖에 있을 때, 그들은 모래를 파거나, 요새를 짓거나, 전통 게임을 하거나, 등산을 하거나, 공놀이를 하면서 동네에서 흔히 발견된다.) 그들은 계곡, 언덕, 그리고 들판의 자연 지형에서 빠르게 사라지고 있고, 도시 아이들처럼 오락을 위해 실내에서, 앉아서 하는 사이버 장난감으로 향하고 있다.」

※ 밑줄 친 부분의 의미와 가장 가까운 것을 고르시오. 【11~12】

11

Time does seem to slow to a trickle during a boring afternoon lecture and race when the brain is <u>engrossed in</u> something highly entertaining.

① enhanced by   ② apathetic to

③ stabilized by   ④ preoccupied with

> **NOTE** slow to a trickle : 눈곱만큼으로 줄어들다 engross : 몰두시키다 apathetic : 무관심한, 심드렁한
> stabilize : 안정되다, 안정시키다 preoccupy : 뇌리를 떠나지 않다, 사로잡다
>
> 「시간은 지루한 오후 강의 동안에는 눈곱만큼 줄어드는 것 같고, 뇌가 매우 재미있는 것에 몰두할 때에는 빠르게 가는 것 같다.」

12

> These daily updates were designed to help readers <u>keep abreast of</u> the markets as the government attempted to keep them under control.

① be acquainted with

② get inspired by

③ have faith in

④ keep away from

> NOTE keep abreast of : ~을 잘 챙겨 알아두다
>
> keep A under control : A를 통제하다
>
> ① ~을 잘 알다 ② ~에 의해 영감을 받다
>
> ③ ~에 믿음을 갖다 ④ ~와 멀리 하다
>
> 「이러한 매일의 업데이트는 정부가 그들을 통제하려고 시도하면서 독자들이 시장을 잘 아는 것을 돕기 위해서 고안됐다.」

※ 밑줄 친 (A), (B)에 들어갈 말로 가장 적절한 것을 고르시오. 【13~14】

13

> In the 1840s, the island of Ireland suffered famine. Because Ireland could not produce enough food to feed its population, about a million people died of _____(A)_____ ; they simply didn't have enough to eat to stay alive. The famine caused another 1.25 million people to _____(B)_____ ; many left their island home for the United States ; the rest went to Canada, Australia, Chile, and other countries. Before the famine, the population of Ireland was approximately 6 million. After the great food shortage, it was about 4 million.

    <u>(A)</u>   <u>(B)</u>

① dehydration   be deported

② trauma   immigrate

③ starvation   emigrate

④ fatigue   be detained

> NOTE famine : 기근 approximately : 대략 shortage : 부족 dehydration : 탈수, 건조 deport : 강제 추방하다 immigrate : 이민을 오다 starvation : 기아, 굶주림 emigrate : 이민 가다 fatigue : 피로, 피곤함 detain : 구금하다, 억류하다
>
> 「1840년대에, 아일랜드 섬은 기근을 경험했다. 아일랜드는 국민들을 먹여 살릴 만큼의 충분한 식량을 생산할 수 없었기 때문에, 약 백만 명의 사람들이 (A)굶어 죽었다. 그들은 살아있을 만큼 충분히 먹지 못했다. 그 기근은 또다른 125만 명의 사람들이 (B)이민을 가도록 야기했다. 많은 사람들은 그들의 고국인 섬을 떠나 미국으로 갔고, 나머지는 캐나다, 호주, 칠레, 그리고 다른 나라들로 갔다. 기근 이전에 아일랜드의 인구는 대략 6백만 명이었다. 엄청난 식량 부족 이후에는 약 4백만 명이 되었다.」

ANSWER _ 10.④ 11.④ 12.① 13.③

14

Today the technology to create the visual component of virtual-reality (VR) experiences is well on its way to becoming widely accessible and affordable. But to work powerfully, virtual reality needs to be about more than visuals. ___(A)___ what you are hearing convincingly matches the visuals, the virtual experience breaks apart. Take a basketball game. If the players, the coaches, the announcers, and the crowd all sound like they're sitting midcourt, you may as well watch the game on television—you'll get just as much of a sense that you are "there." ___(B)___, today's audio equipment and our widely used recording and reproduction formats are simply inadequate to the task of re-creating convincingly the sound of a battlefield on a distant planet, a basketball game at courtside, or a symphony as heard from the first row of a great concert hall.

	(A)	(B)
①	If	By contrast
②	Unless	Consequently
③	If	Similarly
④	Unless	Unfortunately

NOTE component : 구성요소 on one's way to~ : ~로 가는 길에 affordable : 가격이 적당한 convincingly : 설득력 있게 break apart : 망가지다 may as well : ~하는 것이 낫다 inadequate : 부적합한 by contrast : 대조적으로 consequently : 결과적으로 similarly : 마찬가지로

「오늘날 가상현실(VR) 경험의 시각적 구성요소를 만들 수 있는 기술은 널리 접근 가능하고 가격이 저렴해지는 중에 있다. 그러나 강력하게 효과가 있기 위해서는, 가상현실은 시각적인 것 이상이 될 필요가 있다. (A) 만약 당신이 듣고 있는 것이 시각적인 것과 설득력 있게 들어맞지 않는다면, 가상현실은 엉망이 된다. 농구 시합을 생각해 보라. 만약 선수들, 코치들, 아나운서들, 그리고 관중들 모두가 그들이 미드코트에 있는 것처럼 들린다면, 여러분은 텔레비전으로 경기를 보는 게 낫다 – 여러분은 그곳에 있는 기분처럼 느낄 것이다. (B) 불행히도, 오늘날의 청각 장비와 널리 사용되는 녹음 그리고 재생 포맷은 먼 거리 행성의 전쟁터, 코트 사이드의 농구 경기, 혹은 거대한 콘서트홀의 첫 번째 줄에서 들리는 교향곡의 소리를 설득력 있게 재창조하는 일에는 그저 부적합하다.」

15 주어진 문장이 들어갈 위치로 가장 적절한 것은?

> The same thinking can be applied to any number of goals, like improving performance at work.

> The happy brain tends to focus on the short term. (①) That being the case, it's a good idea to consider what short-term goals we can accomplish that will eventually lead to accomplishing long-term goals. (②) For instance, if you want to lose thirty pounds in six months, what short-term goals can you associate with losing the smaller increments of weight that will get you there? (③) Maybe it's something as simple as rewarding yourself each week that you lose two pounds. (④) By breaking the overall goal into smaller, shorter-term parts, we can focus on incremental accomplishments instead of being overwhelmed by the enormity of the goal in our profession.

> **NOTE** that being the case : 사정이 그렇다면 associate : 관련짓다 incremental : 증가하는 enormity : 거대함 profession : 직업
>
> 주어진 문장에 '그 같은 생각(the same thinking)'이 ④번 앞에 있는 2파운드와 같은 작은 목표로 시작하는 것을 의미한다. 따라서 삽입문장이 ④번에 들어가는 것이 가장 알맞다.
>
> 「행복한 두뇌는 단기간에 집중하는 경향이 있다. 사정이 그렇다면, 결국에는 장기적인 목표를 성취하도록 만드는, 우리가 해낼 수 있는 단기 목표는 무엇일지 고려하는 것이 좋다. 예를 들어, 만약 당신이 6개월 안에 30파운드를 감량하기를 원한다면, 어떤 단기 목표를 그 목표에 이르게 해 줄 더 작은 무게 증가분을 빼는 것과 연관시킬 수 있는가? 아마도 그것은 매주 당신이 2파운드를 감량할 때 당신 자신에게 보상하는 것만큼 간단한 일이다. 동일한 생각이 직장에서의 성과를 향상시키는 것과 같은 어떤 종류의 목표에서도 적용될 수 있다. 전체적인 목표를 더 작고 단기적인 부분으로 나눔으로써, 우리는 우리의 직업에서 목표의 거대함에 의해 압도되는 대신에 점진적인 성취에 초점을 맞출 수 있다.」

ANSWER _ 14.④ 15.④

16 우리말을 영어로 잘못 옮긴 것은?

① 혹시 내게 전화하고 싶은 경우에 이게 내 번호야.

→This is my number just in case you would like to call me.

② 나는 유럽 여행을 준비하느라 바쁘다.

→I am busy preparing for a trip to Europe.

③ 그녀는 남편과 결혼한 지 20년 이상 되었다.

→She has married to her husband for more than two decades.

④ 나는 내 아들이 읽을 책을 한 권 사야 한다.

→I should buy a book for my son to read.

> **NOTE** decade : 10년
> ① just in case(~인 경우에 한해서, 혹시라도 ~인 경우에)는 접속사로, 절을 이끌 수 있다.
> ② be busy ~ing(~하느라 바쁘다) 표현이 바르게 쓰였다.
> ③ has married to→has been married to
> marry는 전치사 없이 목적어를 바로 취하는 타동사이다. 따라서 능동태에서는 marry 동사 다음에 목적어가 와야 한다. 수동형으로 쓴다면, be married to로 써서 '~와 결혼하다, ~와 결혼생활을 하다'라는 뜻으로 쓸 수 있다. for more than two decades이므로 현재완료형 표현과 함께 나타내어 has been married to로 쓰는 것이 알맞다.
> ④ to read의 주체가 주절의 주어 I가 아니므로 의미상의 주어를 나타내기 위해 for my son을 써 주었다.

17 다음 글의 내용과 일치하지 않는 것을 고르시오

In the nineteenth century, the most respected health and medical experts all insisted that diseases were caused by "miasma," a fancy term for bad air. Western society's system of health was based on this assumption: to prevent diseases, windows were kept open or closed, depending on whether there was more miasma inside or outside the room; it was believed that doctors could not pass along disease because gentlemen did not inhabit quarters with bad air. Then the idea of germs came along. One day, everyone believed that bad air makes you sick. Then, almost overnight, people started realizing there were invisible things called microbes and bacteria that were the real cause of diseases. This new view of disease brought sweeping changes to medicine, as surgeons adopted antiseptics and scientists invented vaccines and antibiotics. But, just as momentously, the idea of germs gave ordinary people the power to influence their own lives. Now, if you wanted to stay healthy, you could wash your hands, boil your water, cook your food thoroughly, and clean cuts and scrapes with iodine.

① In the nineteenth century, opening windows was irrelevant to the density of miasma.

② In the nineteenth century, it was believed that gentlemen did not live in places with bad air.

③ Vaccines were invented after people realized that microbes and bacteria were the real cause of diseases.

④ Cleaning cuts and scrapes could help people to stay healthy.

> **NOTE** fancy : 멋진 pass along : 전하다, 알리다 quarters : (하인)숙소 adopt : 채택하다 antiseptic : 방부제
> momentously : 중요하게 scrapes : 찰과상, 긁힌 자국
> ① 19세기에 창문을 여는 것은 miasma의 밀도와는 관계가 없었다.
> ② 19세기에 귀족은 나쁜 공기가 있는 장소에서는 살지 않는다고 믿겨졌다.
> ③ 백신은 사람들이 병원균과 박테리아가 병의 진짜 원인이라는 것을 깨달은 이후에 발명되었다.
> ④ 베인 상처와 긁힌 상처를 깨끗이 하는 것은 사람들이 건강을 유지하는 데 도움을 줄 수 있을 것이다.
> ① 두 번째 문장에서 miasma가 방 밖에 많은지 아니면 방 안에 많은지에 따라 문을 열거나 닫은 상태로
> 둔다고 했다. 따라서 본문의 내용과 다르다.
>
> 「19세기에, 가장 존경받는 건강 의학 전문가들 모두 질병은 "miasma(독기)" – 나쁜 공기에 대한
> 멋진 용어 – 에 의해 야기된다고 주장했다. 서구 사회의 건강 체계가 이 가정을 토대로 하였다: 질병을 막
> 기 위해, 창문은 방 안에 또는 바깥에 더 많은 miasma가 있는지에 따라서 열려 있거나 닫힌 상태를 유지했
> 다. 귀족들은 나쁜 공기가 있는 숙소에 거주하지 않기 때문에 의사들은 병을 전하지 않는다고 믿겨졌다.
> 그리고 나서 세균이라는 개념이 나왔다. 어느 날, 모든 사람들은 나쁜 공기가 당신을 아프게 한다고 믿었다.
> 그런 다음 거의 하룻밤 사이에 사람들은 병의 진짜 원인인 병원균과 박테리아라고 불리는 보이지 않는 것들
> 이 있다는 것을 깨닫기 시작했다. 이 새로운 병의 관점은 의사들이 소독약을 채택하고 과학자들이 백신과
> 항생제를 발명하면서 약에서의 광범위한 변화를 가져왔다. 그러나 같은 중요도로, 병원균이라는 개념은 일
> 반 사람들에게 자신들의 삶에 영향을 주는 힘을 주었다. 이제 건강을 유지하기를 원한다면, 손을 씻거나, 물
> 을 끓이거나, 음식을 완전하게 조리하거나 베이거나 긁힌 상처를 요오드 용액으로 깨끗이 할 수 있다.」

18 다음 글의 내용과 일치하지 않는 것을 고르시오

Followers are a critical part of the leadership equation, but their role has not always been appreciated. For a long time, in fact, "the common view of leadership was that leaders actively led and subordinates, later called followers, passively and obediently followed." Over time, especially in the last century, social change shaped people's views of followers, and leadership theories gradually recognized the active and important role that followers play in the leadership process. Today it seems natural to accept the important role followers play. One aspect of leadership is particularly worth noting in this regard: Leadership is a social influence process shared among all members of a group. Leadership is not restricted to the influence exerted by someone in a particular position or role; followers are part of the leadership process, too.

① For a length of time, it was understood that leaders actively led and followers passively followed.

② People's views of subordinates were influenced by social change.

③ The important role of followers is still denied today.

④ Both leaders and followers participate in the leadership process.

> **NOTE** subordinate : 부하, 하수인 obediently : 복종적으로 restrict : 제한하다 exert : 발휘하다
> ① 오랜 기간 동안, 리더들은 적극적으로 이끌고, 따르는 사람들은 수동적으로 따르는 것으로 이해되었다.
> ② 종속자들에 대한 사람들의 관점은 사회적 변화에 의해 영향을 받았다.
> ③ 따르는 사람들의 중요한 역할은 오늘날에도 여전히 부정되고 있다.
> ④ 리더와 따르는 사람들 모두 리더십 과정에 참여한다.
> ③ 네 번째 문장에서 따르는 사람들 또한 리더십에서 중요한 역할을 한다고 하였다.
>
> 「추종자들은 리더십 방정식의 중요한 부분이지만, 그들의 역할이 항상 인식되어 온 것은 아니다. 사실, 오랫동안 "리더십에 대한 공통된 관점은 리더들은 적극적으로 이끌고, 나중에 추종자로 불리는 부하들은 수동적으로 그리고 복종적으로 따른다는 것이었다." 시간이 지나면서, 특히 지난 세기에, 사회적 변화가 추종자들에 대한 사람들의 관점을 형성했고, 리더십 이론들은 점차 추종자들이 리더십 과정에서 적극적이고 중요한 역할을 한다는 것을 인식했다. 오늘날 추종자들이 하는 중요한 역할을 받아들이는 것은 중요하다. 리더십의 한가지 측면은 특히 이러한 점에 있어서 주목할 만한 가치가 있다는 것이다: 다시 말해, 리더십은 한 그룹의 모든 구성원들 사이에 공유되는 사회적 영향 과정이다. 리더십은 특정한 위치나 역할에 있는 누군가에 의해 행사되는 영향에만 제한되지 않는다; 따르는 사람들 역시 리더십 과정의 일부분이다.」

※ 밑줄 친 부분에 들어갈 말로 가장 적절한 것을 고르시오. 【19~20】

19

Language proper is itself double-layered. Single noises are only occasionally meaningful: mostly, the various speech sounds convey coherent messages only when combined into an overlapping chain, like different colors of ice-cream melting into one another. In birdsong also, _____ : the sequence is what matters. In both humans and birds, control of this specialized sound-system is exercised by one half of the brain, normally the left half, and the system is learned relatively early in life. And just as many human languages have dialects, so do some bird species: in California, the white-crowned sparrow has songs so different from area to area that Californians can supposedly tell where they are in the state by listening to these sparrows.

① individual notes are often of little value

② rhythmic sounds are important

③ dialects play a critical role

④ no sound-system exists

NOTE   proper : (명사 뒤에서 쓰여) 엄밀한 의미의   coherent : 일관된   sequence : 순서, 연속성   sparrow : 참새
① 개별적 음들은 종종 거의 의미가 없다
② 리듬감 있는 소리가 중요하다
③ 방언이 중요한 역할을 한다
④ 어떤 소리 체계도 존재하지 않는다
빈칸 앞 문장 the various speech sounds convey coherent messages only when combined into an overlapping chain의 내용으로 보아 개별적 음들은 아무런 의미가 없다는 내용이 들어가야 한다.

「엄밀한 의미의 언어는 그 자체로 두 개의 층을 이루고 있다. 개별적 소음들은 단지 가끔씩만 의미가 있다; 대개 다양한 말의 소리가 중복되는 고리들과 결합되었을 때에만 일관성 있는 메시지를 전달하게 되는데, 다양한 색깔의 아이스크림이 서로 서로 녹아 들어가는 것과 같다. 새소리에 있어서도, <u>개별적 음들은 종종 거의 의미가 없다</u>: 순서가 중요한 것이다. 인간과 새 둘 다에게 있어, 이러한 특화된 음성 체계에 대한 조절은 뇌의 절반, 주로 왼쪽 절반에 의해 행하여지며 그 체계는 비교적 삶의 초기에 학습된다. 그리고 인간의 많은 언어가 방언을 가지고 있듯이, 몇몇 새들의 종도 그러하다: 캘리포니아에서 흰줄무늬 참새는 지역마다 너무 다른 노랫소리를 갖고 있어서 캘리포니아 사람들은 아마도 이러한 참새 소리를 듣고 자신이 그 주의 어디에 있는지를 구별할 수 있을 것이다.」

ANSWER _ 18.③ 19.①

20

Nobel Prize-winning psychologist Daniel Kahneman changed the way the world thinks about economics, upending the notion that human beings are rational decision-makers. Along the way, his discipline-crossing influence has altered the way physicians make medical decisions and investors evaluate risk on Wall Street. In a paper, Kahneman and his colleagues outline a process for making big strategic decisions. Their suggested approach, labeled as "Mediating Assessments Protocol," or MAP, has a simple goal: To put off gut-based decision-making until a choice can be informed by a number of separate factors. "One of the essential purposes of MAP is basically to _____ intuition," Kahneman said in a recent interview with *The Post*. The structured process calls for analyzing a decision based on six to seven previously chosen attributes, discussing each of them separately and assigning them a relative percentile score, and finally, using those scores to make a holistic judgment.

① improve

② delay

③ possess

④ facilitate

NOTE upend : 뒤집다   alter : 바꾸다   evaluate : 평가하다   outline : 개요를 잡다   strategic : 전략적인   gut : 배짱   intuition : 직관   analyze : 분석하다   attribute : 특성   separately : 별개로   holistic : 총체적인   possess : 소유하다   facilitate : 가능하게 하다

빈칸 앞 문장 To put off gut-based decision-making until a choice can be informed by a number of separate factors.에서 의사 결정을 미룬다(put off)는 내용을 통해서 ②번이 정답이라는 것을 알 수 있다.

「노벨상 수상자이자 심리학자인 Daniel Kahneman은 인간이 이성적 의사결정자라는 개념을 뒤엎으며, 세계가 경제학에 관해 생각하는 방식을 변화시켰다. 그 과정에서, 그의 학문 전반에 걸친 영향력은 의사들이 의학적 결정을 내리는 방식과 투자가들이 월 스트리트에서 위험을 평가하는 방식을 변화시켰다. 한 논문에서, Kahneman과 그의 동료들은 큰 전략적 결정을 내리기 위한 과정의 개요를 만들었다. 'Mediating Assessments Protocol(조정 평가 프로토콜)', 혹은 MAP이라고 이름 붙여진 그들이 제시한 접근법은 한 가지 간단한 목표를 가진다: 하나의 선택이 다수의 별개 요소들에 의해 알려질 때까지 배짱에 근거한 의사결정을 지연시키는 것이다. "MAP의 가장 본질적인 목표 중 하나는 기본적으로 직관을 미루는 것이다."라고 Kahneman은 최근 〈포스트〉와의 인터뷰에서 말했다. 이러한 구조화된 과정은, 그것들 각각을 개별적으로 논의하고 나서, 그들에게 상대적인 백분점수를 부여하고 마지막으로 총체적 판단을 위해 그 점수를 사용하면서, 이전에 선택된 여섯 개에서 일곱 개의 특성들에 근거하여 하나의 결정을 분석하는 것을 요구하는 것이다.」

※ 밑줄 친 부분의 의미와 가장 가까운 것은? 【1~2】

1

At least in high school she made one decision where she finally saw eye to eye with her parents.

① quarreled

② disputed

③ parted

④ agreed

> NOTE see eye to eye : 견해가 일치하다 quarrel : 다투다 dispute : 논쟁하다 part : 나누다
>
> 「적어도 고등학교 때 그녀는 마침내 그녀의 부모님과 견해가 일치하는 하나의 결정을 내렸다.」

2

Justifications are accounts in which one accepts responsibility for the act in question, but denies the pejorative quality associated with it.

① derogatory

② extrovert

③ mandatory

④ redundant

> NOTE justification : 변명 account : 설명, 해석 in question : 논쟁 중인 deny : 부인하다 pejorative : 가치를 떨어뜨리는, (낱말 · 발언이) 경멸적인 associated with : ~랑 관련된
>
> ① 가치를 떨어뜨리는
> ② 외향적인
> ③ 강제적인
> ④ 여분의
>
> 「변명은 사람이 논쟁 중인 행위에 대해서 책임은 받아들이지만, 그것과 관련된 가치를 떨어뜨리는 본질을 부정하는 말이다.」

ANSWER _ 20.② / 1.④ 2.①

※ 밑줄 친 부분에 들어갈 말로 가장 적절한 것은? 【3∼5】

3

> Tests ruled out dirt and poor sanitation as causes of yellow fever, and a mosquito was the _____ carrier.

① suspected
② uncivilized
③ cheerful
④ volunteered

> **NOTE** rule out : 배제하다 sanitation : 위생 yellow fever : 황열병 suspected : 의심되는 uncivilized : 미개한
>
> 「검사는 황열병의 원인으로 먼지와 나쁜 위생을 제외했고, 모기가 <u>의심 가는</u> 매개체였다.」

4

> Generally speaking, people living in 2018 are pretty fortunate when you compare modern times to the full scale of human history. Life expectancy _____ at around 72 years, and diseases like smallpox and diphtheria, which were widespread and deadly only a century ago, are preventable, curable, or altogether eradicated.

① curtails
② hovers
③ initiates
④ aggravates

> **NOTE** life expectancy : 기대수명 smallpox : 천연두 diphtheria : 디프테리아 preventable : 예방할 수 있는
> curable : 치료할 수 있는 eradicate : 근절하다 curtail : 생략하다 hover : 하늘에 멈춰 떠 있다
> initiate : 시작하다 aggravate : 악화시키다
>
> 「일반적으로 말해서, 당신이 현대를 전체적인 인류 역사에 비교해 봤을 때, 2018년에 사는 사람들은 꽤 운이 좋다. 기대 수명은 약 72세 정도 위에서 맴돌고, 한 세기 전만 해도 널리 퍼져있고 치명적이던 천연두와 디프테리아 같은 질병들은 예방할 수 있거나, 치료할 수 있거나, 혹은 완전히 근절되었다.」

5

> To imagine that there are concrete patterns to past events, which can provide _____
> for our lives and decisions, is to project on to history a hope for a certainty which it
> cannot fulfill.

① hallucinations ② templates

③ inquiries ④ commotion

6 대화 중 가장 어색한 것은?

① A : What was the movie like on Saturday?

  B : Great. I really enjoyed it.

② A : Hello. I'd like to have some shirts pressed.

  B : Yes, how soon will you need them?

③ A : Would you like a single or a double room?

  B : Oh, it's just for me, so a single is fine.

④ A : What time is the next flight to Boston?

  B : It will take about 45 minutes to get to Boston.

ANSWER _ 3.① 4.② 5.② 6.④

※ 밑줄 친 부분 중 어법상 가장 옳지 않은 것은? 【7~10】

7

> Inventor Elias Howe attributed the discovery of the sewing machine ①<u>for</u> a dream ②<u>in which</u> he was captured by cannibals. He noticed as they danced around him ③<u>that</u> there were holes at the tips of spears, and he realized this was the design feature he needed ④<u>to solve</u> his problem.

NOTE sewing machine : 재봉틀   cannibal : 식인종   spear : 창

① for a dream → to a dream
　 attribute A to B는 'A를 B의 탓으로 돌리다'라는 뜻을 가진 표현이다.
② he was captured by cannibals in a dream 문장을 a dream를 선행사로, which를 관계대명사로 하여 앞 문장과 연결하면, ~ for a dream which he was captured by cannibals in이 된다. 전치사 in을 which 앞으로 위치시킬 수 있으므로 ~ for a dream in which(=where) he was captured by cannibals로 쓸 수 있다.
③ notice의 목적어로 that절이 왔다. as they danced around him은 중간에 삽입된 부사절이다.
④ '~하기 위해서' 뜻을 나타내기 위해 쓰인 to부정사의 부사적 용법이다.

「발명가 Elias Howe는 재봉틀의 발견을 그가 식인종에게 붙잡힌 꿈의 탓으로 돌린다. 그는 그들이 그 주위에서 춤을 출 때 창 끝에 구멍들이 있다는 것을 알아차렸고, 그는 이것이 그가 이 문제를 풀기 위해서 필요로 했던 디자인의 특징이라는 것을 깨달았다.」

8

> By 1955 Nikita Khrushchev ①<u>had been emerged as</u> Stalin's successor in the USSR, and he ②<u>embarked on</u> a policy of "peaceful coexistence" ③<u>whereby East and West</u> ④ <u>were to continue their competition</u>, but in a less confrontational manner.

NOTE embark on : ~에 착수하다   coexistence : 공존   whereby : (그것에 의해) ~하는   confrontational : 대립하는

① emerge는 '나타나다'라는 의미의 자동사이기 때문에 수동태로 쓸 수 없다.
② embark (on)은 '~에 착수하다, 관계하다'는 의미로 맞는 표현이다.
③ whereby는 관계사의 의미로 '(그것에 의해) ~하는'이라는 의미이다.
④ were to continue는 to부정사의 be to 용법으로 '예정, 가능, 당연, 의무, 의도' 등을 나타낸다.

「1955년쯤 Nikita Khrushchev는 USSR(소비에트 사회주의 공화국 연방)에서 스탈린의 후계자로 나타났고, 그는 "평화공존 정책"에 착수했는데, 그것에 의해 동서양은 그들의 경쟁을 계속 하긴 했어도 덜 대립하는 방식으로 하였다.」

9

Squid, octopuses, and cuttlefish are all ①types of cephalopods. ②Each of these animals has special cells under its skin that ③contains pigment, a colored liquid. A cephalopod can move these cells toward or away from its skin. This allows it ④to change the pattern and color of its appearance.

NOTE cuttlefish : 오징어 cephalopod : (오징어, 문어와 같은) 두족류 동물 pigment : 인료, 색소
① 모든 종류의 두족류 동물들을 의미하는 "all types of cephalopods"는 맞는 표현이다.
② each는 형용사와 대명사의 쓰임 모두 가능하다. 문제에서는 대명사로 쓰였다.
③ 관계대명사 that의 선행사가 skin이 아닌 cells이기 때문에 수 일치시켜 contains를 contain으로 고쳐준다.
④ allow는 목적보어로 to 부정사를 취해야 한다. to change는 맞는 표현이다.

「(작은) 오징어, 문어 그리고 오징어는 모두 두족류 동물의 종류이다. 이 동물들의 각각은 색소, 즉 색깔을 띠는 색소를 포함하는, 피부 밑 특별한 세포를 가지고 있다. 두족류 동물은 이 세포들을 피부 쪽으로 또는 피부로부터 멀리 이동시킬 수 있다. 이것은 두족류 동물이 그 외양의 패턴과 색깔을 바꾸도록 한다.」

10

There is a more serious problem than ①maintaining the cities. As people become more comfortable working alone, they may become ②less social. It's ③easier to stay home in comfortable exercise clothes or a bathrobe than ④getting dressed for yet another business meeting!

NOTE bathrobe : 실내복
① 비교 대상이 주어인 명사구 (a more serious problem) 이기 때문에 (동)명사구 maintaining the cities는 맞는 표현이다.
② 양, 정도의 비교급을 나타내는 less가 형용사 앞에 쓰였다. 맞는 표현이다.
③ 뒤에 나오는 than과 병치를 이루어서 비교급 easier가 맞는 표현이다.
④ 비교대상이 집에 머무르는 것(to stay)과 옷을 갖추어 입는 것(getting dressed)이기 때문에 비교대상의 형태를 일치시켜 (to) get dressed가 되어야 한다.

「도시를 유지하는 것보다 심각한 문제들이 있다. 혼자 일하는 게 더 편하게 되면서, 사람들은 덜 사회적으로 될지 모른다. 편한 운동복이나 실내복으로 집에 머무르는 것이 다른 사업상의 미팅을 위해서 갖추어 입는 것보다 더 쉽다.」

ANSWER _ 7.① 8.① 9.③ 10.④

11 글의 제목으로 가장 적절한 것은?

Economists say that production of an information good involves high fixed costs but low marginal costs. The cost of producing the first copy of an information good may be substantial, but the cost of producing(or reproducing) additional copies is negligible. This sort of cost structure has many important implications. For example, cost—based pricing just doesn't work: a 10 or 20 percent markup on unit cost makes no sense when unit cost is zero. You must price your information goods according to consumer value, not according to your production cost.

① Securing the Copyright

② Pricing the Information Goods

③ Information as Intellectual Property

④ The Cost of Technological Change

NOTE marginal cost : 한계비용   substantial : 상당한   negligible : 무시할 만한   implication : 암시, 영향
markup : 가격인상
① 저작권 확보하기
② 정보재 가격 책정하기
③ 지적재산권으로서의 정보
④ 기술적 변화의 비용
마지막 문장인 "You must price your information goods according to consumer value, not according to your production cost."를 통해서 정보재의 가격 책정이 제목이라는 것을 알 수 있다.

「경제학자들은 정보재의 생산이 높은 고정비용과 낮은 한계비용을 포함한다고 말한다. 정보재의 초고를 제작하는 비용은 상당할지도 모른다. 하지만 추가적인 사본을 제작(또는 재제작)하는 비용은 무시해도 될 정도다. 이런 종류의 비용 구조는 많은 중요한 영향을 가지고 있다. 예를 들어, 비용을 기반으로 하는 가격책정은 효과가 없다: 단가가 0일 때, 단가에 대해 10퍼센트 혹은 20퍼센트의 가격인상은 말이 되지 않는다. 당신은 당신의 생산비가 아니라, 소비자 가치에 따라 당신의 정보재의 가격을 책정해야 한다.」

12 밑줄 친 부분이 지칭하는 대상이 다른 것은?

Dracula ants get their name for the way they sometimes drink the blood of their own young. But this week, ① the insects have earned a new claim to fame. Dracula ants of the species *Mystrium camillae* can snap their jaws together so fast, you could fit 5,000 strikes into the time it takes us to blink an eye. This means ② the blood-suckers wield the fastest known movement in nature, according to a study published this week in the journal *Royal Society Open Science*. Interestingly, the ants produce their record-breaking snaps simply by pressing their jaws together so hard that ③ they bend. This stores energy in one of the jaws, like a spring, until it slides past the other and lashes out with extraordinary speed and force—reaching a maximum velocity of over 200 miles per hour. It's kind of like what happens when you snap your fingers, only 1,000 times faster. Dracula ants are secretive predators as ④ they prefer to hunt under the leaf litter or in subterranean tunnels.

NOTE a claim to fame : 명성을 얻을 자격 wield : 휘두르다, 사용하다 bend : 구부리다 lash out : 채찍질하다, 강타하다 extraordinary : 대단한, 비상한 velocity : 속도 snap : ~를 탕하고 닫다, 물다 secretive : 숨기는 subterranean : 지하의

①, ②, ④는 개미를, ③은 개미의 턱(their jaws)을 가리킨다.

「드라큘라 개미들은 그들이 때때로 자기 새끼의 피를 마시는 방식 때문에 그들의 이름을 얻었다. 하지만 이번 주, 이 곤충들은 명성을 얻을 새로운 자격을 얻었다. Mystrium camillae 종의 드라큘라 개미들은 그들의 턱을 아주 빠르게 부딪칠 수 있어서, 당신이 눈을 깜빡이는 데 걸리는 시간에 5,000번의 타격을 맞출 수 있다. 이것은 이번 주에 Royal Society Open Science지에 발표된 한 연구에 따르면, 피를 빨아먹는 그들이(개미들이) 자연에서 가장 빠른 것으로 알려진 동작을 사용한다는 것을 의미한다. 흥미롭게도, 이 개미들은 단순히 그들의 턱을 너무 세게 부딪쳐서 그것들이 구부러지게 함으로써, 그들의 기록적인 부딪침을 만들어 낸다. 이것은 한쪽 턱이 다른 쪽 턱을 미끄러지면서 지나가 엄청난 속도와 힘 - 다시 말해 시속 200마일 이상의 최대 속도에 도달하는 - 으로 강타할 때까지, 스프링처럼 한쪽 턱에 에너지를 저장한다. 그것은 당신이 손가락을 탁 칠 때 발생하는 것과 같은데, 1,000배 더 빠를 뿐이다. 드라큘라 개미들은 그들이 낙엽 밑이나 지하 터널 안에서 사냥하는 것을 더 좋아하기 때문에 비밀스러운 포식자들이다.」

ANSWER _ 11.② 12.③

13 밑줄 친 부분에 들어갈 말로 가장 옳은 것은?

> I am writing to you from a train in Germany, sitting on the floor. The train is crowded, and all the seats are taken. However, there is a special class of "comfort customers" who are allowed to make those already seated _____ their seats.

① give up
② take
③ giving up
④ taken

> **NOTE** 빈칸 앞에 있는 사역동사 make로 인해 빈칸은 동사원형 자리이다. 따라서 ① 또는 ②가 올바른데, 문맥 상 이미 앉아 있는 사람이 자리를 '차지하는 것'이 아니라 '포기한다'고 하는 것이 맞다.
>
> 「나는 독일의 한 기차에서 편지를 쓰고 있는데, 바닥에 앉아서 쓰고 있습니다. 기차는 붐비고, 모든 좌석은 차 있습니다. 하지만, 이미 앉은 사람들이 그들의 자리를 <u>포기하도록</u> 할 수 있는 "comfort customers"라는 특별한 등급이 있습니다.」

※ 글의 흐름상 빈칸에 들어갈 말로 가장 적절한 것은? 【14~17】

14

> A country's wealth plays a central role in education, so lack of funding and resources from a nation-state can weaken a system. Governments in sub-Saharan Africa spend only 2.4 percent of the world's public resources on education, yet 15 percent of the school-age population lives there. _____, the United States spends 28 percent of all the money spent in the world on education, yet it houses only 4 percent of the school-age population.

① Nevertheless
② Furthermore
③ Conversely
④ Similarly

> **NOTE** house 수용하다
> ① 그럼에도 불구하고
> ② 더욱이, 게다가
> ③ 반대로
> ④ 마찬가지로
>
> 「한 나라의 부는 교육에 있어서 중심적인 역할을 해서, 국가로부터의 자금과 자원의 부족은 시스템을 약화시킬 수 있다. 사하라 사막 이남 아프리카의 정부들은 세계 공공 자원의 2.4퍼센트만을 교육에 지출하지만, 취학 연령 인구의 15퍼센트가 그곳에 산다. <u>반면에</u> 미국은 전 세계적으로 교육에 지출되는 모든 돈의 28퍼센트를 지출하지만, 취학 연령 인구의 고작 4퍼센트만을 수용한다.」

15

"Highly conscientious employees do a series of things better than the rest of us," says University of Illinois psychologist Brent Roberts, who studies conscientiousness. Roberts owes their success to "hygiene" factors. Conscientious people have a tendency to organize their lives well. A disorganized, unconscientious person might lose 20 or 30 minutes rooting through their files to find the right document, an inefficient experience conscientious folks tend to avoid. Basically, by being conscientious, people _____ they'd otherwise create for themselves.

① deal with setbacks   ② do thorough work

③ follow norms   ④ sidestep stress

NOTE conscientious : 양심적인, 성실한 owe A to B : A는 B의 덕분이다 hygiene : 위생 tendency : 경향
root : 뒤지다, 찾다 folks : 사람들 setback : 차질 thorough : 빈틈없는, 철두철미한 sidestep : 비켜
가다
① 차질을 처리하다
② 철저한 일을 한다
③ 규범을 따른다
④ 스트레스를 비켜 가다

빈칸 앞 문장 Conscientious people have a tendency to organize their lives well. A disorganized, unconscientious person might lose 20 or 30 minutes rooting through their files to find the right document, an inefficient experience conscientious folks tend to avoid.의 내용으로 보아 스트레스를 비켜 간다는 의미인 ④번이 정답이라는 것을 알 수 있다.

「매우 성실한 직원들이 나머지 우리보다 일련의 일들을 더 잘한다」고 성실함을 연구하는 Illinois 대학 심리학자 Brent Roberts는 말한다. Roberts는 그들의 성공을 '위생 덕분이라고 생각한다. 성실한 사람들은 그들의 생활을 잘 정리하는 경향이 있다. 체계적이지 못하고 불성실한 사람은 올바른 서류를 찾기 위해 그들의 파일들을 구석구석 찾는 데 20분이나 30분을 허비할지도 모르는데, (이것은) 성실한 사람들은 피하는 경향이 있는 비효율적인 경험이다. 근본적으로, 성실함으로써, 사람들은 그들이 만약 그렇지 않다면 스스로 만들었을지도 모르는 <u>스트레스를 비켜 간다.</u>」

ANSWER _ 13.① 14.③ 15.④

16

> Climate change, deforestation, widespread pollution and the sixth mass extinction of biodiversity all define living in our world today—an era that has come to be known as "the Anthropocene". These crises are underpinned by production and consumption which greatly exceeds global ecological limits, but blame is far from evenly shared. The world's 42 wealthiest people own as much as the poorest 3.7 billion, and they generate far greater environmental impacts. Some have therefore proposed using the term "Capitalocene" to describe this era of ecological devastation and growing inequality, reflecting capitalism's logic of endless growth and _____.

① the better world that is still within our reach

② the accumulation of wealth in fewer pockets

③ an effective response to climate change

④ a burning desire for a more viable future

> **NOTE** deforestation : 삼림 벌채   biodiversity : 생물 다양성   era : 시대   anthropocene : 인류세   underpin : 지지하다   far from : 전혀 ~이 아닌   devastation : 황폐   inequality : 불평등   capitalism : 자본주의   accumulation : 축적   viable : 실행 가능한, 성공할 수 있는
>
> ① 여전히 우리 손이 닿는 더 나은 세상
> ② 더 적은 수의 주머니 안으로 부가 축적되는 것
> ③ 기후변화에 대한 효과적인 대응
> ④ 더 성공적인 미래를 위한 불타는 욕망
>
> 빈칸 바로 앞 문장 The world's 42 wealthiest people own as much as the poorest 3.7 billion, and they generate far greater environmental impacts.를 통해서 ②번이 정답이라는 것을 알 수 있다.

> 「기후변화, 삼림 벌채, 만연한 공해 그리고 생물다양성의 6차 대멸종은 모두 오늘날 우리 세계, 즉 – '인류세로 알려지게 된 시대 – 에 '산다는 것을 말한다. 이러한 위기는 세계적인 생태계의 한계를 크게 초과하는 생산과 소비에 의해 뒷받침되고 있는데, 비난은 전혀 고르게 분산되지 않는다. 세계에서 가장 부유한 42명의 사람들이 가장 가난한 37억 명의 사람들이 소유한 것만큼 소유하고, 그들은 훨씬 큰 환경적 영향을 미친다. 그래서 일부의 사람들은 생태학적인 황폐화와 증가하는 불평등의 이 시대를 묘사하기 위해 '자본세라는 용어를 사용하기를 제안했는데, (그것은) 무한 성장과 <u>더 적은 수의 주머니 안으로 부가 축적되는 것</u>에 대한 자본주의의 논리를 반영하는 것이다.」

17

Ever since the time of ancient Greek tragedy, Western culture has been haunted by the figure of the revenger. He or she stands on a whole series of borderlines: between civilization and barbarity, between _____ and the community's need for the rule of law, between the conflicting demands of justice and mercy. Do we have a right to exact revenge against those who have destroyed our loved ones? Or should we leave vengeance to the law or to the gods? And if we do take action into our own hands, are we not reducing ourselves to the same moral level as the original perpetrator of murderous deeds?

① redemption of the revenger from a depraved condition
② divine vengeance on human atrocities
③ moral depravity of the corrupt politicians
④ an individual's accountability to his or her own conscience

NOTE haunt : 출몰하다   revenger : 복수하는 사람   borderline : 국경선   barbarity : 야만, 만행   mercy : 자비   exact : 가하다   vengeance : 복수   take action : 조치를 취하다   perpetrator : 가해자, 범인   murderous : 살인의   deed : 행위   redemption : 구원, 구함   deprave : 타락하게 하다   atrocity : 잔혹 행위   accountability : 책임, 의무
① 타락한 상황으로부터의 복수자의 구원
② 인간의 잔학한 행위에 대한 신의 복수
③ 부패한 정치가들의 도덕적 타락
④ 그 또는 그녀 자신의 양심에 대한 개인적 책임
위에 나오는 Do we have a right to exact revenge against those who have destroyed our loved ones? Or should we leave vengeance to the law or to the gods?의 두 개의 문장을 통해서 ④번이 정답이라는 것을 알 수 있다.

「고대 그리스 비극 시대 이후로 지금까지, 서양 문화에는 복수자의 인물이 등장해 왔다. 그 또는 그녀는 그 모든 일련의 경계선에 서 있는데, 다시 말해서 문명과 야만 사이에, <u>그 또는 그녀 자신의 양심에 대한 개인의 책임</u>과 법규에 대한 공동체의 요구 사이에, 상충되는 정의와 자비의 요구 사이에 서 있다. 우리는 우리의 사랑하는 사람들을 파괴한 사람들에게 복수를 가할 권리가 있는가? 아니면 우리는 복수를 법이나 신들에게 맡겨야 하는가? 그리고 만약 우리가 정말 <u>스스로 조치를 취한다면</u>, 우리는 우리 자신을 살인 행위의 원래 가해자와 같은 도덕적 수준으로 낮추는 것이 아닌가?」

18 글의 흐름상 가장 적절하지 않은 문장은?

It seems to me possible to name four kinds of reading, each with a characteristic manner and purpose. The first is reading for information—reading to learn about a trade, or politics, or how to accomplish something. ①We read a newspaper this way, or most textbooks, or directions on how to assemble a bicycle. ②With most of this material, the reader can learn to scan the page quickly, coming up with what he needs and ignoring what is irrelevant to him, like the rhythm of the sentence, or the play of metaphor. ③We also register a track of feeling through the metaphors and associations of words. ④Courses in speed reading can help us read for this purpose, training the eye to jump quickly across the page.

NOTE assemble : 모으다, 조립하다 material : 자료, 내용 irrelevant : 관련없는 metaphor : 은유 register : 나타내다, 등록하다 association : 연합

글의 주제는 독서의 종류에는 4종류가 있다고 설명해주는 첫 문장 It seems to me possible to name four kinds of reading, each with a characteristic manner and purpose.이다. 따라서 "은유와 단어의 연상을 통해서 감정의 경로를 나타낸다."는 내용의 ③번은 주제에 관한 내용이 아니다.

「나에게는 네 종류의 독서를 명명하는 것이 가능한 것처럼 보이는데, 각각은 특징적인 형식과 목적을 가지고 있다. 첫 번째는 정보를 위한 독서 – 무역, 정치, 또는 무언가를 성취하는 방법에 관해서 배우기 위한 독서이다. ① 우리는 이런 식으로 신문을 읽거나, 대부분의 교과서 또는 자전거를 조립하는 방법에 관한 설명서를 읽는다. ② 대부분의 이러한 자료를 가지고, 그가 필요로 하는 것을 생각해 내고 문장의 운율 또는 은유의 사용 같이 그에게 관련없는 것을 무시하면서, 독자는 페이지를 빨리 훑어보는 것을 배울 수 있다. (③ 우리는 또한 은유와 단어의 연상을 통해서 감정의 경로를 나타낸다.) ④ 속독에 관한 강좌는 눈이 페이지를 가로질러 빠르게 건너뛰도록 훈련시키면서, 우리가 이 목적을 위해 읽도록 도와줄 수 있다.」

19 〈보기〉의 문장이 들어갈 위치로 가장 적절한 것은?

〈보기〉

In this situation, we would expect to find less movement of individuals from one job to another because of the individual's social obligations toward the work organization to which he or she belongs and to the people comprising that organization.

Cultural differences in the meaning of work can manifest themselves in other aspects as well. (①) For example, in American culture, it is easy to think of works imply as a means to accumulate money and make a living. (②) In other cultures, especially collectivistic ones, work may be seen more as fulfilling an obligation to a larger group. (③) In individualistic cultures, it is easier to consider leaving one job and going to another because it is easier to separate jobs from the self. (④) A different job will just as easily accomplish the same goals.

> **NOTE** manifest : 나타내다, 분명해지다   obligation : 의무   comprise : 구성하다   accumulate : 축적하다
> collectivistic : 집산주의적인 fulfill : 성취하다 individualistic : 개인주의적인   separate A from B : A
> 를 B와 구분하다
> 삽입 문장 앞에 나오는 이러한 상황(this situation)은 앞 문장에서 나왔던 '일이 그룹에 대한 의무를 성
> 취하는 것으로 여겨지는 상황을 의미한다. 따라서 정답은 ③이다.
>
> 「일의 의미에서 문화적 차이는 다른 측면에서도 나타날 수 있다. 예를 들어, 미국 문화에서는, 일을 단지 돈
> 을 모으고 생계를 꾸리는 수단으로 생각하기 쉽다. 다른 문화, 특히 집산주의 문화에서, 일은 더 큰 그룹
> 에 대한 의무를 성취하는 것으로서 더 여겨질지도 모른다. 이러한 상황에서 우리는 그 또는 그녀가 속한 직
> 장 조직을 향한, 그리고 그 조직을 구성하고 있는 사람들에 대한 개인의 사회적 의무 때문에 한 직장에서
> 다른 직장으로 이동하는 것이 덜할 거라고 예상한다. 개인주의적 문화에서는, 직업을 자신과 분리하는 것이
> 더 쉽기 때문에 한 직업을 떠나 다른 직업으로 가는 것을 고려하는 게 더 쉽다. 다른 직업도 그만큼 쉽게
> 같은 목표를 달성할 것이다.」

ANSWER _ 18.③ 19.③

20 글을 문맥에 가장 어울리는 순서대로 배열한 것은?

㉠ To navigate in the dark, a microbat flies with its mouth open, emitting high-pitched squeaks that humans cannot hear. Some of these sounds echo off flying insects as well as tree branches and other obstacles that lie ahead. The bat listens to the echo and gets an instantaneous picture in its brain of the objects in front of it.

㉡ Microbats, the small, insect-eating bats found in North America, have tiny eyes that don't look like they'd be good for navigating in the dark and spotting prey.

㉢ From the use of echolocation, or sonar, as it is also called, a microbat can tell a great deal about a mosquito or any other potential meal. With extreme exactness, echolocation allows microbats to perceive motion, distance, speed, movement, and shape. Bats can also detect and avoid obstacles no thicker than a human hair.

㉣ But, actually, microbats can see as well as mice and other small mammals. The nocturnal habits of bats are aided by their powers of echolocation, a special ability that makes feeding and flying at night much easier than one might think.

---

① ㉠ - ㉢ - ㉡ - ㉣
② ㉡ - ㉣ - ㉠ - ㉢
③ ㉡ - ㉢ - ㉣ - ㉠
④ ㉠ - ㉣ - ㉢ - ㉡

NOTE navigate : 항해하다, 조종하다, 길을 찾다 microbat : 작은 박쥐류 emit : 발산하다 squeak : 찍찍 울다 echo : 메아리 instantaneous : 동시의 spot : 발견하다 echolocation : 반향 정위 sonar : 음파 탐지기 exactness : 정확함 perceive : 지각하다, 인식하다 nocturnal : 밤의

소형박쥐가 작은 눈을 가지고 있어서 잘 못 볼 것 같다는 내용이 ㉡에서, 그러나 예상과는 달리 잘 볼 수 있다는 내용이 ㉣에서 이어진다. ㉠에서 반향 정위를 그 원리와 함께 설명하고 ㉢에서 반향 정위의 정확성 등에 대해 부가적으로 설명하고 있다.

「㉡ 북미에서 발견되는 작고, 곤충을 잡아먹는 박쥐인 소형박쥐들은 어둠속에서 길을 찾고, 먹이를 발견하는 데에 좋지는 않을 것 같은 작은 눈을 갖고 있다. ㉣ 그러나, 사실, 소형박쥐들은 쥐와 다른 작은 포유류만큼 잘 볼 수 있다. 박쥐들의 야행성 습관은 밤에 먹이를 먹는 것과 날아다니는 것을 우리가 생각하는 것보다 훨씬 더 쉽게 만들어주는 특별한 능력인, 그들의 반향 정위의 힘에 의해 도움을 받는다. ㉠ 어둠 속에서 길을 찾기 위해, 소형박쥐는 인간이 들을 수 없는 고음의 찍찍거리는 소리를 내면서, 입을 벌린 채 날아다닌다. 이러한 소리 중 일부는 나뭇가지와 그들 앞에 놓여있는 다른 장애물뿐만 아니라 날아다니는 곤충들로부터도 반향된다. 박쥐는 그 메아리를 듣고, 그것의 앞에 있는 물체의 즉각적인 형상을 뇌에 얻는다. ㉢ 음파 탐지기라고도 불리는 반향정위로, 소형박쥐는 모기나 다른 어떤 가능한 먹이에 대해 상당히 많이 알 수 있다. 극도의 정확성으로, 반향정위는 소형박쥐들이 움직임과 거리, 속도, 이동, 그리고 모양을 인식하도록 해준다. 박쥐들은 또한 인간의 머리카락만큼 가느다란 물체를 감지하고 피할 수 있다.」

ANSWER _ 20.②

MEMO

MEMO

여러분을
응원합니다

수험서 전문출판사 서원각

목표를 위해 나아가는 수험생 여러분을 성심껏 돕기 위해서 서원각에서는 최고의 수
험서 개발에 심혈을 기울이고 있습 니다. 희망찬 미래를 위해서 노력하는 모든 수험
생 여러분을 응원합니다.

공무원 대비서   취업 대비서   군 관련 시리즈   자격증 시리즈   동영상 강의

서원각 동영상강의와
도전하라!

자 격 증

건강운동관리사
사회복지사 1급
사회조사분석사 2급
임상심리사 2급
관광통역안내사
청소년상담사 3급

군 관 련 (부사관/장교)

육군부사관
공군장교
공군 한국사
육군·해군 근현대사

공 무 원

소방공무원 소방학개론
소방공무원 생활영어
9급 기출해설(국어/영어/한국사)
9급 파워특강(행정학개론/교육학개론)
기술직 공무원(물리·화학·생물)

BIG EVENT

시험 보느라 고생한 수험생 여러분들께 서원각이 쏜다! 쏜다!
네이버 카페 기업과 공사공단에 시험 후기를 남겨주신 모든 분들께 비타 500 기프티콘을 드립니다!

선물 받는 방법

① 네이버 카페 검색창에서 [기업과 공사공단]을 검색해주세요.
② 기업과 공사공단 필기시험 후기 게시판에 들어가 주세요.
③ 기업체 또는 공사·공단 필기시험에 대한 후기 글을 적어주세요.

자격증 BEST SELLER

매경TEST 출제예상문제

TESAT 종합본

청소년상담사 3급

임상심리사 2급 필기

유통관리사 2급 단기완성

직업상담사 1급 필기·실기

사회조사분석사 사회통계 2급

초보자 30일 완성 기업회계 3급

관광통역안내사 실전모의고사

국내여행안내사 기출문제

손해사정사 1차 시험

건축기사 기출문제 정복하기

건강운동관리사

2급 스포츠지도사

택시운전 자격시험 실전문제

농산물품질관리사